U0514788

美国健康服务业发展研究

周博闻 ／著

STUDY ON THE DEVELOPMENT
OF THE U.S.
HEALTHCARE INDUSTRY

社会科学文献出版社
SOCIAL SCIENCES ACADEMIC PRESS (CHINA)

目　录

第一章　绪　论

美国作为发达国家的代表，在很多方面都处于世界领先地位。美国的健康服务业经过长期的探索过程，现在已经发展成为以医疗服务为中心、以社会医疗保障与商业健康保险高度融合为基础、以研究机构技术支持与教育机构劳动力供给相结合为保障，兼顾资金融通与风险共担职能，由单一诊疗向全过程健康管理领域逐步迈进的新兴产业集群。改革开放以来，我国在医疗服务领域已取得很大成就，但是，受城市化、工业化、人口老龄化等条件变化的影响，我国的健康维护和健康促进仍然面临很大的挑战，健康服务供给总体不足与需求不断增长之间的矛盾依然突出，健康领域发展与经济社会发展的协调性也有待增强。为此，从 2013 年国务院发布《关于促进健康服务业发展的若干意见》开始，我国的各级政府和相关部门都在为促进健康服务业发展做出努力。美国的健康服务业发展具有代表性和先进性，对此展开深入研究，对促进我国健康服务业发展具有很强的理论意义和现实意义。

本书侧重于从经济学的视角对美国健康服务业的发展展开研究，在明确了健康服务业的定义与分类以及健康服务市场的特殊性的前提下，以医疗服务市场理论和健康保险市场理论为基础，梳理了美国健康服务业的发展历程，深入研究了美国健康服务业发展过程中的影响因素、制度演进、发展模式、发展机制，并结合美国健康服务业发展的成效、问题与趋势，根据我国的现状与面临的问题提出了促进我国健康服务业发展的对策建议。

美国健康服务业的发展有着深刻的背景基础。20 世纪 30 年代中期以来，美国健康服务业发展大体包括起步阶段（20 世纪 30 年代中期至 60 年代中期）、快速成长阶段（20 世纪 60 年代中期至 90 年代初期）、平稳过渡阶段（20 世纪 90 年代初至 21 世纪初）与成熟发展阶段（21 世纪初至今）。由于影响因素发挥着不同的作用，每个阶段健康服务业都呈现不同的内容与特征。从理论和实证分析的结果来看，产业通胀、收入水平、保险覆盖与人口老龄化等因素对健康服务业的发展产生了很大影响。随着发展阶段的变化，美国健康服务业的相关制度、发展模式和发展机制也在不断演进与变化。从制度角度看，美国健康服务业经历了在扩大医疗保障覆盖面以实现公平、抑制医疗保障支出增长以提升效率、兼顾医疗保障制度公平性的基础上实现效率增长的过程；从发展模式角度看，美国健康服务业主要经历了由管理式医疗系统向整合型健康服务模式的转变，在深化其商业化程度的同时不断地向社会医疗保障领域延伸；从发展机制角度看，在利益相关体的构成和层级关系条件的影响下，美国以次优理论为指导，形成了包括成本控制机制、获得性改进机制与质量保证机制的健康服务业三大发展机制，三种机制相互关联、影响，共同促进健康服务业的发展。

美国健康服务业经历了多年发展已取得显著成效。从直接经济效果看，健康服务业作为美国第三产业的重要组成部分，其发展能够带动各产业部门总产出水平的提升，同时能够释放就业潜力，带动工资增长，扩大消费需求；从间接经济效果看，健康服务业不仅实现了整体经济水平的提升，还带动了其他产业部门的发展，使得经济效果实现了更大范围内的扩散；从产业内部效益看，健康服务业的发展使得国民健康、服务利用与保险覆盖均有了较大改善。尽管如此，美国健康服务业仍面临着从业人员数量短缺与分布不均、发展模式尚存漏洞、发展机制效率未充分发挥的问题。基于这些问题，美国健康服务业的发展将侧重于医疗改革的推进、成本控制的加强、从业人员的多元化、价值导向的强化以及技术的融合。相较于美国健康服务业，我国健康服务业起步较晚，尚处于快速成长阶段，各行业发展起点各有不同，仍面临人力资源配置缺项、发展模式尚不成熟、发展机制尚未完善等问题。基于我国健康服务业发展的问题以及上述对美国健康服务业的深入研究，现阶段我国健康服务业可以通过优化人力资源配置、创新产业发展模式、平衡产业发展机制、强化消费者自我管理、利用生物与信息技术五个方面来实现发展，同时，结合我国国内的实际情况，构建富有中国特色的健康服务业发展道路。

第一节 研究缘起及意义

一 研究缘起

1935 年，美国国民卫生支出为 29.35 亿美元，占国民生产总值的 4.1%，而截至 2016 年，国民卫生支出已攀爬到 3.34 万亿美元，占 GDP 的 17.9%。人均支出也首次突破万美元，达到 10348 美元。相较于美国，2016 年，我国卫生总支出仅占 GDP 的 6.23%。显然，美国国民卫生支出的不断攀升使得美国政府与美国人民的负担与日俱增，美国政府、学术团队与商业机构也开始针对这一问题展开研究，并试图找到行之有效的解决方案。自 1935 年 8 月《社会保障法》推出，伴随医学专业的不断细化与医疗技术的不断突破，美国医疗服务业已经实现了结构转型，逐步升级为以医疗服务为主的健康服务业。现今，美国的健康服务业已发展成以医疗服务为中心，高度融合社会医疗保障与商业健康保险的社会管理、资金融通和风险共担职能，加之研究机构的技术支持与教育机构的劳动力供给，进而形成的由单一诊疗向全过程健康管理领域逐步迈进的新兴产业集群。美国健康服务业使得人类健康从简单地以诊疗为核心发展为以预防、诊断、治疗、护理、干预与促进为核心的复合型产业集群，是现代服务业的重要组成部分。健康服务的交付活动不再是一次性的单向诊疗行为，而是一种健康服务消费者与健康服务提供者协调合作的团队行为。

健康服务业是全球发展最快、规模最大的产业之一。全球发达经济体的国民卫生支出已占 GDP 的 10% 以上，而美国已接近 18%。根据美国人口资料局 2016 年 1 月发布的报告①，《美国老龄化》（Aging in the United States）指出，到 2029 年，所有婴儿潮时期出生的人都将步入 65 岁。预计 65 岁及以上的老年人口比重将从 2016 年的 15% 上升到 2060 年的 24%。因此，美国社会人口老龄化的显著特点将在未来对健康服务业产生较大影响。此外，技术的进步、健康的生活习惯会进一步促使人类平均预期寿命不断延长，因此，美国健康服务业会呈现不断扩大的发展趋势。美国健康服务业的发展不仅给多个行业带来发展机遇，同时也带来很多挑战。健康服务从业人员的短缺问题、分布不均问题、发展模式上的漏洞、发展机制在效率上的缺失等，这些问题都在制约着美国健康服务业的发展。事实上，对于美国健康服务业而言，成本最低、获得性最强、质量最高并不是美国健康服务业追求的目标。只有将这三大发展机制控制在一个合理的范围内，平衡三者的相互关系，才能将美国健康服务业推向良性的发展态势之中。

二　研究意义

健康服务业的健康产品与服务是能够使人类保持生存水平的特有资源，有别于其他的服务行业，具有特殊性。也就是说，健康服务业不仅要求减少支出，实现资源的合理配置，还要求赋予每个个体公平的健康诊疗与健康管理机会。所以，单纯追求效率、扩大经济规模的特点并不适用于健康服务业，这也成为健康服务业发展频受阻挠的一个重要原因。美国健康服务业是涉及美国民生与美国经济的重大研究课题，也是历届美国政府、学术团队与商业机构不能避之不谈的具有学术价值与商业价值的研究

---

① 　资料来源：http://www.prb.org/Publications/Media-Guides/2016/aging-unitedstates-fact-sheet.aspx。

课题。因此，运用科学的研究方法系统地对美国健康服务业的相关理论、制度演进、发展模式、发展机制、发展中的问题等进行研究是具有重要的理论意义与民生意义的。

健康服务业是一个新兴产业。有关健康服务业的定义、分类、特性以及相关理论尚处在研究的初期阶段。对健康服务业的研究往往是割裂且分散的。目前的研究成果大多是就其主要的组成部分进行剖析，而没有将其作为一个完整的系统来看待。美国健康服务业是一个庞大且复杂的产业集群。从 20 世纪 30 年代起，其发展就处在日益重要的位置上。然而，截至今日，纵观美国健康服务业的发展历程，对健康服务业研究最多的往往与实际的政策目标有关，例如，如何扩大社会福利、如何进行成本控制等，而针对整体健康服务业的把握却寥寥无几。本书试图从经济学的角度对健康服务业的概念、分类、相关理论及其影响因素进行系统梳理，从而为后续学者的研究提供一个基础性参照，本着理论指导实践的原则为经济学理论在健康服务业的深入应用提供一定思路。健康服务业的发展研究不可能停留在理论层面，这一课题有着重要的民生意义。健康服务业是一个惠及所有民众的产业集群。它关乎民众的生活质量和生命安全。单从产业化与市场化的视角来看待健康服务业将最终导致这一产业的覆灭。

美国健康服务业作为其经济的重要组成部分，其产业化和市场化的程度要高于其他发达国家。然而，历经 80 多年的美国健康服务业始终处在摸索中困难前行的局面。显而易见，在不久的将来，美国国民卫生支出将占 GDP 的 1/5。这意味着，80 多年的发展并没有给这个产业带来实际意义上的平稳，而是一直处在发展的高位上。一方面，健康服务业的持续发展将带动国内产出、就业与收入，提高人民的生活水平；另一方面，发展意味着变化、调整与改善。在发展中面临的问题需要相应的对策，对产业发展的研究也可以增强把控产业未来的能力。本书试图在理论的基础上对美国健康服务业的发展历程、制度演进、发展模式与发展机制等进行判别和研究，从历史的视角追寻产业结构的演变轨迹，预测美国健康服务业的发展趋势。此外，在研究我国健康服务业的发展时，可借鉴美国健康服务业发展过程中的可取之处，进而加快我国健康服务业的发展步伐，实现平稳的、高质量的、可持续的良性发展。

第二节　学术史回顾

一　国外学术史回顾

国外对健康服务业的研究侧重于实用性，研究内容较为细致，往往从一类人群、一种疾病或一项健康服务项目出发，研究实际生活中健康服务业对国民经济与民众的现实意义。这种研究在局部应用方面很强，但是不成体系，研究内容往往是碎片化的。由于美国健康服务业已处于成熟发展阶段，产业融合能力较强，因此，相关研究对医疗服务业、健康保险业与健康管理业的区分度不高，对健康服务业的概念与产业界定也很少涉猎。国外学者侧重于从一个侧面研究健康服务业发展的影响因素、政策变化、发展模式与发展机制，并不将其作为整体进行研究。当然，有关国外的健康服务业研究目前有从个性研究向共性研究发展的趋势。

（一）关于健康服务业发展影响因素的研究

Jones 认为，美国国民卫生支出之所以能够占有如此大的 GDP 份额与美国的技术进步密不可分。[①] 医疗技术的革新能够使过去无法治疗的疾病有治愈的机会。当医疗技术与医疗保障相结合时，国民卫生支出就有了不断上涨的技术原因与经济原因。基于美国当时的经济情况，可以看出，国民卫生支出的份额、平均预期寿命以及与健康相关的支付转移份额均在不断增长。Fulton 等对美国加州的卫生支出数据进行了分析，研究结果表明，2013 ~ 2022 年，美国加州的实际人均卫生支出将增加 36%；支出的上涨主要受到人均实际收入、医疗产业通胀、人口老龄化与保险覆盖的影响；此外，健康服务数量与类型的变化以及技术的发展也会对其产生影

[①] C. I. Jones, "Why Have Health Expenditures as a Share of GDP Risen So Much?," *SSRN Electronic Journal*（2002）.

响；某些技术创新能够潜在地抑制支出的上涨，例如，以价值为基础的支付方式、风险共担机制、实践调整举措等，很多措施都属于责任医疗组织模式下的内容。[①] Meijer 等研究了西方国家人口老龄化对国民卫生支出增长的影响，他们认为国民卫生支出在未来很长一段时间内将呈现持续上涨的趋势。[②] 尽管从目前看，老龄化对国民卫生支出的影响尚不显著，但是老龄化仍然是推动国民卫生支出上涨的重要因素。对国民卫生支出造成显著影响的因素往往与人口老龄化有着密不可分的关系，尤其是健康因素、国民收入因素、技术因素、价格因素等。因此，未来的国民卫生支出一定会指向更多的老年人。Bird 等基于医疗照顾计划受益人在生命最后几年的健康服务利用情况与健康服务支出情况，总结了年龄与性别对其支出的影响，整体来看，年龄的影响要明显大于性别的影响。[③] 如果一个病人同时处于医疗照顾计划与病危情况中，那么性别在健康服务利用上的差别会明显削弱。Barnay 和 Damette 采用了时间序列研究方法对影响法国国民卫生支出的因素进行了分析。最终，他们认为影响法国国民卫生支出的因素包括监管价格、"按服务收费"机制以及医疗药品的过度利用。[④] 供给诱导需求理论在健康服务业得到了特别验证。从传统的按照服务数量收费转化成按照服务绩效收费的机制能够有效限制法国健康服务供给端的道德风险。Michalowsky 等通过对比德国确诊痴呆症患者与非确诊痴呆症患者的健康服务项目与支出，发现了痴呆症确诊患者与非确诊患者在健康服务总

[①] B. D. Fulton, R. M. Scheffler, B. K. Keolanui, and S. M. Shortell, "Forecasts and Drivers of Health Expenditure Growth in California," *California Journal of Politics & Policy* 7 (2015).

[②] C. D. Meijer, B. Wouterse, J. Polder, and M. Koopmanschap, "The Effect of Population Aging on Health Expenditure Growth: A Critical Review," *European Journal of Ageing* 10 (2013): 353 – 361.

[③] C. E. Bird, L. R. Shugarman, and J. Lynn, "Age and Gender Differences in Health Care Utilization and Spending for Medicare Beneficiaries in Their Last Years of Life," *Journal of Palliative Medicine* 5 (2002): 705.

[④] T. Barnay, O. Damette, "What Drives Health Care Expenditure in France since 1950? A Time-series Study with Structural Breaks and Nonlinearity Approaches." *Tepp Working Paper* 28 (2012): 875 – 899.

支出上并没有存在显著差异，确诊患者的总支出仅略高于非确诊患者。[①]
从服务类别看，痴呆症确诊患者主要接受精神科专家的治疗，而很少接受
门诊专家的治疗，他们对抗痴呆药物与日间护理服务的需求更高。相反，
非确诊患者对医疗服务的需求更高。Cutler 指出了医疗技术对人一生的成
本与收益。在使用 20 世纪 80 年代末期患有心脏病的医疗照顾计划受益人
17 年的随访数据之后，他估计了血管重建技术的长期成本与长期收益。
结果显示，血管重建技术的成本为 4 万美元，而这一成本却可以增加一年
以上的预期寿命。因此，血管重建以及与血管重建相关的医疗技术是极具
成本有效性的。[②]

（二）关于健康服务业的政策研究

Goran 等比较了美国、德国与加拿大的健康服务系统，认为这三个国
家在融资、支付机制与政府角色方面存在差异。[③]政府的角色包含了政府
政策引导的集中化程度。从医疗保障制度出发，可以发现政府在健康服务
方面的集中度越高，人均国民卫生支出的成本就越低。因此，美国的国民
卫生支出是三个国家中最高的。不过，商业化成分较高的医疗保障体系也
不是没有优点。例如，美国消费者在就医等待时长上就明显低于其他国
家。Devlin-Foltz 等从分配角度指出了美国社会保障制度在整体退休资源
中的重要意义。他们认为，退休之后的财富水平与退休计划的参与度在分
配上的差异能够为政策设计提供信息。[④]长期以来，美国的社会保障制度
一直主导着大部分美国退休人员的收入水平。从这个意义上说，只要社会

---

① B. Michalowsky, T. Eichler, J. R. Thyrian, et al. , "Healthcare Resource Utilization and Cost in Dementia: Are there Differences between Patients Screened Positive for Dementia with and those without a Formal Diagnosis of Dementia in Primary Care in Germany?," *International Psychogeriatrics* 28 (2016): 359 – 369.

② D. Cutler, "The Lifetime Costs and Benefits of Medical Technology," *Scholarly Articles* (2007): 1081 – 1100.

③ R. Goran, G. Suzanne, and R. Ognjen, "Comparisons of Health Care Systems in the United States, Germany and Canada," *Materia Socio-Medica* 24 (2012): 112 – 120.

④ S. Devlin-Foltz, A. M. Henriques, and J. Sabelhaus. , "The Role of Social Security in Overall Retirement Resources: A Distributional Perspective," *FEDS Notes* (2016).

保障制度能够实现长期稳定与资金充足，那么，退休人员养老金的分配走向就能够得到有力的政策保证。Schoen 等针对低收入与身体状况不佳的弱势群体提出了有关提高此类人群获得性条件与可负担条件的政策建议。建议指出，对于所有收入低于联邦贫困线 150% 的受益人降低其成本共担的自付比例与保费额度。他们认为，目前的福利条款与设计存在漏洞，对于患有慢性疾病、认知障碍、身体损伤以及较贫困的美国民众而言尤为不利，这样的条款会将他们置于高成本与无所需服务的风险之中。因此，新的政策建议能够帮助 810 万低收入参保人减轻其健康服务高成本的经济负担。① Willink 等指出了患有认知障碍与身体障碍的医疗照顾计划收益人往往会面临沉重的经济负担。他们指出，有超过一半的医疗照顾计划受益人在衰老之后会存在认知障碍或身体障碍问题。大部分存在这一问题的老年人会选择在社区养老院生活，这使得他们长期面临高额的养老院服务开支。同时，由于这些老年人往往还患有多种慢性疾病，医疗照顾计划自付比例的开支也会随之增加。② 自付比例作为居民收入的组成部分，其额度的上涨会极大地加重受益人的生活负担。Watts 等指出了医疗补助计划的政策导向具有重要的民生意义。③ 由于贫困往往与年龄和残疾状况有关，所以大部分的老年人与残疾人符合医疗补助计划的参保资格。对于老年人而言，绝大多数均有资格加入医疗照顾计划。不过，医疗照顾计划存在较高的自付比例要求，使得大部分老年人都处于较低的收入与储蓄水平。对于残疾人而言，身体上的缺陷往往使得他们缺乏工作能力与工作机会，进而影响了其获得商业健康保险的条件。

---

① C. Schoen, K. Davis, A. Willink, and C. Buttorf, "A Policy Option to Enhance Access and Affordability for Medicare's Low-Income Beneficiaries," *Issue Brief* (*Commonwealth Fund*) (2018)：1 – 15.

② A. Willink, K. Davis, and C. Schoen, "Risks for Nursing Home Placement and Medicaid Entry Among Older Medicare Beneficiaries with Physical or Cognitive Impairment," *Issue Brief* (*Commonwealth Fund*) 37 (2016)：1 – 14.

③ M. O. Watts, Elizabeth Cornachione, and MaryBeth Musumeci, "Medicaid Financial Eligibility for Seniors and People with Disabilities in 2015," *The Kaiser Commission on Medicaid and the Uninsured* (2016)：1 – 31.

（三）关于健康服务业发展模式的研究

Park 和 Lee 考察了管理式医疗与健康服务获得性的关系。以佛罗里达州为例，他们认为"医疗补助与管理式医疗结合计划"与潜在可预防性住院概率的增加有关。也就是说，即便对潜在的健康状况进行控制，管理式医疗与传统的"按服务付费"机制仍然会带来不一样的结果；并且，按人头付费率越低，加入管理式医疗计划的参保人享受可预防性住院服务的概率就越大。[①] Hines 等考察了管理式医疗系统与住院病人死亡率之间的关系。研究结果表明，相较于"按服务付费"机制，管理式医疗在商业健康保险的应用能够降低急性心肌梗死、中风、肺炎、充血性心力衰竭患者的住院死亡率。不过，管理式医疗在社会医疗照顾计划的应用却没有使得住院病人在以上疾病发生时的死亡率下降。[②] 这说明，管理式医疗模式对健康结果有效性的影响没有被充分验证，存在波动。Adler 和 Schukman 从患者安全与医疗过失方面考察了管理式医疗系统存在的重要性。他们认为，尽管健康服务提供者对患者安全与医疗过失负有主要责任，但是管理式医疗组织在这一问题上也是重要的相关利益者。[③] 无论从成本角度出发还是从质量角度出发，管理式医疗组织都需要将这一问题纳入质量计划中，通过在提供者身上施加激励措施提高这一领域的整体服务水平。Carlisle 等考察了 65 岁及以上老人在三种健康维护组织模式下急性心肌梗死的治疗情况。他们发现，相较于"按服务付费"机制，处于健康维护组织模式下的健康服务提供者更符合组织规范。健康维护组织模式下的医生与护士能够严格遵守服务过程的标准，记录相关的临床检查结果并提供

---

① J. Park, K. H. Lee, "The Association between Managed Care Enrollments and Potentially Preventable Hospitalization among Adult Medicaid Recipients in Florida," *BMC Health Services Research* 14 (2014): 1 – 12.

② A. L. Hines, S. O. Raetzman, M. L. Barrett, E. Moy, and R. M. Ardrews, "Managed Care and Inpatient Mortality in Adults: Effect of Primary Payer," *BMC Health Services Research* 17 (2017): 121.

③ A. G. Adler, Jay S. Schukman, "The Role of Managed Care in Patient Safety & Error Reduction," *Managed Care* 12 (2004): 42 – 47.

诊疗历史文件。"按服务付费"机制下的健康服务提供者仅在诊断试验这一类服务项目的合规性上超过了健康维护组织模式。[①] Lowell 和 Bertko 研究了美国当下最具吸引力的健康服务业发展模式，即责任医疗组织模式。这一模式强调的是健康服务业发展的价值目标。他们认为，责任医疗组织模式是健康服务业发展的方向，能够体现健康服务的价值根本。[②] 不过，这一模式在实现的过程中还面临很多挑战，包括技术、法律与运作三方面挑战。这些挑战为质量保证与成本控制目标的实现提高了难度。

（四）关于健康服务业发展机制的研究

Piña 等指出，美国健康服务交付系统的不断开拓与创新已经使得各相关利益体对交付系统变化的描述、测量、比较与评估产生了更多需求。在此基础上，这一团队总结了影响健康服务交付系统的六大领域，即供给容量、组织架构、融资与偿付机制、消费者特征与偏好、服务过程与基础建设以及文化。对这六大领域的详尽研究，可以帮助各相关利益体更好地判断健康服务交付系统的持续发展与变化情况。[③] Averill 等认为健康服务业发展机制如果不能同时实现健康服务的成本控制目标，那么提高获得性资格与扩大保险覆盖范围的医疗改革目标也只是空想而已。在提供者身上施加经济刺激能够使其以更为协调与有效的方式提供健康服务。所有有关成本控制机制的具体措施都能够在实现更低成本的同时提升健康服务的质量与获得性，也可以增加消费者的参与度。[④] Schoen 等从健康保险角度指出了美国健康服务在获得性上存在的问题。研究发现，有社会医疗保险与

[①]　D. M. Carlisle, A. L. Siu, E. B. Keeler, et al., "HMO vs Fee-for-Service Care of Older Persons with Acute Myocardial Infarction," *American Journal of Public Health* 82（1992）：1626 – 1630.

[②]　K. H. Lowell, J. Bertko, "The Accountable Care Organization（ACO）Model：Building Blocks for Success," *The Journal of Ambulatory Care Management* 33（2010）：81.

[③]　I. L. Piña, P. D. Cohen, D. B. Larson, et al., "A Framework for Describing Health Care Delivery Organizations and Systems," *American Journal of Public Health* 105（2015）：670 – 679.

[④]　R. F. Averill, N. I. Goldfield, J. C. Vertrees, et al., "Achieving Cost Control, Care Coordination, and Quality Improvement Through Incremental Payment System Reform," *Critical Care Nursing Quarterly*（2010）：2 – 23.

商业健康保险的美国居民并不一定意味着其对健康服务与产品的需求是有保障的，尤其当他们面临重大疾病的巨额开支时，这些参保人手中的保险往往无法保证他们现有的经济安全，也就是说，这些参保人并不拥有足额保险，属于保额不足的人群。[①] 2003 年，这部分人口大约为 1600 万人，大多数都是低收入与生病的成年人。当保险覆盖面不够时，往往会增加这些人获取健康服务的阻力，并且容易使其陷入医疗债务之中。Schuster 等指出在不同的州、城市与医院美国健康服务业的服务质量存在差异。[②] 无论健康服务业是侧重于预防服务、急性诊治还是慢性治疗，美国的健康服务业在很多时候都不符合专业标准。而为了解决这一问题，仅仅依靠消耗更多的财富是远远不够的。质量问题在很大程度上缘于不适当的服务交付。这种"不适当"可能是无用的抑或是有害的。因此，如果能够分辨出这些不适当的服务，不仅能够提高服务质量，而且能够节约人力与财政开支。Conway 和 Clancy 认为质量组织在确保健康服务质量方面的确做出了贡献。[③] 例如，美国国家质量论坛、国家质量保证委员会、门诊服务质量联盟等。不过，仅仅依靠制定质量标准已经不再符合质量保证机制的要求。当今美国的质量保证机制需要更高级的保证手段，从静态度量标准转化为动态度量标准，结合服务的过程与结果，建立以患者为中心的质量保证机制。Roberts 等基于医疗补助计划与儿童健康保险计划的全国调查以及与有关项目官员的讨论得出，当前的质量保证措施仍不充分，无法彻底解决儿童服务的质量问题。[④] 各州的质量衡量标准应该侧重于结果而非过程。同时，测量标准应该在各类儿童健康计划与儿童服务机构普遍适用。

---

① C. Schoen, M. M. Doty, S. R. Collins, et al. , "Insured But Not Protected: How Many Adults Are Underinsured?," *Health Affairs* 24 (2005): W5.

② M. A. Schuster, E. A. Mcglynn, and R. H. Brook, "How Good Is the Quality of Health Care in the United States?," *Milbank Quarterly* 4 (2010): 517 – 563.

③ P. H. Conway, C. Clancy, "Transformation of Health Care at the Front Line," *JAMA: The Journal of the American Medical Association* 7 (2009): 763 – 765.

④ D. Roberts, E. Reagan, J. N. Edwards, and V. K. Smith, *Medicaid and CHIP Strategies for Improving Child Health* (New York: The Commonwealth Fund, 2009).

通过各州之间的数据比对，能够为各州在资源利用、提供者管理与健康计划制订方面提供信息支持。了解当前与最优绩效的差距能够不断地调整质量改进机制。Johnson 和 Kane 认为，美国的健康服务业反映了强烈的个人主义倾向、健康危机管理、社区参与以及对市场与竞争的信念。与此同时，美国健康服务业牺牲了疾病预防的效用、政府的作用、公共的责任以及合作的意义。① 如此，美国健康服务业拥有金钱所能购买的最先进的医疗技术、强大的营利性行业以及无可比拟的技术支持。不过，这一产业集群也消耗了美国经济，拉大了美国民众之间健康状况与获得性条件上的差距。

二　国内学术史回顾

我国健康服务业起步较晚，健康服务业对于中国学者而言，是一个全新的产业领域。21 世纪初，有关此方面的研究才开始进入大众视野。健康服务业对于我国而言尚未形成明确的体系，因此，国内的研究侧重于对健康服务业的概念进行界定。从研究区域看，国内的研究侧重于对区域健康服务业的发展现状与发展问题进行探讨，并给出符合地区特色的发展建议。不过，仍然有学者在健康服务业的发展模式、发展机制与制度改革方面做出了研究与努力。此外，在我国健康服务业特有的中医药结合与医养结合方面，国内学者也予以了极大关注。当然，国内的大部分研究与其他产业研究一样，更侧重于借鉴国外健康服务业的先进经验，以求为国内健康服务业的发展带来机会与可能。

（一）关于健康服务业概念与产业界定的研究

申俊龙和彭翔认为，以美国为代表的大部分国家，把为人类身体健康而建立的服务产业均纳入了健康服务业的范畴，包含医疗机构、养老院、居家照护、远距离照护与健康保险五个部分。而我国由于受到"大健康"

---

① D. W. Johnson, N. M. Kane, *The U. S. Health Care System* (The Fragmentation of U. S. Health Care, 2010).

观念的影响,对健康服务业的理解存在一定偏差,主要表现在产业外延的随意扩大上。① 陈建伟从健康服务业的具体构成出发,认为健康服务业主要包括医疗服务、健康管理与促进、健康保险以及相关服务四大板块,健康服务业的发展体现在四个板块之间的良性互动上。② 瞿华和夏斐则认为,健康服务业是以生命技术和生物技术为先导,以健康至上理念为指导,涵盖健康检查、疾病预防、医疗卫生、营养健康、身体养护、健康娱乐、康复治疗与修养、身心与精神治疗等领域的多产业集合,具有较强的综合性。③ 除了国内学者对健康服务业进行了界定之外,国务院与国家研究院也对健康服务业的产业范畴进行了归纳。魏瑄从保险资金投资角度出发,认为健康服务业涵盖了健康保险经营的外部环境,构成了健康保险的相关产业链。④ 我国健康服务业的产业链主要有五大基本产业群:一是以医疗服务机构为主体的医疗产业;二是以药品器械耗材为主体的医药产业;三是以保健食品、健康产品为主体的保健品产业;四是以健康检测评估、咨询服务、调理康复等为主体的健康管理服务产业;五是健康养老产业。健康服务业覆盖面广、产业链长。2013 年 9 月,国务院印发了《关于促进健康服务业发展的若干意见》,明确提出了中国健康服务业的内涵与外延。它指出:"健康服务业以维护和促进人民群众身心健康为目标,主要包括医疗服务、健康管理与促进、健康保险以及相关服务,涉及药品、医疗器械、保健用品、健身产品等支撑产业。"⑤《关于促进健康服务业发展的若干意见》的发布,实际上是第一次从政治上确立了健康服务业的重要地位,为健康服务业的发展奠定了良好

---

① 申俊龙、彭翔:《中医药健康服务业的发展模式与策略探讨》,《卫生经济研究》2014 年第 8 期,第 24 ~ 27 页。
② 陈建伟:《靠什么发展健康服务业》,《中国产经》2013 年第 12 期,第 18 页。
③ 瞿华、夏斐:《推动我国健康产业发展的对策建议》,《中国国情国力》2013 年第 3 期,第 46 ~ 48 页。
④ 魏瑄:《保险资金投资健康服务业产业链研究》,《中国保险》2014 年第 3 期,第 59 ~ 64 页。
⑤ 《国务院关于促进健康服务业发展的若干意见》,中华人民共和国中央人民政府网,2013 年 10 月 14 日,http://www.gov.cn/zwgk/2013 - 10/14/content_ 2506399. htm。

的政治基础。

（二）关于健康服务业的政策研究

马伟杭认为，深化医改是健康服务业发展的重要环节。[①] 想让老百姓切身感受到健康利益，就必须高度重视健康导向型医疗保健服务体系的构建。以人们的健康服务为导向，落实医改任务，加强公共卫生服务体系、医疗服务体系、医疗保障体系和药品供应体系的建设。高度重视健康服务业在政府转型、经济转型和社会转型中的相互作用。夏杰长和瞿华指出，我国健康服务业尚处于起步阶段，市场很不成熟，因此，政府有责任发挥舆论引导、政策引导、资金引导等作用。[②] 政府相关管理部门要同有关的企事业单位，制定出一些具有引导性的健康服务业发展规划与建议方案，引导媒体加大宣传力度，为老少边穷地区设立"健康服务业发展引导资金"，实行人才流动机制，鼓励医护人员下乡、下社区从业。李力等从产业组织政策、产业结构政策、产业布局政策、产业技术政策四个方面，分析了北京市、上海市、深圳市、杭州市、青岛市健康服务业的相关政策内容。他们认为，应该发挥政府在产业发展中的主导作用，弱化指令性计划等直接规制手段，侧重于通过法律经济等间接规制手段影响微观主体生产运营的外部环境，引导其做出与政策目标相一致的决策。[③] 天津经济课题组认为，目前我国健康服务业得到的政策支持还不够，企业之间存在不平等的竞争关系。对于国有企业，国家给予了一系列的扶持政策，包含税收、土地、信贷、贴息等。但是同属于健康服务业的民营企业，基本难以享受到优惠政策，因此处于劣势的竞争地位。[④] 毛艾琳通过分析英国健康保险改革的最新动向，指出我国医疗改革与英国一样，需要解决健康不平等的突出问题，需要改变医疗资源分配不均现象、改变群众"看病难"

---

① 马伟杭：《发展健康服务业促进经济转型升级》，《卫生经济研究》2013 年第 10 期，第 3～5 页。

② 夏杰长、瞿华：《健康服务业发展大有作为》，《中国经济时报》2012 年 4 月 6 日，第 7 版。

③ 李力、郑英、王清波、代涛：《基于内容分析法的部分地区健康服务业政策比较研究》，《中国卫生政策研究》2016 年第 3 期，第 11～15 页。

④ 天津经济课题组：《透视健康服务业》，《天津经济》2013 年第 11 期，第 22～29 页。

现状。① 在服务型政府的建设过程中，我国卫生部门可以学习英国国民健康服务体系中的一些做法，实行"患者导向"中的委托方式，从烦琐的日常工作中解放出来，更多地履行监督、管理、宣传、争议处理等职能。沈玉良和景瑞琴将政策优惠指向了我国一线城市——上海。他们认为，上海虽然是我国的一线城市，经济发达、交通便利、医疗设施先进，但是医疗资源相对于人口增长与居民需求而言，仍然相对匮乏。要想实现上海医改的四大总体目标，将其打造成亚洲医学中心城市，仍需要政府的政策支持，吸引外资来上海提供健康服务，从而在解决医疗资源不足的同时加剧了行业间的竞争。② 邢伟将体制改革指向了公立医院。他指出，医院是健康服务业发展的核心载体。③ 我国的公立医院在发展健康服务业的过程中有着举足轻重的地位。然而，长期以来，公立医院的功能定位却饱受质疑，社会公众认为公立医院占有大量的公共资源，却未能提供与之相对应的公益性医疗服务。因此，我国的公立医院改革势在必行。

（三）关于健康服务业发展模式与发展机制的研究

胡琳琳和兰宗敏将"健康经济"视为一种新型的发展模式。他们认为，中国经济在经过高速增长之后，已进入一个转型升级的关键时期。此时，传统的发展模式与增长道路存在多种矛盾与问题。④ 因此，我国亟待找到一种新的发展方向和发展路径，以维护健康和促进健康为导向的资源配置，实现经济发展的健康化，并以健康产业的发展满足人们的需求，拉动经济的增长。陈英耀等阐述了健康产业模式的意义。他们认为，广义的

---

① 毛艾琳：《英国健康保险改革最新动向及其对我国医疗改革的启示》，《天津行政学院学报》2012 年第 14 期，第 92 ~ 98 页。

② 沈玉良、景瑞琴：《借鉴国外先进经验推动上海健康服务业发展》，《科学发展》2011 年第 5 期，第 81 ~ 89 页。

③ 邢伟：《健康服务业发展的实践探索和政策思考》，《宏观经济管理》2014 年第 6 期，第 29 ~ 31 页。

④ 胡琳琳、兰宗敏：《发展健康经济：中国的战略选择》，《卫生经济研究》2014 年第 10 期，第 55 ~ 59 页。

健康产业是以健康为核心的服务筹资、研究、生产和提供组织机构的集团产业。① 因此，投资于健康有利于减轻疾病负担，提高劳动生产率，从而促进经济的发展。魏瑄认为，为了扩大健康服务业产业链中商业保险的利润分配空间，投资医疗机构是最有效的方式之一。② 借助医疗机构的平台，保险公司可以实现全流程监控，控制不合理的医疗成本，还可以尽早发现健康隐患、节约未来可能产生的治疗成本。同时，医疗机构还可以依靠健康保险公司的自身业务资源获得一定的客户来源。显然，这与管理式医疗的理念不谋而合。陈竺在全国医学教育改革工作会议上的讲话中指出，当前医学正酝酿着新的革命，而引领变革的正是基于社区的健康促进工作。③ 全科医生作为一类重要的复合型医学人才，主要承担了基层的预防保健、常见病多发病诊疗与转诊、病人康复与慢性病及健康管理等一体化服务，是居民健康的"守门人"。因此，建立与实施全科医生培养制度已经成为新变革的核心要义。马伟杭借鉴了美国的管理型医疗服务模式。他认为，管理型医疗服务模式将健康管理与健康维护纳入了健康保险服务之中，丰富了健康保险的服务内涵，同时强化了医保结合，提高了医院与医生的参与度，使得医疗资源得到合理配置，医疗行为得以管控。④ 天津经济课题组从市场格局角度出发，认为目前国内的健康服务业还基本停留在体检服务阶段，服务机构总体偏小、偏散，市场格局尚未成熟。同时，由于发展过程中相关法律法规没有落实到位，健康服务机构出现了鱼龙混杂的局面，服务质量缺乏保证与统一标准。⑤ 邢伟认为，我国健康服务业的发展是机遇与挑战并存、希望与困难同在，健康服务业与健康制造业的

---

① 陈英耀、吕军、S. O. Schweitzer：《控制卫生费用 还是投资于健康——兼论健康产业模式》，《中国医院管理》2003 年第 4 期，第 1～3 页。

② 魏瑄：《保险资金投资健康服务业产业链研究》，《中国保险》2014 年第 3 期，第 59～64 页。

③ 陈竺：《以全科医生为重点 加快培养高质量医药卫生人才 为提高全民健康水平提供有力保障》，《中国教育报》2011 年 12 月 13 日，第 1 版。

④ 马伟杭：《发展健康服务业促进经济转型升级》，《卫生经济研究》2013 年第 10 期，第 3～5 页。

⑤ 天津经济课题组：《透视健康服务业》，《天津经济》2013 年第 11 期，第 22～29 页。

融合将成为发展趋势。前者以服务提供为主，后者以产品生产为主。将健康服务业的概念泛化，健康制造业便置于其中。[①] 因此，融产品于服务，寓服务于产品，实现二者的良性互动是健康服务业的发展方向。夏杰长和瞿华指出，我国应该探索健康服务业发展的连锁经营模式，推动其规模化发展。[②] 连锁经营是指企业以直营连锁、特许经营和自愿加盟三种形式组成的联合体，在整体规划下进行专业化分工，在分工基础上再实施集中化管理，把独立的经营活动转化成整体的规模经营，从而实现健康服务业的规模效益。沈玉良和景瑞琴借鉴了发达国家信息与通信技术（ICT）在健康服务业发展中的重要意义，发现由于卫生开支的逐年增加，ICT 为开展个性化、以病人为中心的健康服务与家庭保健提供了新的途径。[③] ICT 主要以三种新型业态应用于发达国家的健康服务业之中，分别是电子病历、远程医疗与整合支付手段。以美国为例，该国健康服务业在电子信息化方面的应用起步较早，已经形成了比较规范与完整的价值产业链模式。

（四）关于我国健康服务业特有的中医药结合与医养结合的研究

胡凌娟等认为，中医药是我国独具特色的健康资源、文化资源、产业资源、科技资源，具有深厚的群众基础。[④] 对中医药健康服务业的全面发展是当前及今后的重要战略选择。一般来说，中医药健康服务主要涉及中医医疗及预防保健服务、中医健康养生服务、中医药服务贸易、中医药健康养老服务、中医药健康养生产品、中医药旅游。白书忠指出传统的中医药在中国已经经历了几千年的实践检验，在保障中国人民健康生存繁衍上发挥了不可估量的作用。[⑤] 历来强调的"上工治未病"的中医药已经吸引

---

① 邢伟：《健康服务业发展的实践探索和政策思考》，《宏观经济管理》2014 年第 6 期，第 29 ~ 31 页。

② 夏杰长、瞿华：《健康服务业发展大有作为》，《中国经济时报》2012 年 4 月 6 日，第 7 版。

③ 沈玉良、景瑞琴：《借鉴国外先进经验推动上海健康服务业发展》，《科学发展》2011 年第 5 期，第 81 ~ 89 页。

④ 胡凌娟、陈占禄、李瑞锋等：《中医药健康服务业政策研究的必要性探讨》，《医学与社会》2014 年第 11 期，第 60 ~ 62 页。

⑤ 白书忠：《健康管理与"治未病"》，《人民日报（海外版）》2007 年 1 月 12 日，第 15 版。

了健康管理从业人员的注意力，他们已经看到了中医药在健康服务业的巨大价值。魏瑄认为，医养结合实际上就是在传统的养老服务中进一步融入健康理念，从而形成健康养老产业。[①] 例如，在医疗机构建立预约就诊绿色通道、提供慢性病管理和康复护理服务等。同时，健康养老产业与寿险公司展开广泛实践，合作开发高端养老社区。申俊龙和彭翔对中医药健康服务业进行了优势分析，他们认为，中医药是我国的瑰宝，为中华民族的繁衍昌盛做出了不可磨灭的贡献，对世界闻名进步产生了积极影响。[②] 随着疾病谱的变化、老龄化社会的到来与健康观念的转变，由于中医药存在天然性、药食同源、医药一体、治未病等特点，其产业优势将会越发显著，其科学性与合理性也越来越被学术界、产业界所重视，也使得其更适合发展为健康服务业。胡琳琳等认为，我国的中医药产业在现代化的发展过程中还没有转化为相应的产业优势。[③] 截至 2008 年，中药在国际市场的贸易额已超过 400 亿美元，且每年以 10% 的速度持续增长。但是，中国的中药出口贸易额只占世界草药贸易总额的不到 3%。大部分的国际中药市场份额被日本、韩国、东南亚以及欧洲一些国家占有。这说明，我国的中医药产业还有很大的发展空间。

黄佳豪和孟昉指出了"医养结合"养老模式的必要性。他们认为，随着我国老龄化程度的不断加深，老年人对医疗护理的需求与日俱增，因此，走"医养结合"之路成为中国养老模式的必然选择。[④] 我国目前的"医养结合"养老模式仍存在一系列问题，例如，服务主体参与积极性不高、服务内容单一、收费水平偏高等。针对这些问题，我国还需要完善医

① 魏瑄：《保险资金投资健康服务业产业链研究》，《中国保险》2014 年第 3 期，第 59～64 页。

② 申俊龙、彭翔：《中医药健康服务业的发展模式与策略探讨》，《卫生经济研究》2014 年第 8 期，第 24～27 页。

③ 胡琳琳、刘远立、李蔚东：《积极发展健康产业：中国的机遇与选择》，《中国药物经济学》2008 年第 3 期，第 21～28 页。

④ 黄佳豪、孟昉：《"医养结合"养老模式的必要性、困境与对策》，《中国卫生政策研究》2014 年第 6 期，第 63～68 页。

养结合供给主体的服务方式，依据客体需求设定服务内容，此外，还需要健全政府管理机制。冯丹等从服务载体养老机构的角度出发，认为养老机构中的"医养结合"指的是在提供传统的基本生活服务与经济供养的基础上，为机构中的老年人提供医疗服务，从而提高老年人的生活质量与健康水平，缓解严峻的老年化形势所带来的巨大冲击。养老机构之所以能够转化成医养结合机构，主要有三方面原因：发展医养结合机构是社会老龄化的合理选择、有利于老年人的健康幸福、有助于养老与卫生资源的合理配置与机构的长期发展。[①] 纪娇和王高玲基于协同理念从准入对象和服务内容、服务主体和准入条件、政府支出和管理方式三个维度对"医养结合"养老机构的创新模式进行了探讨。他们认为，将所有协同要素进行资源整合，能够最大限度地实现养老资源的共享。[②] 广州大学公共管理学院"医养结合"研究课题组以广州市为例，探索了"医养结合"养老模式的实现路径。[③] 截至目前，广州市已经在实践中发展出五种"医养结合"模式，分别是"六榕"模式、"珠吉"模式、"新海"模式、"松鹤"模式、"南奥"模式。想要优化医养结合路径，需要提升社区整合能力、强化基层、完善老年人保险制度。

第三节　研究方法

一　实证分析与规范分析相结合

本书根据健康服务业的定义与产业分类对美国健康服务业的发展历程进行了划分，并以公平与效率的关系变化为主线，分析了美国健康服务业

---

① 冯丹、冯泽永、王霞等：《对医养结合型养老机构的思考》，《医学与哲学》2015 年第 7 期，第 25～28 页。

② 纪娇、王高玲：《协同理念下医养结合养老机构创新模式研究》，《中国社会医学杂志》2014 年第 6 期，第 376～378 页。

③ 广州大学公共管理学院"医养结合"研究课题组：《广州市"医养结合"养老模式实现路径探索》，《改革与开放》2017 年第 11 期，第 86～89 页。

发展中的制度演变。在此基础上，重点研究了美国健康服务业的发展模式与发展机制，对其表现形式、特点等内容进行了定性分析。同时，本书在梳理了影响美国国民卫生支出居高不下的因素之后，试图对美国健康服务业发展影响因素进行实证分析，构建了有关各影响因素的多元线性回归模型，并最终得出了收入因素、产业通胀因素、保险覆盖因素是影响美国健康服务业发展的主要驱动力。在分析美国健康服务业发展的成效时也运用了实证分析方法。

二 宏观分析与微观分析相结合

本书首先采用宏观分析方法观察了"国民卫生支出占 GDP 的百分比变化"以及"国民卫生支出与 GDP 年增长率的变化"规律，将美国健康服务业划分为四个阶段，即起步阶段、快速成长阶段、平稳过渡阶段与成熟发展阶段。同时，通过对价格、收入弹性、人口老龄化相关指标以及对健康服务业政策变化的分析，从宏观层面上把握了美国健康服务业的发展规律与发展影响因素。之后，通过对产业发展模式与发展机制的研究，又从中观层面上对产业的静态与动态服务交付过程进行了详细的剖析。在此基础上，从微观角度切入，考察了产业发展对国民健康状况改善的重要意义。

三 横向比较与纵向比较相结合

本书主要采用了横向比较与纵向比较两种分析方法。从纵向比较看，本书通过对美国健康服务业发展阶段的研究，指出了各发展阶段中发展持续与发展转变的内容。从横向比较看，尽管研究任何一个发达国家健康服务业的发展可能都能为我国带来启示，但是美国健康服务业的发展却尤为突出，对我国最具借鉴意义。因此，本书在对中国健康服务业发展提出启示之前，分析了中美两国在健康服务业上的相似与不同。在此基础上，运用之前章节对美国健康服务业发展的研究，对我国健康服务业今后的发展提出了具体的可行性建议。

四 历史与逻辑相统一

自 20 世纪 30 年代中期起，美国健康服务业便开启了发展之路。美国健康服务业的发展是一个历史的进程，在不同的历史发展阶段有着不同的发展内容与发展特性。本书在划分美国健康服务业发展阶段的基础上，从各发展阶段的整体经济水平、特定医疗价格、服务利用率与利用强度、技术等角度入手，根据研究逻辑的需要，分析了各发展阶段的具体特点及其相应的模式与机制的变化。

第二章 健康服务业的一般分析

第一节 健康服务业的相关概念

一 健康的概念及其影响因素

（一）健康的概念

根据世界卫生组织在 1946 年的定义，"健康"不仅是一种疾病或赢弱的消除，更是一种身体上、精神上与社会上的完全健康状态。尽管这一定义在当时被认为具有创新性，但是也有人认为这种定义含混不清、过于宽泛且无法衡量。很长一段时间以来，人们认为它是一种不切实际的理想状态，转而把目光投向切实可行的生物医疗模式。于是，在 20 世纪 80 年代，世界卫生组织再一次推动了健康促进运动的发展，同时引进了一个有关健康的全新概念。世界卫生组织认为，健康不是一种状态，而是一种动态的生活资源。1984 年，世界卫生组织修订了健康的定义，将其定义为"个体或团体实现愿望、满足需求以及改变或应对环境的能力的程度。健康是每天生活的资源，不是生活的目的"。[①] 因此，精神健康、智力健康、情感健康以及社会健康程度是指一个个体处理压力、获取技能、维持关系

---

① World Health Organization，"Concepts and Principles of Health Promotion：Report on a WHO Meeting，" Copenhagen，9 – 13 July 1984.

的能力，这些能力便构成了恢复活力并独立生活的资源。① 健康服务提供者正致力于从事预防或治疗健康问题、促进人类健康的系统性活动。"健康"一词也被应用到许多无生命团体当中，并强调其对人类利益的影响。比如说，健康社区、健康城市、健康环境等。

健康指标是用来描述人口健康程度的量化特征。一般来说，研究人员会使用调查方法来收集某类人群（样本）信息，并运用统计学分析对所收集的信息进行概括以推断整个人口（总体）的健康程度。世界卫生组织和各国政府经常使用健康指标来解析人类健康状况并指导医疗保障政策。根据2015年世界卫生组织发布的全球100项核心健康指标，将这100项健康指标概括为四大类。②

第一类，健康状况指标：健康状况指标包括根据年龄和性别划分的死亡率，根据原因划分的死亡率、生育率、发病率。

第二类，风险因素指标：风险因素指标包括营养因子、感染因子、环境风险因子、非传染性疾病因子、损伤因子。

第三类，服务覆盖指标：服务覆盖指标包括生殖、孕产妇、新生儿、儿童与青少年健康服务覆盖，以及免疫服务覆盖、艾滋病病毒防治服务覆盖、艾滋病/结核病联合感染防治服务覆盖、肺结核防治服务覆盖、疟疾防治服务覆盖、被忽视的热带病防治服务覆盖、筛查与预防保健护理、心理健康服务覆盖。

第四类，健康系统指标：健康系统指标包括服务质量与安全性、可获得性、健康劳动力、健康信息、健康融资、健康保障。

这四大类指标里包含的子分类下面还有更为详细的划分。例如，健康状况指标中的以年龄和性别划分的死亡率就包含六种：平均预期寿命、介于15岁和60岁之间的成人死亡率、5岁以下儿童死亡率、婴儿死亡率、新生儿死亡率、死胎率。每一个具体的指标都有相对应的定义、测量方

---

① L. Nordenfelt, "The Concepts of Health and Illness Revisited," *Medicine Health Care & Philosophy* 10 (2007): 5.

② World Health Organization, "2015 Global Reference List of 100 Core Health Indicators," 2015.

法、测量频率和数据来源等信息。对这 100 项核心指标的规范化能够在全球和国家范围内指导健康结果的检测、简化呈报要求、提高数据收集效率、提升数据结果质量及有效性，同时也增强了透明度和可归责性。

（二）健康的影响因素

一般来说，个体生长环境会对其健康状态和生活质量产生重大影响。人们越来越意识到维持和改善健康不仅要通过健康科学的发展和应用，而且要通过人类和社会的努力以及对生活方式的明智选择。根据世界卫生组织的报告，决定健康的主要因素包括社会与经济环境、自然环境以及个人的特征和行为。[1] 更具体地说，影响人类健康与否的关键因素包括以下几个方面：收入和社会地位、社会支持网络、教育与识字能力、就业与工作条件、社会环境、自然环境、个人健康实践与应对能力、儿童健康发展、生物学和遗传学、健康保健服务、性别、文化。

当然，世界卫生组织主要在健康可获得性和健康成果提升等波及全球的健康问题上进行针对性研究，其中，尤其关注发展中国家的健康问题。而加拿大学者拉隆达（Lalonde）则把决定个人健康的因素归为三个领域，这三个领域之间并不是独立存在的关系，而是相互影响的。[2]

①生活方式领域：个人决策的集合体。这一集合是疾病或死亡的起因或部分原因。

②环境领域：有关人体健康的所有外部事态，是个体难以或根本无法控制的事态。

③生物医学领域：由基因组合所影响的有关身体健康和心理健康的所有方面。

健康也可以通过"健康三角"（Health Triangle）来描述。"健康三角"包括身体健康、心理健康以及社会福祉。人类的健康维持与健康促

---

[1]　World Health Organization, "The Determinants of Health," 2013.

[2]　Marc Lalonde, "New Perspective on the Health of Canadians: 28 Years Later," *Revista Panamericana de Salud Pública* 12 (2002): 149 – 152.

进可以通过身体、心理以及社会福祉的不同组合得以实现。① 而阿拉米达县研究数据表明，人们更加关注生活方式问题以及这些问题与功能性健康的关系。人们能够通过适当的锻炼、充足的睡眠、保持健康体重、限制饮酒、避免吸烟来提升他们的健康水平。② 当然，健康与疾病也是可以并存的，对于患有多种慢性病甚至是不治之症的个体而言，有时他们也会声称自己是健康的。③

二 服务业与现代服务业

（一）服务业

服务业又称为第三产业，是配第－克拉克定理中的第三个经济部门，另外两个经济部门分别是第二产业（进行加工和制造的产业）和第一产业（直接从自然界中提取原材料的产业）。第三产业是一个将服务提供给其他企业或最终消费者的经济部门。服务虽然是一种无形商品，但服务业不仅可以直接提供服务，还会涉及有形资产的运输、分配及销售的全过程，这一过程可能发生在批发环节或零售环节。不过，服务业强调的人与人之间的交互关系，重点在于服务他人而非转换有形商品。有些时候，很难定义一个公司是属于第二产业还是第三产业。而且不仅营利性公司可以被看作第三产业，政府部门和非营利性机构也是第三产业的组成部分。④近 100 年的时间里，工业化国家已经实现了从第一、第二产业向第三产业的巨大转变。现今，第三产业已经成为西方世界最大且发展最快的经济部门。美国是全球服务业最发达的国家，其第三产业的产业化水平截至2016 年已经接近 80%。从 GDP 来看，2016 年，美国、欧盟及中国是全球

① S. Nutter, *The Health Triangle* (Anchor Points, Inc., 2003).
② D. L. Wingard, L. F. Berkman, and R. J. Brand, "A Multivariate Analysis of Health-related Practices: A Nine-year Mortality Follow-up of the Alameda County Study," *American Journal of Epidemiology* 5 (1982): 765 – 775.
③ S. Schroeder, S. Schmid, A. Martin, et al., "On Living a Long, Healthy, and Happy Life, Full of Love, and with no Regrets, until Our Last Breath," *Verhaltenstherapie* 4 (2013): 287 – 289.
④ R. P. Mohanty, A. K. Behera, "TQM in the Service Sector," *Work Study* 3 (1996): 13 – 17.

第三产业产值最高的前 3 名。其中美国已经高达 14.76 万亿美元，欧盟也达到 12.07 万亿美元，中国则达到 5.68 万亿美元。①虽然中国已经在产值上位列全球前 3 名，但是也只是美国的 38.5%，其第三产业发展仍然具有很大的空间和潜力。

第三产业面临着有别于其他产业的问题，这一问题主要体现在服务价值上。服务是无形的，所以潜在消费者有时难以理解他们所收到的服务以及所持有的服务的价值体现。比如投资行业的咨询师，他们不会为消费者所付的金钱提供价值保证。由于大多数的服务质量在很大程度上取决于提供服务的个体质量，所以，人力成本构成了大部分的服务成本。根据马克思主义基本原理，科学技术是第一生产力，这种生产力将自然力和自然科学并入生产过程，极大地提高了第二产业的劳动生产率。然而，科技往往使得第三产业面临无休止的成本递增。此外，由于服务差别化在短期内难以实现，人们在进行服务消费时，选择基础往往不取决于或不单纯取决于服务质量的差别，而是来源于品牌效应。而品牌效应带来的服务溢价有可能造成社会总体服务资源的浪费。

（二）现代服务业

现代服务业是在第三产业基础之上的提升和延伸，在工业革命与第二次世界大战期间得到了初步发展，并于 20 世纪 80 年代最终确立。根据中国科技部在 2012 年 2 月发布的第 70 号文件，现代服务业是指以现代科学技术特别是信息网络技术为主要支撑，建立在新的商业模式、服务方式和管理方法基础上的服务产业。它既涉及技术发展所带来的新兴服务业态，也涉及传统服务业态的提升和改造。从本质上看，现代服务业是社会进步、经济发展与专业化分工的必然结果。它伴随信息技术与知识经济的发展产生，以新技术、新业态和新服务方式的现代化眼光去改造和改变传统服务业，致力于创造需求、引导消费，并向整个社会提供更高附加值、更高层次的生产和生活服务。世界贸易组织的服务业分类标准界定了现代服

---

① IMF and CIA, *The World Factbook* (2016).

务业的九大分类，即商业服务、电讯服务、建筑及有关工程服务、教育服务、环境服务、金融服务、健康与社会服务、与旅游相关的服务以及娱乐、文化与体育服务。现代服务业正致力于打造一种新的服务模式，它突破了传统的消费性服务业领域，而向新的生产性服务业、知识型服务业和公共服务业领域迈进。

现代服务业有别于传统服务业，其特征主要体现在以下四个方面。

第一，高知识含量和高技术含量。现代服务业以技术创新和研发为依托得以发展。技术创新和研发离不开人力资本的高质量特性。所以，现代服务业需要依赖知识型资源来实现商业模式与管理模式的不断创新。与消费者的关系已经从简单的提供服务转变为丰富的、专业的、可再更新的多次交互关系。据此，这种高知识含量与高技术含量的特征也成就了现代服务业不断细化、不断开拓的时代精神。

第二，高集群性。现代服务业的出现与发展一般集中在工业化程度高的大中城市。由于这些城市具有丰富的人力资本、完善的基础设施、差别化的服务需求等优势条件，现代服务业能够实现长足发展。此外，现代服务业不仅关乎与各类消费群体的交互关系，还关乎与相关行业的分工合作关系。所以，纵横交错的网络关系使得不同功能、不同规模的企业能够协调发展、高度融合形成集群效应，这种集群效应有助于提升区域竞争力，推动区域经济稳步增长。

第三，高素质、高智力的人力资源结构。现代服务业开始强调提供高精神享受的消费体验。这种更高等级的消费体验不仅需要专业的知识储备，还需要与客户进行大量的沟通，让消费者感受到从业者的同理心，使其能更容易接受和采纳从业者的服务。同时，现代服务业的从业人员往往需要丰富的从业经验，这些经验是难以通过书本的形式来获取的，大量的社会历练是实现高素质人才转变的最佳路径。所以，现代服务业的竞争归根结底是人才的竞争。

第四，高附加值。现代服务业的高附加值不仅体现在服务提供端的利润所得，也体现在服务接收端的消费享受。往往消费者的服务体验不是一次性的行为，且这种行为不是一种即时享受，它可能是一种长期的、愉悦的服务体验，甚至会得到优质的连锁反应。所以，从全社会的价值实现来看，现代服务业是一种可持续的、高附加值的经济增长业态。

三　健康服务业

（一）健康服务业的概念

健康服务业是经济系统内通过治疗、预防、康复和姑息治疗的手段为患者提供产品与服务的多部门集聚与整合。健康服务业使得健康产品与服务实现了商业化的转变，使人们能够维持和重塑健康。健康服务业是现代服务业的重要组成部分，已被划分为多个领域，每个领域都需要训练有素的专业人员及辅助人员所组成的跨学科团队的支持，以此来满足个人与群体的健康需求。

健康服务业是全球规模最大、发展最快的产业之一。绝大多数的发达经济体都已经消耗掉其 GDP 的 10% 以上，所以，健康服务业已经成为支持国民经济的重要力量。一般来看，影响健康服务利用率的因素有很多，大致可分为三类：诱因因素、使能因素及需求因素。

诱因因素主要是指寻求服务的倾向性，例如个人文化与信仰的不同会造成他们在面对疾病时的态度不同，同时，也会影响他们在特定症状发生时就医方式和诊疗手段的选择。

使能因素是指影响个体或群体获取健康服务的能力和路径的因素。它可以指健康保险覆盖面的深度和广度，也可以指个体活动范围内是否有方便可到达的健康服务场所等。

需求因素是指与消费者实际需求或需要相关的因素。同样，需求因素也会影响健康服务利用率。但是，需求在没有专家意见的条件下，往往难以确定。许多人并不知道什么时候需要服务、什么是最佳的服务时间，并且在很多条件下，健康服务提供者也难以做出诊断和治疗。如果所有人都能获得无限的健康服务，那么消费者和提供者的需求可能是影响健康服务利用率的唯一决定因素。但不幸的是，健康服务资源具有稀缺性。所以，服务的可得性、个人或团体的支付能力、贫富差距甚至是种族差异等都会对健康服务的整体利用率产生影响。

（二） 健康服务业的分类

作为界定健康服务业的基本框架，联合国国际标准产业分类（ISIC）将健康服务业大体分为以下三类[①]：①医院活动；②医疗与牙科实践活动；③其他与人类健康相关的活动。

其中，第三类活动包括护士、助产士、理疗师、科学或诊断实验室、病理学诊所、家庭护理机构以及其他联合健康专业人员所从事的或在其监管下的活动。例如，验光、水疗、医疗按摩、瑜伽疗法、音乐疗法、职业疗法、语言障碍矫正、手足病治疗、顺势疗法、脊椎按摩、针灸等领域。

根据全球行业分类标准（GICS）与行业分类基准（ICB）的划分，将健康服务业分为两大类：医疗保健器械及服务；化学制药、生物技术与相关生命科学。

其中，第一大类由提供医疗设备、医疗用品和医疗保健服务的公司和实体构成。例如，医院、家庭护理机构和养老院。第二大类由进行生物制药、化学制药及其他各类科学服务的公司组成。

当然，从广义上讲，还可以扩大健康服务业的范围，使其包含其他与健康相关的关键活动。例如，健康专业人员的教育与培训、健康服务交付的调控与管理、传统药物与补充性药物的供应以及健康保险的监管。[②]

（三） 健康服务市场的特殊性

健康服务的生产与分配是一种非常复杂的交互过程，有别于市场上的其他产品。虽然许多产品与服务都有其特殊属性，但是大体上这些产品与服务可以通过市场机制来传递，并且不会引起太多争议。而健康服务有其特殊性，在市场经济环境下，这些特性主要体现在以下六个方面。

---

① United Nations, *International Standard Industrial Classification of All Economic Activities*, *Rev. 3*（New York）.

② P. Hernandez, T. Tan-Torres, D. B. Evans, "Measuring Expenditure on the Health Workforce: Concepts, Data Sources and Methods," 2009.

1. 健康服务的特定价值

人们在看待健康问题时，往往会对其十分重视。而当这种问题会威胁到生活甚至生命时，重视程度会进一步提升。一般情况下，当人们考虑其他消费选择时，会进行权衡。比如当他买一台性能更优、价格更贵的电脑时，他会考虑这部分支出是否会对其他消费产生影响。而对待健康服务时，人们往往会愿意支付一大笔钱用来进行治疗。如果健康服务的价格上涨，但上涨幅度在他们能够承受的范围之内，他们会选择消费。尤其是当他们的生命或家人的生命受到威胁时，他们更会毫不犹豫地这么做。在美国，购买健康服务是导致消费者破产的主要原因之一。但即便如此，人们还是会冒着破产的危险坚持购买健康服务。

2. 健康服务分配的伦理问题

几乎所有人都认为人们不能因为支付不起基本的医疗服务而把病人拒之门外。尤其当针对儿童时，这种情况更不应该发生，因为儿童本身是无法对其身处的贫困环境负责任的。富人家的孩子是否应该比穷人家的孩子有更多的机会获取更优质的健康服务呢？抑或在两类家庭的孩子面临同类型疾病时，富人家的孩子是否应该直接获得紧急护理，而穷人家的孩子却只能在拥挤的医院急诊处排队呢？这些问题即便是权贵之人也无法直接给出答案。因为大多数人会认为这些情况是有失公允的，但是他们却排斥为此做出有利的改变。当分配问题涉及成年人时，美国公民对此持有不同的观点。一部分人认为，健康服务属于基本人权，获取健康服务时的不平等现象是社会不公正的体现。而另一部分人则认为，成年人因健康成本而导致破产，虽然颇为遗憾，但国家并不应该为健康成本负有直接责任。虽然如此，大多数人还是认为基本的健康服务应该被所有人享用。健康服务、食品和住所是接近基本人权的三种消费产品。因此，社会对此一致的观点是当人们存在支付困难时，应该有相应的机制负担起这部分责任。根据2007年《纽约时报》与哥伦比亚广播公司的民意调查，64%的受访者认为联邦政府应该为所有美国人担保医疗保险，60%的受访者也表示他们愿意为此支付更高的税费。当然，实现这一点有很多种方式，可以通过慈善团体的救助，可以通过政府对特定人群的补贴，或者为贫困人群提供社会保险等。健康服务要考虑的不仅仅是选择哪种保障方式，更要考虑实施保障时的伦理问题，考虑健康服务是根据时间顺序、支付能力还是紧急程度进行分配。

涉及健康服务分配的伦理问题还体现在疾病治疗研发的优先次序上。从伦理角度看，研究所做出的努力和运用的资金应该在很大程度上取决于疾病的严重程度以及预防或者治愈此类疾病所造福的人口基数。但是，基于市场机制，研发则直接指向治疗的盈利能力，而这在很大程度上是取决于手握财富的人群的疾病类型的。所以，医学研发更多指向了发达国家或者工业化程度高的发展中国家，而很少关注到欠发达国家的健康状况。根据比尔及梅琳达·盖茨基金会的报告，2004 年，用以研究疟疾的科研经费仅占总研发投资的 0.3%，但疟疾却对全世界所有疾病所导致的生产寿命损失年（Years of Productive Life Lost）的 3% 负有责任。生产寿命损失年是一种标准的测量疾病对社会产生多大影响的方法。相比之下，糖尿病吸纳了总研发投资 1.6% 的科研经费，而这一疾病导致了全社会 1.1% 的生产寿命损失年的损失。这意味着，就整个社会而言，糖尿病的疾病负担只占疟疾的 1/3，却得到了 5 倍有余的科研经费。

3. 信息成本

大多数消费者认为，获取健康服务相关信息从而做出明智决定的途径，即便不是不可能的，成本也是相当高昂的。捕捉高质量信息从而分辨出哪些医生、医院或诊所具有相对竞争优势一直是萦绕在消费者心中的谜团之一。医院的评级并不具备完全的说服力，这种评级难以说明部分质量的优劣，而且往往存在误导性。消费者不能仅凭医生的自信和个人魅力来判断医生诊治的能力。同时，当面临多种治疗方法时，如何选择最优且最适合的方法仍然受到消费者能力的限制。虽然现在是一个互联网发达的时代，但是网络信息仍具有很大的迷惑性，普通人是不具备整合并处理这些信息的能力的。此外，在进行不良信息的剔除和筛选时，人们往往伴随痛苦的疾病和焦虑的情绪，从而使得筛选质量更难把控。所以，人们往往会依赖健康服务提供者的专业能力来判断其健康状况，并寻求解决方案。尽管病人们往往想成为积极的参与者，但是实际上，在大多数情况下，他们却处于从属地位，只能听从医生的建议。

在市场主导型的经济体制下，其他商品和服务的信息对消费者来说也是十分重要的。比如，当消费者购买二手车时，销售员可能会说这辆二手车的性能很好、开车公里数很少、没有事故记录等，但这些信息的真假有待商榷。再比如，当投资人进行投资时，投资顾问可能会侧重收益率的高低，而尽量回避相应的风险。很显然，市场在本质上往往会流露出利己的特质，导致信息不能有效且充分地传递给消费者。而在健康服务市场，人们面临的信息问题会更加严峻，因为他们的赌注是自己的健康。所以，即便是市场主导型的医疗保障制度，严格监管也是不可或缺的。

4. 供求不平衡

从需求角度讲，消费者需要的是健康而不是单纯的治疗。他们认为，相较于治疗，预防更加重要。但是，从供给角度讲，利润最大化对健康服务提供者而言，仍更具有吸引力。所以，在提供者眼中，治疗就显得更加有利可图。美国有一句谚语叫"一分的预防胜于十分的治疗"，但是，当医生处在供给的位置时，他们往往会让消费者购买十分的治疗而非一分的预防。这意味着，如果健康服务市场掌握在追求利润最大化的投资者手中，那么他们会侧重于扩张治疗市场，并提高治疗成本，而忽视预防措施的实施。

美国国内流感疫苗短缺危机便是供求双方优先考虑事项错配的最恰当例子之一。流感疫苗是一种预防性药品，可以预防疾病而非治疗疾病。药品制造商不会从制造疫苗当中赚取高额利润，所以，仅有少量几台设备用以生产疫苗。而在2007年，有一台设备由于污染问题不得不停工，结果导致了大规模疫苗短缺问题。一般来说，在市场经济体制下，追求利润最大化是企业的本质特点。这样的企业不可能投入大量的资源去传播健康促进知识，抑或鼓励人们实行更健康的生活方式。因为相较于疾病治疗，管理与促进型健康手段从长期来看会减少企业的利润所得。

5. 供给创造需求

在大多数市场环境下，消费者的产品与服务需求是供给的来源。生产商先观察人们的需求，然后根据观察和预测结果开发产品、提高产量，用以满足这些需求。然而，在健康服务市场上，这种供求的因果关系经常呈现相反的方向。也就是说，往往是先出现一种新的医疗技术，才会产生使用此技术的需求。例如，当医院或者医生选择购买一台昂贵的 CAT 扫描仪时，他们就会产生强烈的动机在治疗方案中选择使用新购入的扫描仪，以抵销这项投资成本，而这样的动机往往会使得这台新型扫描仪的使用率大幅增加。当然，这并不意味着 CAT 扫描仪的发明没有为医学进步做出贡献。但是，当这种购买与使用被供给方掌控时，从总体来看，确实会产生一种趋势，即使得不必要的治疗与检测不断发生。

6. 竞争造成过度投资

健康服务市场是一个竞争市场。每家医院都有引入最新技术手段的动机，从而在提升自身能力的同时，吸引更多的消费群体。例如，一个地区内可能有多家医院想进行体外循环心脏手术，而进行这项手术需要使用体外循环设备。相较于这套昂贵的设备，其他的治疗设备可能更符合这一地区总体人口的疾病特征，也更接近投资最优水平。但是，很多医院还是会选择去购买这样一套非必要的设备，似乎只有这样才能体现它们在初级保健和其他专科上的专业能力，才能达到更好的宣传目的。显然，降低医疗成本、提高运作效率往往不是健康服务机构竞争的手段。而偏离投资最优水平会导致特定地区重复投资和浪费现象愈演愈烈。

综上所述，健康服务市场的六方面特性是有别于其他市场的。不同国家以不同方式来回应这一系列问题。然而，在全球发达经济体中，唯有美国的健康服务业严重依赖于市场机制。有关美国健康服务业的相关问题会在之后章节进行详细阐述。

第二节　健康服务业的相关基础理论

一　医疗保健市场理论

根据完全竞争市场的假设条件，可以看出，美国健康服务市场并不符合该条件，其更像是对竞争性市场的一种偏离。所以，在研究医疗保健市场的理论时，需要从供求市场和公共市场两个角度来进行分析。将市场的竞争属性和政府的干预属性纳入健康服务业的基础理论研究范围内，以此来更好地认定健康服务所拥有的消费属性和投资属性，从而加深对健康服务业的研究深度。

（一）医疗保健供求市场

1. 医疗保健需求市场

格罗斯曼在其人力资本理论中解释了有关健康需求的概念及意义。他认为，个人需要在教育、培训和健康方面对自身加以投资以提高其收入水平。健康需求在许多方面有别于传统需求。

第一，健康服务尤其是医疗服务的享有不是个人需求的最终目的，个人需求的最终目的是良好的健康状态，所以健康服务是获取良好健康状态的途径。当人们对健康产生需求时，需要花费资源以生产健康。

第二，生产健康的方式不只有购买健康服务一种，个人自身也可以通过改进措施来提高健康状态。

第三，健康可以被看作一种资本物品。从短期看，健康的获取不会被马上消耗，而会保存在人体一段时间，作为一种生产性产品，用来产生其他产品或服务。但从长期看，随着年龄的增长，健康资本会发生必然折旧，导致贬值。

第四，健康既是一种消费品，又是一种投资品。

假设将一名消费者一年的时间分为四个部分，分别是T_H、T_B、T_L、T_W。T_H指的是消费者用于提高健康状态所用的时间；T_B指的是消费者用于其他个人活动所投入的时间，例如，读书、看电视、打游戏、与孩子和家人聚会等一切在闲暇时间所有事情的集合；T_L指的是因疾病而损失的时间；T_W指的是投入在工作中的时间。那么，

$$365 \text{ 天（任一消费者）} = T_H + T_B + T_L + T_W$$

假设消费者投入健康的时间既包括提高健康状态所花费的时间，也包括因健康破坏而损失的时间，那么，其他闲暇时间与工作投入时间的总和可以用T_B和T_W来表示。所以，

$$T_B + T_W = 365 - (T_H + T_L)$$

如图 2 - 1 所示，x 轴代表消费者的工作和闲暇时间。那么，向右的方向度量的是闲暇时间 T_B，向左的方向度量的是用于工作的时间 T_W。如果消费者选择了 OB 等量的闲暇时间，那么，BA 便是他的工作时间。y 轴表示工作所获得的收入。这些收入可以用来购买健康产品和服务，也可以用来购买其他的个人消费品。如果消费者选择 OA 的时间用以休闲娱乐，那他没有任何收入，也无法购买任何市场上的物品。从点 A 出发，向左上方延展，当到达点 S 时，这个人创造了 OR_2 的收入，而这一点的斜率表示收入除以工作天数，也就是工资率。在此处，没有对消费者做其他方面的特殊假定，所以，消费者的无差异曲线就是一般形状。当无差异曲线与 AR 相切时，为均衡状态，交于点 E。

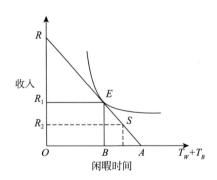

图 2 - 1　收入与闲暇的取舍

当讨论消费者对于健康的时间选择时，假设用于生产健康的活动时间从T_H增加到T'_H，那么，因为健康破坏而损失的时间则从T_L减少到T'_L。这里，存在三种可能：

第一种：$|T'_H - T_H| = |T'_L - T_L|$

第二种：$|T'_H - T_H| > |T'_L - T_L|$

第三种：$|T'_H - T_H| < |T'_L - T_L|$

在第一种情况下，T_H的增加量与T_L的减少量相等。此时，$T_B + T_W$并没有发生变化。从经济意义上看，消费者在健康上增加时间投入时，会导致因疾病损失的时间等量减少，此时，投入在工作与其他闲暇活动的时间不变，所以收入不变。

在第二种情况下，T_H的增加量大于T_L的减少量。此时，$T_B + T_W$减少。从经济意义上看，消费者在健康上增加时间投入时，会导致因疾病损失的时间减少。但是，投入的增加量要大于损失的减少量，此时，投入在工作与其他闲暇活动的时间减少。也就是说，投入行为实际上是不经济的。

在第三种情况下，T_H的增加量小于T_L的减少量。此时，$T_B + T_W$增加。从经济意义上看，消费者在健康上增加时间投入时，会导致因疾病损失的时间减少，且投入的增加量小于损失的减少量。此时，投入在工作与其他闲暇活动的时间增加。也就是说，$T'_H + T'_L$的净效益是时间的增加量。健康投入不仅增加了潜在的闲暇时间，也提高了潜在的收入水平，从而使得曲线l_1向右移动，形成新的曲线l_2（见图2-2）。

我们发现，健康水平的提高并不总是导致收入的增加。这一点可以通过一条生产可能性曲线来表示。如图2-3所示，x轴表示其他市场物品资源，y轴表示健康资源。当点A向右上方移动至点C时，可以发现，健康存量的增加会导致其他市场物品收入的增加；而当点C向左上方移动至点D时，健康存量的进一步增加使得其他市场物品收入减少。点C是最佳的资源配置点。从经济意义上看，当点A移动至点C时，消费者获得了更多的健康资源，健康资源的增加使得其他市场物品的可得性增加。

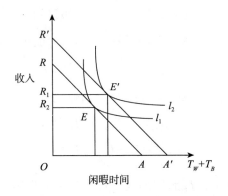

图 2-2   健康投入引发的曲线变化

此时，消费者不会用 B 来交换任何的健康，而是尽可能生产更多的 B 来最大化其效用。此时，健康是一种投资品。而当点 C 移动至点 D 时，健康资源的增加使得消费者获得了更多的享受，但是其他市场物品的可得性降低，其他市场物品的附带作用也在减弱。所以，此时的健康对消费者而言在很大程度上是一种消费品。

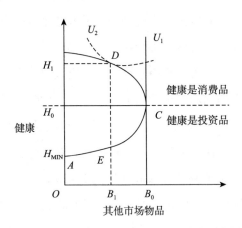

图 2-3   健康与其他市场物品之间的资源配置

这一理论为健康服务业的发展提供了理论依据。它意味着，当社会的认知从健康的消耗属性转变为投资属性时，健康服务业的商业化和产业化发展趋势有其必然性。它展现出健康不仅可以供人们享乐，也可以通过健康资源，将人力资本的效率发挥出更大的作用。从全社会看，合理投入和利用健康资源，将使得其他部门的经济产出和经济效率增加。同时，这一理论也展现出，健康在带给人们享乐的同时，往往也伴随非理性消费的产生。此时，会导致健康服务市场的资源浪费现象。

当将健康看作一种投资品时，人们会根据年龄、工资、教育以及不确定性因素的变化来进行资源的不同配置。如图 2-4 所示，x 轴表示健康存量，y 轴表示资本成本。当投资健康的资本不断增加时，其回报率将会下降，从而形成了投资边际效率递减曲线（MEI）。因为健康服务与产品的投入不会再在个体身上发生太多改变。在解释 y 轴含义时，可以从多个角度进行分析。从个人角度看，健康资本投入的最终产品是个人的健康天数。

$$个人健康天数_{MAX} = 365 \text{ 天/年}$$

$$资本成本 = 存款利率 \ r + 折旧率 \delta_0$$

也就是说，如果希望投资是物有所值的，不仅需要赚得每年银行存款的机会成本，还需要维持这项投资的价值以保持其产出。这样的投资放在健康上面也同样适用。消费者选择进行有关的健康消费时，会对健康的投资进行估测。如果一项健康投资至少能够赚得无风险利率，并且将健康维持在这一水平能够在未来产生收入，那么这项投资就是值得的。资本的成本投入是消费者所能接受的最低回报率（$r + \delta_0$），如果低于此临界值，将被认为是不经济的。

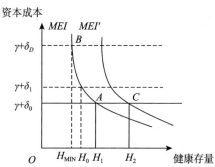

图 2-4　健康存量与资本成本的关系

随着年龄、工资、教育等因素的变化，消费者的健康存量与健康投入也会相应改变。以下从四个角度进行详细说明。

（1）年龄

在一段时期内，个人健康存量的折旧率会发生波动，在某些时期折旧率提高，在某些时期折旧率降低。但是，当人慢慢变老时，他的折旧率将会上升，最优健康存量会下降。此时，会沿着 MEI 曲线向左上方移动。从经济意义上看，当一个人年龄增加时，更高的折旧率提高了持有健康存量的资本成本，此时，他为健康投入的资本是很难赚得相应回报的。

（2）工资

当 MEI 曲线向右侧移动时形成 MEI' 曲线，这条曲线描述了某个更高工资的人的投资边际效率。在新的均衡点 C，更高的工资将意味着更高的健康水平。因为对于更高工资的人而言，保持健康的回报更大，此时，人们将会更加倾向于将资本投入到健康当中。当然，一个人不可能一直赚得同一水平工资。考虑一种极端情况，当这个人在退休之后不再赚得薪金，同时也没有养老金补贴时，会发生什么情况？在退休后，他将降低他的最优健康存量直到 H_{MIN}。这意味着，他不会再在健康上做任何的投资，而是让他的健康持续折旧直至死亡。

（3）教育

MEI' 曲线也可以表示教育程度更高的人的投资边际效率。在教育因素方面，经济学家普遍达成了一个共识：更高的受教育程度将带来更健康的身体。因为教育能改善一个人对健康和其他家庭物品的投资效率。更高的效率包括对身体的管控、资源的合理配置、遵循医嘱以及对有关危害健康的行为和活动的认知深度等。

（4）不确定性

当健康作为一种投资品时，它就是一种风险资产。风险资产必然是具有不确定性的。对于一个风险厌恶型的投资人，当面临两项可投资资产时，他会有一种倾向性，那就是将资金放入风险更小的投资产品上。相对于健康而言，银行储蓄是一种无风险投资。此时，消费者要在两项资产之间进行选择。

在第一种情况下，当消费者的工作能力和收入依赖于其健康水平时，他会将资本投入到健康当中。此时，健康资本的边际投入额不仅可以提高他的健康存量，同时可以在未来增加其收入和消费。在这种情况下，消费者担心的不是健康投资所带来的风险，而是收入损失所导致的风险。在第二种情况下，如果健康投资不会在未来对其收入和工作能力产生影响，那么，他更有可能选择无风险投资。这很有可能发生在点 A 向右下方移动的过程中。当 *MEI* 曲线穿过点 A 时，表明健康存量增加很大，投资回报率的变化却很小，此时，增加健康存量的意义甚微。

保持健康的理念是积极的，但是不断地扩大健康需求却未必会一直带来积极的效果。将健康需求控制在一个合理的范围内，既是消费者的个体选择，也是社会的引导方向。当个体健康水平达到一定程度后，其边际效用和其他产品或服务一样，会呈现递减趋势，最后接近饱和状态。健康管理与促进行业的目标正是将群体健康存量保持在一个合理的区间内，使健康的资本成本能够通过很小的投入来达成很大的健康存量的提升。

2. 医疗保健供给市场

根据维克托·富克斯的单科观点（Monotechnic View），治疗一种特定的病症基本上只有一种正确的方法。对生产过程的这种单一观点，将成本节约变成了一种难以实现的事情。这种观点实际上是在轻视技术对医疗保健市场的重要意义。医疗服务与产品的生产过程具有灵活性，这种灵活性可以通过替代、分工合作、技术变革的方式来解决。

（1）替代

替代指的是在保持产出水平和质量不变的情况下，用一种要素来替代另一种要素。替代并不意味着两种投入要素是等同的，而意味着这两种要素的某些组合是可行的。图 2-5 表明了投入要素之间的替代关系。在图 2-5A 中，医生与护士工作时间不能相互替代。在这种情况下，只有一种合理的生产技术能组合这两种投入要素。医生和护士必须按照固定的比例来进行配置，也就是点 M 处所使用的投入比例，即线段 OM 的斜率。

从经济意义上看，治疗一个疾病需要医生花费 OP 的工作时间，需要护士花费 ON 的工作时间。而通过增加护士的工作时间来替代医生的工作，是无法增加产出的。也就是说，这类医生的专业性不能被替代，只有受过此种训练的医生才能胜任。在图 2 - 5B 中，医生与护士的工作时间是可以在一定程度上相互替代的。从经济意义上看，在对待一个病例时，可以通过 OP 与 ON 的组合或者 OR 与 OS 的组合来达到同等的治疗效果。此时，每一种组合都代表一种不同的技术手段。在这里，需要注意的是，即使存在技术的可行性，但是从点 Y 到点 Z 的移动，也表明了边际技术替代率的递减效果。也就是说，当医生的工作越具有稀缺性，就越难以被替代。虽然替代是可能的，但不是无止境的，保持医生一定的工作时间是确定的。尽管无限制的替代有可能增加医疗服务的潜在风险，但通过这一简单图示，至少可以为我们提供一个启示，那就是，培养助理医生或助理护士的理论意义。助理医生的培训成本要低于执业医师的培训成本，由助理医生的工作替代之前医生的工作可以达到成本节约的目的。一般来说，根据所使用医生类别的不同，助理医生能够替代一个执业医生 25% ~ 50% 的服务内容。

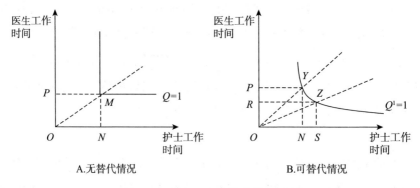

A．无替代情况　　　　　B．可替代情况

图 2 - 5　投入要素之间的替代程度

医院是医生和护士施展能力的平台。从医院的角度出发，当可替代情况成为可能时，它会追求成本最小化。此时，需要引入替代弹性来加以分析。替代弹性反映了追求成本最小化的厂商对投入要素相对价格变化的敏感程度，可表示为：

$$E_s = \frac{投入要素比例的变化}{要素价格的变化}$$

假设从点 Y 向点 Z 的斜率下降 6%，$E_s = 0.6$，且医生和护士开始时的比率为 1.00。此时，当医生相对工资增长 10% 时，会使投入比例减少 6 个百分点，达到 94%。此时，在减少一名医生时，需要增加五名护士来进行替代。假设医生的初始工资为 20 万元，护士初始工资为 4 万元，当医生工资增长 10% 时，通过用 5 名护士（4 万元 × 5 名 = 20 万元）来替代 1 名医生（20 万元 × 1.1 = 22 万元），可以为医院节省 2 万元的开支，从而实现医院的成本最小化目标。

虽然许多卫生经济学家都认可医疗投入要素之间的替代存在极大的可能性，但是替代的边界却因投入要素的复杂性而难以确定。根据 Iliffe 和 Shepperd 的研究，在家庭保健和医院医疗的随机对照试验中，并没有发现两者在死亡率和成本方面有较明显的替代效应。[1] 不过，家庭保健确实是缓解医院场地压力、提高幸福指数的可替代方案之一。

（2）分工合作

在供给市场，成本最小化是医院和其他医疗机构需要考虑的首要问题。但是，成本最小化并不是其运营的目标，利润最大化才是它们发展的实质内容。医疗保健市场是一个非完全竞争市场，如同医院和诊所这种服务机构，是不会因为完全竞争而迫使其追求最有效率的规模运营的。因此，机构的数量要么太多，要么太少，此时，引入规模经济和范围经济的定义能为机构的有效发展提供一种可行性方案。

厂商的长期平均成本随着产出的增加而下降，称为规模经济；厂商的长期平均成本随着产出的增加而上升，称为规模不经济。图 2 - 6 中的点 B 则是最优的产出水平。

---

① Steve Iliffe, Sasha Shepperd, "What Do We Know about Hospital at Home: Lessons from International Experience," *Applied Health Economics and Health Policy* 1（2002）：141 - 147.

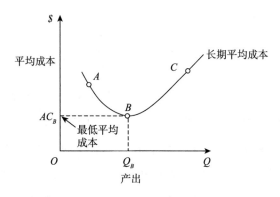

图 2 - 6　长期平均成本函数

范围经济只在厂商同时生产多种产品或提供多种服务时才有意义。当多个厂商可以共享同一核心专长时，各项活动的成本降低，此时，范围经济形成。例如，神经专科医院和老年保健医院，当神经科知识可以应用到老年医疗保健中时，这两家医院的保健投入会具有较强的相互作用，那么两家医院的联合可能会使得成本更低。也就是说，当联合生产的产出成本低于分别生产的产出总成本时，存在范围经济。

一些研究认为，由于医院是多种复杂服务与产品的载体，因其质量不同，所以难以达成规模经济的论断。但是，自 2000 年开始的研究，更明确指出许多医院存在规模经济，当进行合并时，往往会实现社会成本的节约。

（3）技术变革

技术是把"双刃剑"。一方面，技术变革可以提高医疗保健资源的生产效率，实现成本节约；另一方面，技术变革提升了医疗服务的质量，引入了更先进、更昂贵的医疗产品，使得成本上涨。现今的医疗市场，经常把技术抨击为导致医疗价格上涨的主要原因。

假设医疗服务的质量保持不变，图 2 - 7 解释了在产量为 100 时，技术变革发生前后等产量曲线的变化情况。图 2 - 7A 表明，在技术变革实现后，等成本曲线向原点靠近，医院选择了更有效的投入组合，从点 E 移动到点 E'，实现了在更低的成本曲线上生产 100 单位的产量；图 2 - 7B

表明，在引入新技术后，等成本曲线背离原点向外移动。虽然服务质量得以提高，但是产品的成本也在上升。为了生产 100 单位的产量，患者需要支付更高的治疗费用。而对于保险程度很高的患者而言，他们需要支付更高的保费。

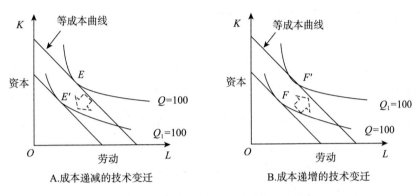

图 2－7　成本递减和成本递增的技术变迁

　　然而，以上对技术的论断似乎有些片面。因为质量调整实际上在一定程度上是会导致之后的投入下降的。当治疗效果得以提升，患者的平均住院时间就会缩短，之后的投入就会减少，维护健康的成本就会降低。所以，在讨论技术对医疗成本的影响时需要加入质量调整指数。Culter 等的一项研究恰好可以作为这种必要调整的例子。他们依照患者在存活时间以及生命质量调整年上获得的收益对医疗保健的价格进行了调整，最终得出两条结论：①技术变革使得病人的生活发生改变；②心脏病治疗质量的显著提高可以在一定程度上调低之前对卫生保健中通货膨胀的估计。[①]

　　管理式医疗系统的应用实际上是希望通过经济刺激来消除医生在诊治过程中的过度治疗，以此来控制医疗费用的不断增长。反过来，这类利益动机的消除将潜在地削弱部分医生使用成本增加型技术变革的积极性。然而，管理式医疗系统在健康服务交付过程中的进一步渗透是否会降低新技

① David M. Culter, Mark McClellan, Joseph P. Newhouse, and Dahlia Remler, "Pricing Heart Attack Treatments," in David M. Cutler and Ernst R. Berndt, eds., *Medical Care Output and Productivity* (Chicago: University of Chicago Press, 2001).

术的可行性？此疑问还需要根据技术的类型加以讨论。根据 Hill 和 Wolfe 的研究，他们在考察了威斯康星州的管理式医疗系统后得出了几项有关技术可行性的时间趋势。他们认为，有一些技术的推广确实被延缓了，而另一些却得到了持续的采纳和发展。[①]

（二）医疗保健市场的政府干预

1. 次优理论

从普遍意义上看，医疗保健市场的政府干预实际上是对竞争市场的一种偏离，这种偏离容易引起垄断，从而在一定程度上降低了医疗保健市场的效率。但是，经济效率的提高并不总是由竞争性市场的优越性引起的，竞争性政策也未必总是会带来社会福利的提高。

根据理查德·李普西与开尔文·兰卡斯特的次优理论可知，在一个经济模型中，当一个最优化条件无法得到满足时，通过改变其他变量来实现次优环境可能从另一个角度看却是最理想的。进一步来看，这一理论表明，如果消除一个特定的市场扭曲是不可行的，那么引进另一个或多个市场扭曲可能会抵消部分的市场扭曲，从而得到一个更有效的结果。在一个经济部门中，如果有些市场失灵是无法修补的，那么试图通过修复相关部门的市场失灵以此来提高经济效率可能最终会导致整体经济效率的下降。而让两个拥有缺陷的市场来相互抵消其不完美性或许要比修复其中一个市场失灵所带来的结果更为乐观。例如，医疗保健市场相较于竞争性市场的一个显著偏离是，消费者和医疗服务提供者的信息不对称。此时，为了解决信息不对称的问题，通过加入另一个市场偏离手段即对医生颁发行医许可证，至少可以在一定程度上弥补信息不对称问题所带来的不良影响。这是因为消费者很难在短时间内掌握确切的医学专业知识，所以通过颁发医生行医许可证可以有效避免错误诊疗所带来的经济损失和健康损失。从另一个角度看，如果想修复较高的医疗保健市场进入壁垒，就必须同时解决

---

①   Steven C. Hill, Barbara L. Wolfe, "Testing the HMO Competitive Strategy: An Analysis of Its Impact on Medical Care Resources," *Journal of Health Economics* 16 (1997): 261 – 286.

信息不对称的问题。否则，仅仅想通过修复其中一个来实现经济效率的提高会导致整体经济效率的下降。次优理论为政府干预市场提供了理论依据，也就是说，政府对医疗保健市场的干预可能会带来社会福利的提高。而政府对医疗保健市场的干预主要是通过建立和实施医疗保障制度来实现的，并且这种干预往往会在经济效率的基础上兼顾社会公平。

2. 社会公平理论

公平是指在忽略个人身份的情况下，对所有的公民提供平等的生存机会，例如，获得基本的和最低的收入、满足商品和服务的需求、提供适当的资助或者实现再分配的义务。公平经常纳入税收经济学和福利经济学讨论的范畴之内。对公平的讨论需要着眼于一个经济体内资源的分配以及可及性的问题上。

医疗保健产业中所提及的公平可以从水平式公平和垂直式公平两个方面来理解，前者指对有相同医疗保健需要的公民给予相同的医疗保健服务，后者指对有不同医疗保健需要的公民按比例地给予不同的医疗保健服务。那么，这些有医疗保健需要的人应该被提供多少的医疗服务呢？是应该以绝对量还是相对量进行分配？是为公民提供质量相同的保健服务还是提供平等的保健机会呢？为了回答这些问题，有必要先对医疗保健需要进行定义。医疗保健需要指的是为了实现社会公众的某一健康水平目标所必需的卫生保健资源。卡尔耶和瓦格斯塔夫认为：尽管相对需要在决定公众的公平分配时并不充分，但是对需要的把握仍是保证医疗保健产出的一种必要条件。

医疗保健是一个特殊的领域，它不仅涉及医疗设施、技术水平等内容，而且包括人的主观意识和消费态度等，因此往往还要从人文科学的视角进行研究。约翰·罗尔斯从政治哲学的角度提出了著名的公平理论。他构想了一种称为初始状态的人为机制，在这种状态下，每个人都被蒙上了"无知"的面纱，在面纱下构建公平的原则。面纱的作用实际上是使公民抛开所有涉及自身利益的现实条件，以防他们为了其利益而量体裁衣。换句话说，没有人知道自身所处的社会阶层或社会地位，也没有人知道他自身的资产、负债、智慧、技能等应当如何分配，甚至没有人了解他们自身的心理倾向。在这种"无知"之下，社会公民才能做出公平的判断。根据罗尔斯的观点，由于个人无法得知他会在其所构想的社会最终成为什么样的人，所以，他不太可能把自己凌驾于他人之上，而宁愿构建一个公正的体制，使其对所有人都公平。罗尔斯认为，那些在初始位置的人会采用最大化策略，这一策略会使最不富有的人的利益最大化，这就是极大极小原则。

罗尔斯的公平理论有两大原则：第一，每一个公民都享有最基本且最广泛的自由权利，且与他人的自由权利能够并立而存；第二，当最少受惠的社会成员能够享有最大利益，且办公场所与职位在机会均等的条件下对所有人开放时，社会与经济的不平等便可以接受。政策制定者可以在初始状态下采用这两项原则，并运用这两项原则对权利与义务进行分配，调节全社会的资源与财富。

二　健康保险市场理论

健康保险对健康服务市场而言，与政府在健康资源配置中的角色一样重要。健康保险行业作为健康服务业的重要组成部分，能够促进健康服务市场的良性发展。健康保险不仅可以降低国民在面临重大疾病时的经济风险，同时也可以作为政府平衡公共目标的缓冲工具，为社会稳定和经济发展做出贡献。

（一）健康保险供求市场

健康保险一般有三个特征：①参保人数众多，且所有参保人员因疾病所承担的潜在经济损失发生的可能性是相互独立的；②偿付过程有明确的发生时间、地点与额度；③总体患病的概率是可测量的，且疾病的发生必须是偶然的，不受参保人意志所控制。

根据大数定律法则，通过将一大群人会集在一起而降低了每一位被保险人支出的可变性。也就是说，对于个人而言，健康支出的波动幅度是很大的，但对于特定群体而言，其平均支出却是相对可预测的。

由图 2 - 8 可知，某消费者在财富为 10000 元时，其效用 U_1 为 140。而当财富上升到 20000 元时，根据边际效用递减规律，U_2 的效用小于两倍的 U_1，此时 $U_2 = 200$。假设消费者生病的概率为 0.10，且由生病引起的支出会使财富下降到 10000 元。那么，在这种情况下，

$$期望财富：E(W) = 0.90 \times 20000 + 0.10 \times 10000 = 19000 \ 元$$

$$期望效用：E(U) = 0.90 \times 200 + 0.10 \times 140 = 194$$

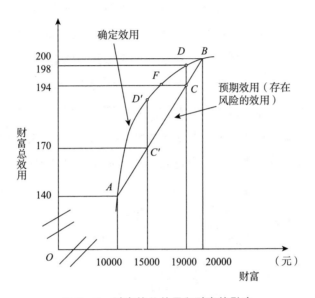

图 2 - 8　财富的总效用和财富的影响

由于存在生病的风险，消费者的效用从 200 下降到 194，也就是位于 AB 线段上的 C 点，此时的效用是在 19000 元的财富水平上。而将 C 点向上延伸至 D 点时，效用上涨到 198，D 点是消费者在 19000 元的财富水平下所得到的确定的效用。所以，由于疾病风险的存在，效用从 198 下降到 194，减少了 4 个单位的效用。

保险是将不确定的效用转变为确定效用的一种途径。而消费者购买保险的意愿与效用曲线（曲线 AB）和期望效用线（线段 AB）之间的距离有关。当消费者患病的概率较低时，其期望效用与确定效用几乎相同，此时，从保险中得到的收益会减少；当患病概率增加至 0.5 时，期望财富为

15000 元，期望效用为 170，此时 C' 与 D' 的距离变大，消费者通过投保行为将会获得显著收益。而如果消费者确定会患病的话，期望效用线与确定效用曲线交于点 A。此时，消费者通过购买保险获得的收益会减少，自我保险比交纳保费再申请理赔更合理。当然，以上的分析是建立在风险厌恶型投资者的条件下，如果是风险容忍度高的投资者，他可能不会选择进行投保。

消费者对保险的需求是多种多样的，当然，这种需求与所有其他产品和服务一样，不是无止境的。通过利用边际效益与边际成本的关系来决定其最优购买是一种简化的途径。在消费者身体健康的情况下，边际效益将随着额外保险的购买而下降。与此同时，身体健康时购买额外保险将导致边际成本上升。所以，消费者会在边际效益等于边际成本处购买相应额度的保险，即图 2 – 9 的点 X，此时消费者将购买 q^{**} 额度的保险。总的来说，预期损失、保险费率以及财富将影响消费者的保险需求水平。

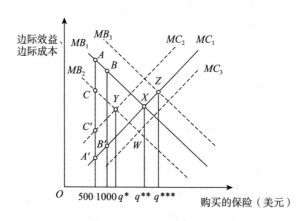

图 2 – 9　保险的最优量

1. 预期损失

如果预期损失变大，边际效益会上升，MB_1 向右移动形成 MB_3，而边际成本不发生改变。所以，MB_3 与 MC_1 交于点 Z，此时，消费者购买的保险额度将从 q^{**} 上升至 q^{***}。

2. 保险费率

如果保险费率增加，边际效益会下降，MB_1 向左移动形成 MB_2，而边际成本会上涨，MC_1 移动也向左移动形成 MC_2。MB_2 与 MC_2 交于点 Y，此时，消费者购买的保险额度将从 q^{**} 下降至 q^*。

3. 财富

如果初始财富增加，边际效益会下降，MB_1 向左移动形成 MB_2，而边际成本也会下降，MC_1 向右移动形成 MC_3，结果形成一个新的均衡点 W。这个均衡点的位置可能低于也可能高于初始均衡保险额度 q^{**}。

以上分析表明，健康保险公司在竞争性市场不仅要从自身角度考虑其回报率目标，也要从消费者角度设计多样化的保险产品。同时，上述的分析结果也为政府对自保人群的干预提供了理论支撑。对于自保人群，政府需要采取一定程度的干预措施，尤其在重疾保险方面，需要通过法律规定强制其购买。而针对一些无购买能力的国民而言，政府则需要发放社会医疗保险保障其基本的健康需求。

（二）柠檬法则

在健康保险行业中有一个不能忽视的问题，即供求双方的信息不对称。承保人往往比保险公司掌握更多的健康信息，也就是说，他们对自身健康状况的估计往往比保险公司更为准确。而保险公司只能准确地掌握承保人总体的健康支出分布情况。如图 2 - 10 所示，假定被保险人有相同的人口统计学特征，其预期卫生支出水平均在 0 元和 M 元之间，并且 M 元内任一支出水平有相同的概率 $\frac{1}{n}$，那么，当健康保险公司的预期平均支出为 $\frac{1}{2}M$ 元时，它会要求健康保单的售价至少为 $\frac{1}{2}M$ 元。根据阿克洛夫的柠檬法则，所有预期支出水平低于 $\frac{1}{2}M$ 元的潜在受益人都会选择自我保险，而剩余的投保人，也就是预期支出在 $\frac{1}{2}M$ 元和 M 元之间的人的平均预期支出水平会上升至 $\frac{3}{4}M$ 元。如此，高健康风险者将低健康风险者从需求市场驱逐，从而使得一个本来可以对某些健康风险进行保障的有效能的市场无法有效存在。这种逆向选择使得健康保险市场出现经济上的低效率。

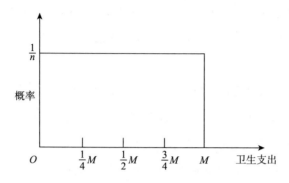

图 2 - 10　相同概率下的卫生支出水平

当然，承保人虽然可能更了解自身的健康状况，却难以精准地预测自己的未来支出水平。即便难以预测，低效率却仍然存在。当低健康风险者与高健康风险者被划为同一组支付同等价位的保费时，低健康风险者将面临一个不利的价格。这样的价格会导致他们投保不足，同时遭受福利损失。相反，对于高健康风险者而言，他们正面临一个有利的价格，这样的价格会导致其过度投保。所以，健康保险行业仍面临着低效率运行的问题，而收入也从低风险的消费者向高风险的消费者转移。这一理论也论证了某些自保人群对国家强制投保政策的抗议。因为在他们眼中，他们正在为高健康风险的人群买单。

第三节　本章小结

人们对健康的认识经历了从静态到动态的转变。健康不只是一种身体上、精神上与社会上的完全健康状态，还是一种动态的生活资源。世界卫生组织发布了 100 项衡量人口健康程度的核心指标，一般可概括为健康状况指标、风险因素指标、服务覆盖指标与健康系统指标。这四大指标可以作为健康服务业产业内部发展的目的之一。健康服务业是现代服务业的重要组成部分，根据联合国国际标准产业分类，健康服务业主要包括三类活动：医院活动、医疗与牙科实践活动、其他与人类健康相关的活动。健康服务业是一个跨行业的新兴产业集群，需要多个领域的专业人员与辅助人员相互配合协调，且有别于市场上的其他产品与服务。健康服务市场的特殊性主要体现在健康服务的特定价值、健康服务分配的伦理问题、信息成本、供求不平衡、供给创造需求、竞争造成过度投资六个方面。

可以看出，健康服务市场并不符合完全竞争市场的假设条件，是一种对竞争性市场的偏离。从医疗保健市场理论出发，健康既是一种消费品，也是一种投资品，人们对健康的需求有别于传统需求。同时，随着年龄、工资、教育等因素的变化，消费者的健康存量与健康投入也会相应改变。尽管富克斯的单科观点太过绝对，但是医疗投入要素之间的替代边界却因其复杂性而难以确定。技术可以作为替代要素，提高医疗保健市场的生产效率，实现成本节约。不过，技术是把"双刃剑"，它也可以在引入先进医疗设备与产品的同时引发成本上涨。在发挥医疗保健市场的竞争属性的同时，政府的干预属性也不能被忽视。尽管医疗保健市场存在偏离，但是可以通过李普西与兰卡斯特的次优理论来实现经济效率的提升。医疗保健是一个特殊的领域，医疗服务的公平性在任何一个国家都不能被轻视。因此，罗尔斯的公平理论能够为每一个公民提供最基本且最广泛的自由权利，包括享有健康的权利。除了医疗服务业，健康保险业也是健康服务业的重要组成部分。健康保险不仅可以降低国民在面临重大疾病时的经济风险，也可以作为政府平衡公共目标的缓冲工具，为社会稳定和经济发展做出贡献。健康保险行业充斥着信息不对称的问题，承保人对自身健康状况的估计通常比保险公司更为准确。根据阿克洛夫的柠檬法则，这一问题会使得高健康风险者将低健康风险者从需求市场驱逐，从而使得一个原本可以对某些健康风险进行保障的有效能的市场无法有效存在。

第三章　美国健康服务业发展背景与历程

1935 年，罗斯福政府时期颁布了美国历史上第一部《社会保障法》，此部法案是通过立法形式为提高国民生活质量所进行的收入再分配，是美国社会保障制度的开端。至此，美国健康服务业开始了发展探索之路。美国健康服务业伴随医疗服务业的发展而产生。医疗服务业既是健康服务业的重要组成部分，又是健康服务业的发展基础。美国健康服务业是一个包含多个行业的产业集群，每一个行业都有各自的发展节点与发展雏形。虽然各个行业没有实现同步发展，却有着相辅相成的关系，并在最终实现了高度融合。本章先对美国健康服务业的发展背景进行阐述，以 20 世纪 30 年代中期之前的历史事件为主。之后，通过分析经济数据，对美国健康服务业各个发展阶段的特点进行详细说明。

第一节　美国健康服务业发展背景

一　美国健康服务业与医疗服务业的区别

健康服务业是现代服务业的重要组成部分。随着经济的发展、专业化的分工、技术的进步以及人口结构的变化，发达国家与部分工业化程度较高的发展中国家已经开始大力发展健康服务业。每一个国家的健康服务业都各有侧重，因此，各国健康服务业包含的主要业态也各不相同。美国的健康服务业源于医疗服务业。由于医学专业的不断细化与医疗技术的不断突破，医疗服务业出现了结构转型，逐步升级为以医疗服务为主的健康服务业。现今，美国的健康服务业已发展成以医疗服务为中心，高度融合社会医疗保障与商业健康保险的社会管理、资金融通与风险共担职能，加之研究机构的技术支持与教育机构的劳动力供给，进而形成的由单一诊疗向全过程健康管理领域逐步迈进的新兴产业集群。

医疗服务业既是健康服务业的重要组成部分，又是健康服务业的发展基础。两者既相互关联，又有所区别。区别主要体现在以下五个方面。

第一，从发展背景看，医疗服务业与健康服务业的产生都源于经济发展、社会进步与人类健康需要。不过，医疗服务业是传统服务业的重要内容，而健康服务业是现代服务业的重要内容。也就是说，医疗服务业是伴随美国工业大规模发展而产生的，而健康服务业处于后工业化发展时期，是伴随传统服务业结构升级而产生的。

第二，从产业内容看，医疗服务业充分运用西方医学体系，是针对患者的疾病状况与服务需求而进行的检查、诊断、治疗、预防等医疗服务过程；而健康服务业的内容涵盖广泛，除了医疗服务业的主体内容之外，还将政府推出的社会医疗保障计划与保险公司推出的商业健康保险充分融入医疗服务的交付过程，联合科研、信息、教育等知识型服务的支撑作用，形成有关消费者与提供者新型交互关系的健康服务产业集群。

第三，从产业融合看，医疗服务业的产业融合只体现在医疗服务与以医药产品和医疗器械为主体的制造业融合；而健康服务业的产业融合更为复杂，这种复杂体现在主体部分的医疗服务业既会与制造业融合，又会与其他服务业融合，例如，保险行业、教育行业、研究行业等。此外，除了产业融合，健康服务业还实现了产业外延，通过对"健康"与"健康服务交付"的重新定义，健康服务业实现了管理健康方向的发展。

第四，从产业特性看，医疗服务业的产业互动较少，交付的服务不能实现空间与时间的分离，既没有形成创新的发展模式，也没有充分结合高新技术，同时，政府重视程度也较低；而健康服务业正好与之相反，产业之间充分互动、相互交融，加之信息技术的高度融合，服务的交付过程已经可以实现时间与空间的分离，政府的导向作用也逐渐显现。

第五，从发展前景看，医疗服务业已经向健康服务业转型；而健康服务业由于政府重视程度的升级，未来的干预手段与扶持手段会进一步加强。目前，健康服务业已从成长期转向成熟期，并在成熟期逐步对交付系统、发展模式与发展机制进行调整与革新。

二　美国健康服务业主要行业发展背景

（一）医疗服务业发展背景

美国早期的医疗服务业还没有形成系统的教育模式。任何有意从事医疗行业的人都可以通过常识和经验成为一名"合格"的医生。此时的医学实践并不要求大量的学习、培训和考试，当然，也不存在考取行医许可证这样的硬性条件。早期的理发店门外安有一个红白蓝三色相间的灯柱，实际上，这个灯柱是有象征含义的：红色代表动脉、蓝色代表静脉、白色则代表绷带。因此，即便是一名理发师，也可以兼具外科医生的职能。由于没有这些准入限制，医疗行业的竞争是十分激烈的。在这样一个没有医疗保障和健康保险的时期，消费者往往通过现金自付的方式来获取医疗服务。不过，这样的服务使得消费者的选择具备很强的灵活性和便利性，他们可以选择就医的时间、人员以及方式，还可以将医生请到家中就诊。

追溯医学教育的历史不难发现，很多医学院实际上是由医生创办起来的。起初，经营一家小型的医学院并不需要花费大量的资金。其要求不过是一间教室、几间讨论室、4 位或 4 位以上的医生以及授予学位的法定资格而已。当然，创办医学院并不是唯一的方式。医生可以与大学合作成立附属机构，从而获得授予医学学位的资格。在医学院发展初期，入学门槛是十分低的，所以进入医学院学习的学生络绎不绝。不过，由于缺乏对学生教育背景的要求，医学院的教育质量经常遭到抨击。1910 年发表的《弗莱克斯纳报告》对美国与加拿大的医学院进行了评估，认为这两个国家的医学教学质量是不符合标准的，需要制定入学要求与课程安排，并列出了某些应该关闭的医学院。这篇报告引起了极具深远意义的医学教育改革。当前美国仍在采用的标准化医学院入学考试（MCAT）就是在这篇报告的推动下制定而成的。

19世纪早期，用来服务贫困人口的公立救济院和贫民收容所已逐步建立，这些救济院不仅可以提供庇护场所而且可以提供医疗服务。政府运营的传染病医院则在一定程度上控制了疾病的传播与蔓延。所有这些公共机构的架构确立了美国医院的概念。起初，由于医院环境恶劣，医生又缺乏专业技能，只有穷苦的民众才会选择去医院就医。到20世纪早期，随着医学教育向标准化迈进，医院已成为医学的象征，并在社会层面得到了广泛认可。

公共卫生是政府运行医疗服务的一个分支部分，其发展有别于个体医疗服务的发展，所以其发展背景也值得关注。18~19世纪，美国经历了强劲的工业增长，工业增长的背后是工作时间的延长与工作强度的加大。由于民众长时间处于这种不卫生的工作环境，疾病开始大规模暴发。因此，当时美国公共卫生的主要活动指向了大规模的疫情防控，一些公共卫生部门在此时创立而起，公共卫生的概念也在这一时期产生与发展。1850年，美国政治学家莱缪尔·沙塔克（Lemuel Shattuck）制定了美国的州级公共卫生法，这部法案是美国公共卫生活动的基础。1920年，美国学者查尔斯·温斯洛（Charles Winslow）对公共卫生进行了界定，认为公共卫生就是通过有组织的团体努力达到预防疾病、延长生命的目的，并促进身体健康和效率提升。同时，他还将公共卫生的定义具体到百日咳、小儿麻痹症、天花等疫苗的发展与青霉素的发现上。所有这些努力都将聚光灯投射到了公众身上，目的就是尽可能保护更多的美国公民远离大规模的疾病问题。

（二）健康保险业发展背景

美国商业健康保险起源于团体医疗保险，而团体医疗保险的雏形却源于美国民间的雇佣协议。19世纪早期，一些从事煤矿开采和铁路承建的大型公司，通过签署雇佣协议，聘请经验丰富的医生为公司内部员工提供医疗服务，所涉及的医疗费用作为员工福利由公司承担。1847 年，波士顿出现了美国第一家签发疾病保单的商业保险公司。由于只涉及单一城市，此保单并没有在全国范围内产生广泛影响。到了 1913 年，国际妇女服装工人联合会提出了以工会为依托的医疗保险形式，目的是将医疗保险纳入工人劳动合同的协议部分，从而提高服装行业工人的社会福利。显然，团体医疗保险已经从个体商业行为转向社会福利需求。在此期间，有关全民医保计划的提议层出不穷。但由于美国医学会的频频阻挠，所有提议最终均遭遇搁浅。无奈之下，政府转向支持医疗保险市场化的提议，使商业保险公司迎来了发展机遇。

1929 年，在美国得克萨斯州的贝勒大学医院，贝勒健康系统副总裁贾斯汀·福特·金博尔（Justin Ford Kimball）在了解了达拉斯市许多教职员工的欠账情况后，制订了一个预付计划。这一计划规定每人仅需每月提前缴纳 0.5 美元保费或每年 6 美元保费，便可享受 21 天的住院费用支付。随后，这一医疗保险计划开始"蔓延"，先是从达拉斯市的教职员工扩散到其他员工团体，而后又成为全国医疗保险的典范。这便是商业健康保险的雏形，并促进了现今蓝十字与蓝盾协会的形成。至此，健康保险计划的蓝图开始形成。20 世纪 30 年代，有关全民医保计划如何发展的讨论仍在继续。然而，由于美国医学会的反对以及当时经济萧条与加入二战的环境，这项计划所需的资金严重不足，最终导致破产。以上的多个事件致使美国健康保险走向商业化、市场化的发展道路，因此，商业健康保险既是美国政府的妥协，也是美国历史的选择。

（三）健康管理行业发展背景

20 世纪 30 年代之前，美国健康管理行业还没有发挥的空间。直至 1979 年，美国卫生总署发表了一份以健康促进与疾病预防为发展目标的国民健康计划——《健康人民》，健康管理行业才第一次以正式身份在全国范围内崭露头角。《健康人民》指出：如果美国公民希望在健康方面得到进一步改善，不仅需要增加医疗保健经费，还需要国家在疾病预防和健康促进方面做出更多努力。这一报告的主旨回应了当时科学界与权威医疗机构有关健康管理的一致性意见。

20 世纪 70 年代，美国管理式医疗系统的开创性模式为健康管理的产业化发展提供了全新机会。从微观层面看，在管理式医疗系统下，提供者、消费者与商业保险公司建立起以健康管理为导向的全新关系。保险公司从经济利益出发，要求参保人接受以预防保健为宗旨的健康管理服务，通过提高个人健康素质，降低患病风险，从而降低保险公司的医疗赔付率。从宏观层面看，美国医疗费用支出上涨问题日渐严峻。成本一直是美国政府这几十年来想要解决的首要问题。解决这一问题的源头并不是减少服务数量或者降低服务质量，而是让公民有更健康的体魄、更饱满的精神状态。当整体公民的患病率呈长期下降趋势时，国民卫生支出自然也会随之下降。简言之，无论是商业机构还是政府部门，均对健康管理的产业化发展有所诉求。如此，健康管理在美国管理式医疗系统的推动下以外延形式出现、以产业化形式发展。

第二节　美国健康服务业发展阶段

美国国民卫生支出是衡量美国健康服务业的重要指标。通过对国民卫生支出的深入分析，美国健康服务业的全过程发展可分为四个阶段，即起步阶段、快速成长阶段、平稳过渡阶段与成熟发展阶段。总体来看，美国国民卫生支出占 GDP 的百分比呈持续上升趋势。相较于其他产品与服务，健康服务业在美国的重要性正在不断攀升。如图 3－1 所示，1960～2016年，美国国民卫生支出占 GDP 的百分比从 5.0% 上升到 17.9%。同一时期，名义国民卫生支出年均增长率与名义 GDP 年均增长率分别为 9.0% 与6.5%。以 2012 年的 GDP 链型价格指数调整通货膨胀后，实际国民卫生支出的年均增长率为 5.4%，高于 3.1% 的实际 GDP 年均增长率（见表 3－1）。这意味着，美国总体经济的发展对国民卫生支出发展的影响是有限的。

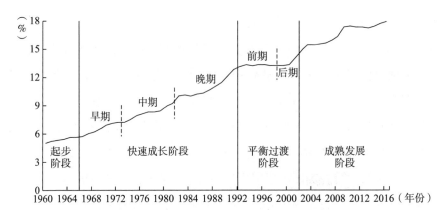

图 3-1　1960～2016 年美国国民卫生支出占 GDP 的百分比与健康服务业各发展阶段

资料来源：美国医疗照顾与医疗补助计划服务中心精算办公室国家卫生统计组，美国经济分析局。

表 3-1　1960～2016 年美国整体经济与健康服务业的增长情况与价格变化情况

单位：%

阶段	年份	GDP 年均增长率		GDP 链型价格指数	国民卫生支出年均增长率		人均国民卫生支出年均增长率		个人卫生支出年均增长率		健康服务业个人消费链型价格指数
		名义	实际		名义	实际	名义	实际	名义	实际	
起步阶段	1960～1965	6.5	5.1	1.4	9.0	7.5	7.4	6.0	8.3	6.8	2.8
快速成长阶段	1966～1973	8.3	3.6	4.6	12.1	7.2	11.0	6.1	12.2	7.3	5.9
	1974～1982	10.1	2.3	7.6	14.1	6.0	13.0	5.0	14.1	6.0	10.4
	1983～1992	6.7	3.5	3.1	9.8	6.5	8.7	5.4	9.9	6.6	7.3
	1966～1992	8.3	3.0	5.1	11.9	6.4	10.8	5.4	12.0	6.5	8.0
平稳过渡阶段	1993～1999	5.8	4.0	1.7	5.7	3.9	4.6	2.9	5.7	3.9	2.7
	2000～2002	3.3	1.4	1.9	9.1	7.0	8.0	6.0	8.5	6.5	3.0
	1993～2002	5.3	3.4	1.8	6.6	4.7	5.5	3.7	6.5	4.6	2.8
成熟发展阶段	2003～2016	3.8	1.9	1.9	5.0	3.0	4.2	2.2	5.1	3.1	2.3
美国健康服务业	1960～2016	6.5	3.1	3.4	9.0	5.4	7.9	4.4	9.0	5.4	5.1

注：这里只是美国健康服务业发展阶段的概述，所以选取了 1960～2016 年的数据，1960 年以前的数据和具体分析详见下面章节。

资料来源：美国经济分析局、美国医疗照顾与医疗补助计划服务中心精算办公室国家卫生统计组。

1960～2016 年，人均国民卫生支出从 146 美元上升到 10348 美元，平均每年增长 7.9%。以 2012 年的 GDP 链型价格指数调整通货膨胀后，1960 年与 2016 年的人均国民卫生支出分别为 878 美元与 9768 美元，年均增长 4.4%（见表 3-1）。国民卫生支出与人均国民卫生支出的增长缘于价格因素与非价格因素的影响。价格因素包括整体经济的发展水平和特定医疗价格的通胀；非价格因素则主要包括技术、人口、服务利用率与利用强度。无论美国健康服务业的发展归结于哪类因素，各阶段的发展走向都各有特点。

在健康服务业起步阶段，美国国民卫生支出呈扩大趋势，以医院诊疗为核心的健康服务业初步确立，商业健康保险地位上升，非价格因素成为发展主因；在健康服务业快速成长阶段，社会医疗保障计划的正式生效使得服务利用率大大提升，医疗技术与医学实践取得重大进展，以医院服务为核心的医疗服务以及整个国民经济出现通胀局面，因此，非价格因素与价格因素对健康服务业的影响同时存在；在健康服务业平稳过渡阶段，管理式医疗系统的成本控制手段已初见成效，消费者偏好发生转移，直面消费者的营销模式使得新型药品浪潮来袭，非价格因素再一次成为发展主因；而到了健康服务业成熟发展阶段，仿制药品购买力快速上升，经济衰退对健康服务业产生滞后影响，非价格因素使得健康服务业呈现阶梯式发展趋势。

任何一个经济部门对 GDP 的变化幅度都呈现边际影响，即单个部门支出的增长额度除以 GDP 增长额度。例如，2016 年的名义 GDP 增长额比 2015 年高出 4879 亿美元，而同期的国民卫生支出相较于 2015 年，高出了 1364 亿美元。这意味着，1364 亿美元的国民卫生支出为 4879 亿美元的 GDP 做出了 28.0% 的贡献。[①] 这一比率就是国民卫生支出对 GDP 的边际影响。当总体经济增长率放缓或收缩，而卫生支出增长率却保持强劲态势时，国民卫生支出对 GDP 的边际影响便会出现峰值。1960~2016 年的几次经济衰退，边际影响往往在衰退期间或衰退后出现峰值。例如，1982 年边际影响为 28.28%，而 1991 年则高达 34.19%；2002 年边际影响为 40.18%，而 2008 年则达到 39.78%（见表 3-2）。

---

① G. I. Kowalczyk, M. S. Freeland, and K. R. Levit, "Using Marginal Analysis to Evaluate Health Spending Trends," *Health Care Financing Review* 2（1988）：123-129.

表3-2　1960~2016年国民卫生支出对GDP的边际影响

单位：十亿美元，%

年份	GDP	国民卫生支出	国民卫生支出对GDP的边际影响	年份	GDP	国民卫生支出	国民卫生支出对GDP的边际影响
1960	543.30	27.21	—	1991	6174.00	788.06	34.19
1961	563.30	29.14	9.62	1992	6539.30	854.07	18.22
1962	605.10	31.84	6.47	1993	6878.70	916.58	18.48
1963	638.60	34.60	8.22	1994	7308.80	967.22	11.81
1964	685.80	38.39	8.05	1995	7664.10	1021.64	15.44
1965	743.70	41.85	5.97	1996	8100.20	1074.41	12.18
1966	815.00	46.08	5.93	1997	8608.50	1135.22	12.06
1967	861.70	51.57	11.74	1998	9089.20	1201.45	13.65
1968	942.50	58.40	8.46	1999	9660.60	1277.70	13.43
1969	1019.90	65.92	9.72	2000	10284.80	1369.13	14.71
1970	1075.90	74.56	15.43	2001	10621.80	1486.16	35.52
1971	1167.80	82.73	8.88	2002	10977.50	1628.62	40.18
1972	1282.40	92.66	8.66	2003	11510.70	1767.57	26.63
1973	1428.50	102.81	6.95	2004	12274.90	1895.72	16.96
1974	1548.80	116.55	11.42	2005	13093.70	2023.74	15.56
1975	1688.90	133.28	11.95	2006	13855.90	2156.16	17.02
1976	1877.60	152.74	10.31	2007	14477.60	2295.31	21.84
1977	2086.00	173.85	10.13	2008	14718.60	2399.12	39.78
1978	2356.60	195.33	7.94	2009	14418.70	2495.41	-36.49
1979	2632.10	221.53	9.51	2010	14964.40	2598.82	19.04
1980	2862.50	255.33	14.67	2011	15517.90	2689.35	16.44
1981	3211.00	296.16	11.71	2012	16155.30	2797.26	16.49
1982	3345.00	334.04	28.28	2013	16691.50	2879.01	13.91
1983	3638.10	367.81	11.52	2014	17427.60	3026.16	19.97
1984	4040.70	405.00	9.24	2015	18120.70	3200.82	25.04
1985	4346.70	442.90	12.39	2016	18624.50	3337.25	27.96
1986	4590.20	474.69	13.05				
1987	4870.20	516.52	14.94				
1988	5252.60	579.28	16.41				
1989	5657.70	644.77	16.17				
1990	5979.60	721.39	23.80				

资料来源：美国商务部、美国经济分析局、美国医疗照顾与医疗补助计划服务中心精算办公室国家卫生统计组。

由于国民卫生支出的增长率大于美国经济总量的增长率，所以国民卫生支出对 GDP 的边际贡献呈现长期增长的态势，这一现象在经济衰退期尤为显著。由图 3 - 2 可知，国民经济与卫生部门存在滞后关系。当经济衰退时，卫生部门并不会呈现同期变化，而是在 2 ~ 3 年之后，将经济衰退的影响反映到卫生支出增长率上。[①]

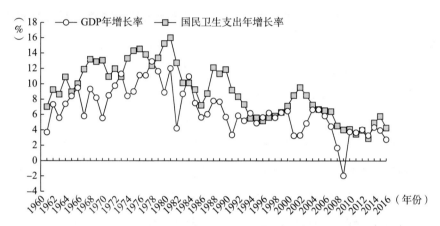

图 3 - 2　1961 ~ 2016 年美国国民卫生支出年增长率与 GDP 年增长率

资料来源：美国医疗照顾与医疗补助计划服务中心精算办公室国家卫生统计组。

国民卫生支出既会对美国整体经济产生影响，同时又会受到多个付款人之间转换的影响。国民卫生支出的付款人包括联邦政府与州政府、企业、家庭与其他私人。其中，联邦政府与州政府主要为社会医疗保障计划下的参保人提供资金支持；企业则通过为员工及其家庭成员购买健康保险的方式增加员工福利；同时，与健康相关的服务也可直接由家庭与其他私人收入支付。1960 年，企业、家庭与其他私人收入承担了 77% 的卫生支出，政府为余下的 23% 提供了资金支持。到了 2016 年，企业、家庭及其他私人收入的支出比例下降到 55%，政府支出比例上升到 45%。其中，家庭与联邦政府对卫生支出的贡献程度经历了较大转变。家庭支出的比例从 1960 年的 56% 下降到 2016 年的 28%，约下降一半；联邦政府的支出

---

① M. Hartman, A. B. Martin, D. Lassman, and A. Catlin, "National Health Spending in 2013: Growth Slows, Remains in Step with the Overall Economy," *Health Affairs* 34 (2015): 150 - 160.

比例则从 11% 上升到 26%，增长一倍有余。① 显然，由于医疗照顾计划与医疗补助计划的实施，加之商业健康保险覆盖面的扩大，自付比例占总体卫生支出的份额已有所下降。

一　起步阶段（20 世纪 30 年代中期至 60 年代中期）

（一）国民卫生支出逐步扩大，以医院诊疗为核心的健康服务业初步确立

1929 年，美国国民卫生支出为 36.44 亿美元，占国民生产总值的 3.5%，到了 1965 年，国民卫生支出达到 405.91 亿美元，占国民生产总值的 5.9%，提高了 2.4 个百分点（见表 3 - 3）。总的来看，在健康服务业起步阶段，国民卫生支出每年以 7.0% 的势头增长（见表 3 - 4）。其中，1929 ~ 1935 年，美国经济危机引起了国民卫生支出的负增长。而自从 1935 年《社会保障法》颁布以后，国民卫生支出的年均增长率一直为正。1940 ~ 1950 年的年均增长最快，高达 12.5%，已远远超过长期年均增长率。

表 3 - 3　1929 ~ 1965 年国民卫生支出及各部分开支

单位：百万美元

支出类型	1929 年	1935 年	1940 年	1950 年	1955 年	1960 年	1965 年
国民卫生支出	3644	2935	3956	12867	18036	26973	40591
健康服务与产品	3436	2873	3837	11910	17099	25263	37210
医院服务	664	763	1013	3845	5929	9044	13520
联邦机构	—	—	—	728	902	1221	1600
州及地方机构	—	—	—	1175	1911	2827	3990
非政府机构	—	—	—	1942	3116	4996	7930
医生服务	1005	774	973	2755	3680	5684	8745
牙医服务	482	302	419	975	1525	1977	2808

① 资料来源：美国医疗照顾与医疗补助计划服务中心精算办公室国家卫生统计组。

续表

支出类型	1929 年	1935 年	1940 年	1950 年	1955 年	1960 年	1965 年
其他专业人员服务	251	152	174	395	559	862	1038
药物及卫生用品	606	475	637	1730	2385	3657	4850
镜片与医用器械	133	133	189	490	597	776	1230
长期护理服务	—	—	—	142	222	526	1328
预付款与行政开支	108	93	165	300	614	863	1297
政府公共卫生活动	96	117	153	361	377	412	696
其他健康服务	91	65	112	917	1211	1462	1698
医学研究与医疗机构建设	208	61	119	957	937	1710	3381
医学研究	—	—	3	117	216	662	1469
机构建设	208	61	116	840	721	1048	1912
公有机构	—	—	—	496	370	443	521
私有机构	—	—	—	344	351	605	1391

资料来源：桃乐茜·赖斯、芭芭拉·库珀所写的《国民卫生支出 1929－68》。

表 3－4　健康服务业起步阶段国民卫生支出年均变化率

单位:%

年份	年均变化率
1929 ~ 1965	7. 0
1929 ~ 1935	－ 3. 6
1935 ~ 1940	6. 2
1940 ~ 1950	12. 5
1950 ~ 1955	7. 0
1955 ~ 1960	8. 4
1960 ~ 1965	8. 5

资料来源：桃乐茜·赖斯、芭芭拉·库珀所写的《国民卫生支出 1929－68》。

如果把卫生支出根据用途进行划分，可以看出，这 36 年来发生了巨大变化。如表 3－3 所示，1929 年，国民卫生支出为 36.44 亿美元，其中，医生服务开支为 10.05 亿美元，占总支出的 27.6%，医院服务开支为 6.64 亿美元，占比 18.2%。到了 1965 年，国民卫生支出为 405.91 亿美元，其中，医生服务开支为 87.45 亿美元，占总支出的 21.5%，医院服务开支为 135.20 亿美元，占比 33.3%。这意味着，两大类医疗服务的相对重要性已经发生了彻底反转，以医院为中心的健康服务业开始发展。此外，牙科医生的服务开支占比也有所变化，从 1929 年的 13.2% 下降到 1965 年的 6.9%，药物及卫生用品开支占比则从 16.6% 下降到 11.9%。需要注意的是，医学研究与养老院在健康服务业发展初期还未出现。

（二）商业健康保险地位上升，非价格因素是导致卫生支出上涨的主要因素

美国医疗照顾计划与医疗补助计划实施之前，卫生服务的大部分开销由私人付款人承担，个人与家庭的现款支付与商业健康保险的支出能占到总卫生支出的 2/3 以上。1960 ~ 1965 年，现款支付与商业健康保险支出之和占总卫生支出的比例未发生较大变化。不过，由于商业健康保险的投保人数从 1960 年的 1.252 亿人上升到 1965 年的 1.359 亿人，其增长率超过人口增长 0.3 个百分点，因此，商业健康保险占总支出的份额从 21.4% 上升到 24.1%，个人与家庭的现款支付比例则随之从 47.6% 下降到 43.5%。[①]

1960 ~ 1965 年，美国名义国民卫生支出年均增长率和名义个人卫生支出年均增长率分别为 9.0% 和 8.3%，实际年均增长率分别为 7.5% 和 6.8%（见表 3 - 1）。这说明，由于医疗服务价格增长相对缓慢，大部分国民卫生支出与个人卫生支出的增长在此阶段是由非价格因素引起的，价格因素对国民卫生支出与个人卫生支出的总影响较小。

二　快速成长阶段（20 世纪 60 年代中期至 90 年代初期）

总体来看，在美国健康服务业快速成长阶段，名义国民卫生支出占 GDP 的百分比呈快速上涨趋势。1966 ~ 1992 年，名义国民卫生支出年均增长率为 11.9%。不过，在调整通货膨胀后，卫生支出在这一时期平均每年以 6.4% 的速度增长，这一阶段的实际增长速度相对于前五年而言，

---

① 资料来源：美国医疗照顾与医疗补助计划服务中心精算办公室国家卫生统计组。

还低了 1 个百分点。这意味着，名义增长率的快速上升一方面受到健康保险覆盖面的扩大以及利用率的大幅提高的影响①，另一方面也与强劲的物价上涨有关。健康服务业快速成长阶段由于时间跨度较大可分为早期、中期和晚期，每一区间各有特点。

（一）快速成长阶段早期特点（1966～1973 年）

1. 社会医疗保障计划使得覆盖面大幅扩大，医疗服务利用率持续上涨

1966～1973 年，美国名义国民卫生支出年均增长率为 12.1%（见表 3－1）。这一阶段的加速增长主要受到医疗保障覆盖面的扩大以及医疗价格快速上涨的影响。医疗保障覆盖面的扩大主要体现在美国社会医疗福利水平的上升。美国医疗照顾计划与医疗补助计划于 1966 年 7 月 1 日正式生效，这两大计划旨在为老年人口和贫困人口提供有关医院服务和其他医疗保健服务的经济援助。

1965 年《社会保障法》的修订法案实际上是一种政治妥协，它将本身存在内部冲突的三个议案结合起来，为医疗照顾计划 A 部分、医疗照顾计划B部分与医疗补助计划的制订与实施奠定了基础。② 第一个议案是民主党提出的《金—安德森法案》（King-Anderson Bill），该法案提议为 65 岁及以上的老年人提供强制性医疗保险，使保险覆盖医院服务与疗养院长期护理服务，此计划的开支由政府征收的工资税提供资金支持。尽管《金—安德森法案》最初被驳回，但却在之后成为医疗照顾计划 A 部分福利的基础。第二个议案是共和党提出的《伯恩斯法案》（Byrnes Bill），该法案提议建立一个涵盖医生和其他服务的自愿保险计划，此项计划将参保人所交纳的保费作为融资手段，并由联邦基金为保费提供补贴。《伯恩斯法案》成为医疗照顾计划 B 部分福利的基础。第三个议案是两党共同提出的"老年人照顾"（Eldercare）法案，这一法案得到了美国医学会的支

① Office of National Cost Estimates, "National Health Expenditures, 1988," *Health Care Financing Review* 4 （1990）: 1 – 41.

② R. J. Myers, "Why Medicare Part A and Part B, as Well as Medicaid?," *Health Care Financing Review* 22 （2000）: 53 – 54.

持。该法案提议，通过扩大现有的联邦政府与州政府的援助，对低收入群体所投保的商业健康保险提供经济补助。此项法案成为医疗补助计划的基础。①

在 1966 年医疗保障计划生效的当年，就有 1890 万人加入了医疗照顾计划 A 部分，1760 万人加入了医疗照顾计划 B 部分，400 万人加入了医疗补助计划。② 在 1967～1973 年，医疗照顾计划支出平均每年增长 28.6%，1973 年达到了 107 亿美元的支出以及 2310 万人的覆盖范围。③ 在此期间，导致医疗照顾计划开支快速上涨的原因主要有三个：① 医院服务成本快速上涨；② 专业护理设施得以广泛使用；③ 可获得性条件的改善与潜在需求的增加使得相关消费水平上升，健康服务利用率也相应提高。④

1973 年，医疗补助计划注册人数已经达到 1700 万人，支出也达到了 94 亿美元。⑤ 计划实施的前几年，注册人数的大幅上涨主要缘于州级政府针对医疗补助计划的逐步推进与实施，某些州还对补助对象范围进行了一定程度的扩大，加之医疗服务的可选择性，服务的承保数量也不断增加，因此，此计划支出呈现快速上涨趋势。而 1971 年与 1972 年修订的《社会保障法》，则从全国范围内对医疗补助计划的参保资格进行了扩展，同时，扩大了医疗服务项目的承保范围，将智障人士所需的中级护理服务与精神病住院护理服务纳入其中。⑥ 这些政府行动再一次将医疗补助计划的发展推向新高度。

---

① R. J. Myers, "Why Medicare Part A and Part B, as Well as Medicaid?," *Health Care Financing Review* 22 (2000): 53 – 54.

② Robert Ball, "Medicare's First Year," *Social Security Bulletin* (1967).

③ 资料来源：美国医疗照顾与医疗补助计划服务中心精算办公室国家卫生统计组。

④ R. S. Foster, "Trends in Medicare Expenditures and Financial Status, 1966 – 2000," *Health Care Financing Review* 22 (2000): 35 – 51.

⑤ 资料来源：美国卫生及公共服务部、美国医疗照顾与医疗补助计划服务中心精算办公室国家卫生统计组 2015 年国民卫生支出数据。

⑥ J. D. Klemm, "Medicaid Spending: A Brief History," *Health Care Financing Review* 22 (2000): 105 – 112.

2. 以医院为核心的医疗服务价格以及整个国民经济呈现物价快速上涨现象

1966～1973 年，卫生支出的快速上涨不仅仅反映出健康服务利用率的提高，更反映出以医院为核心的医疗服务价格以及整个国民经济物价快速上涨的现象。在此期间，以 GDP 链型价格指数衡量的整体经济价格水平的变化幅度为 4.6%，以健康服务业个人消费链型价格指数衡量的健康服务业价格水平的变化幅度为 5.9%。显然，健康服务业的通胀速度已明显快于整体经济的通胀速度。

为了使整体经济的通胀增速放缓，联邦政府在 1971 年 8 月至 1974 年 4 月推行了"经济稳定计划"（Economic Stabilization Program，ESP）。该计划的第一阶段于 1971 年 8 月 15 日正式实施，实施之初便立刻对大部分的商品、工资与租金进行了价格冻结。1971～1973 年，整个国民经济均采取了物价控制措施，而有关医疗服务价格的管控则一直持续到 1974 年。这种临时性的行政措施使得实施期间的物价水平有所缓和，医疗价格有所下降，服务利用率也得以提升。[①]

（二）快速成长阶段中期特点（1974～1982 年）

1. 健康服务业受到整体经济高通胀局面的影响，但非价格因素仍具显著性

1974～1982 年，美国国民经济呈现高通胀局面。一部分原因是 20 世纪 70 年代中后期的石油价格冲击，另一部分原因是持续 38 个月之久的三次经济衰退。[②] 同时，1974 年 4 月解除的"经济稳定计划"也使得这一阶段的整体价格快速上涨。以 GDP 链型价格指数衡量的整体经济通胀水平在 1974～1982 年达到最高点，年均增长率为 7.6%，增幅介于 5.5% 和

---

① Office of National Cost Estimates, "National Health Expenditures, 1988," *Health Care Financing Review* 4 (1990): 1–41.

② R. S. Foster, "Trends in Medicare Expenditures and Financial Status, 1966–2000," *Health Care Financing Review* 22 (2000): 35–51.

9.4%之间（见表3-1）。① 同期，健康服务业个人消费链型价格指数年均增长10.4%，名义个人卫生支出年均增长率为14.1%，这意味着，健康服务的价格因素已成为个人健康开支不断上涨的主因。②

尽管在此阶段非价格因素并没有像价格因素一样对支出产生较大影响，但是由于消费者对健康服务需求的增加，非价格因素仍具有显著性。1974～1982年，健康服务机构的利用率有所提升，门诊部门的就诊率年均增长3.8%，医院的住院率年均增长1.5%，住院平均时长也从1974年的7.8天缩短至1982年的7.6天。③ 与此同时，由于健康服务专业人员供给量的增加，加之专业度的提升与健康保险覆盖面的扩大，健康服务人员的利用率也在提高。④ 此外，1979～1981年暴发的流行性感冒以及1980年极具灾难性的热浪都引起了健康服务利用率的节节攀升。⑤ 随着服务利用率的上升，服务强度也在增加。特别是20世纪70年代末至80年代初，外科手术与实验室检查的使用率均在逐步上升。⑥

2. 社会医疗保障与商业健康保险呈现全新局面

1974～1982年，商业健康保险、医疗照顾计划和医疗补助计划的年均增长率分别为17.4%、18.5%和14.2%。而自付支出增长最为缓慢，由于第三方支付方式的效果显著，其年均增长率仅为9.8%。⑦ 尽管价格上涨引起了健康服务成本的上升，但是1973年末针对残疾人

---

① 资料来源：美国商务部、美国经济分析局。
② T. S. Jost, "Power, Politics, and Universal Health Care: The Inside Story of a Century-Long Battle," *Inquiry A Journal of Medical Care Organization Provision & Financing* 4 (2011): 338-339.
③ 资料来源：美国医院协会2015版医院统计数据。
④ R. M. Gibson, C. R. Fisher, "National Health Expenditures, Fiscal Year 1977," *Social Security Bulletin* 41 (1978): 3-20.
⑤ R. M. Gibson, D. R. Waldo, "National Health Expenditures, 1981," *Health Care Financing Review* 4 (1982): 1-35.
⑥ R. M. Gibson, "National Health Expenditures, 1979," *Health Care Financing Review* 1 (1980): 1-36.
⑦ 资料来源：美国医疗照顾与医疗补助计划服务中心精算办公室国家卫生统计组。

与智障人士的福利拓展使得美国两大社会医疗保障计划的支出均有所增长。[①]

与此同时，20 世纪 70 年代中后期，雇主自保计划的迅速发展使得投保人数与承保项目均有所增加，从而为商业健康保险的发展提供了助力。1974 年 9 月颁布的《员工退休收入保障法》（Employee Retirement Income Security Act of 1974，ERISA）废除了各州将员工健康福利计划视为保险的规定，如此，自保雇主提留保险准备金的州级监管要求随之免除，州级保险费税费也无须缴纳。显然，此部法案为雇主自保计划的发展提供了政策支持，使得雇主出资购买的商业健康保单急剧增加。相较于完全投保计划（Fully Insured Plans），自保计划的成本较低，并且雇主在计划设计方面还具有更强的灵活性，因此，在《员工退休收入保障法》通过之后，提供自保计划的大型雇主数量大幅增加。[②] 1970 年，自保计划仅占商业健康保险福利支出部分的 4%，而到了 1975 年，这一比例跃升至 10%，1982 年则高达 31%。[③]

3. 健康服务与产品的增长趋势各有不同

1974～1982 年，尽管大多数健康服务与产品的支出保持高位增长，但趋势却各有不同。在此期间，增长最快的支出类别是家庭护理类支出，年均增长率高达 30.1%。其增长率如此之高一部分原因来自家庭护理服务价格的上涨，另一部分则与家庭护理服务使用率的大幅度提高息息相关。相反，由于处方药与耐用型医疗设备的自付比例较高，所以它们成为本阶段增长最慢的健康产品类别，年均增长率分别为 9.2% 和 7.8%，而其中大部分的增长率缘于这两类产品价格的增长，价格因素对处方药与耐

---

① R. M. Gibson, K. R. Levit, H. Lazenby, et al. , "National Health Expenditures, 1983," *Health Care Financing Review* 6 (1984): 1 – 29.

② M. D. Patricia, G. Abbie, G. Leonard, et al. , "Self-insured Health Plans," *Health Care Financing Review* 2 (1986): 1 – 16.

③ R. R. Arnett, G. R. Trapnell, "Private Health Insurance: New Measures of a Complex and Changing Industry," *Health Care Financing Review* 2 (1984): 31 – 42.

用型医疗设备支出上涨的影响效果明显。[①]

（三） 快速成长阶段晚期特点 （1983～1992 年）

1983～1992 年，美国名义国民卫生支出相较于前一阶段有所下降，年均增长率为 9.8%；实际国民卫生支出年均增长率为 6.5%，高于发展中期 0.5 个百分点，健康服务业快速成长阶段的价格呈适度上涨趋势（见表 3 - 1）。这一时期，名义支出增长步伐放缓主要与整体经济价格水平和健康服务价格水平处于双低状态息息相关。同时，管理式医疗系统的普及以及支付方式的变化也对健康支出产生了影响。

在此阶段，整体经济的价格水平变化幅度为 3.1%，远低于快速成长阶段中期的通胀率。[②] 健康服务业个人消费价格指数的增长也放缓，变化幅度为 7.3%，同样低于中期的价格涨幅（见表 3 - 1）。显然，尽管政府、雇主、消费者已经逐步意识到成本节约的重要性，但是个人健康服务价格的小幅增长主要还是得益于整体经济物价水平的增速放缓。[③]

1. 医疗照顾计划在成本控制与获得性改善方面发生巨大变化

1983～1992 年，美国医疗照顾计划在成本控制与获得性改善方面发生了巨大变化。20 世纪六七十年代，医疗照顾计划中的医院服务支出的年均增长率已高达两位数。直到 1982 年 9 月颁布的《税收平等与财政责任法案》（The Tax Equality and Fiscal Responsibility Act of 1982），医疗照顾计划的偿付方式才发生具有历史意义的变革。此部法案要求国会与美国卫生及公共服务部为医院制定预付系统，进而代替之前以成本为基础的后付系统。自 1983 年 10 月起，医疗照顾计划中有关医院住院服务的部分均采用预付方式，依照预先制定的费用标准为确诊的参保人支付治疗费用。新的偿付系统对医院服务的利用率产生了直接影响，一些之前需要住院治疗的患者现在转到门诊与诊所就诊。此外，国会于 1984 年 7 月冻结了医

---

① 资料来源：美国医疗照顾与医疗补助计划服务中心精算办公室国家卫生统计组。

② 资料来源：美国商务部、美国经济分析局。

③ R. M. Gibson, K. R. Levit, H. Lazenby, et al. , "National Health Expenditures, 1983," *Health Care Financing Review* 6 （1984）: 1 - 29.

疗照顾计划下的医生服务价格，并将此政策延续至 1986 年。最终，针对医生服务的新型付费系统于 1992 年应运而生，即医师费用表。1982 年的《税收平等与财政责任法案》又将健康维护组织模式应用到医疗照顾计划之中，通过对提供者与消费者施加经济激励措施，成本控制的力度进一步加大。显然，政府已通过多次立法行为以求将健康服务成本控制在合理的范围内。

除了成本控制，在此阶段，医疗照顾计划也实现了健康服务可获得性条件的改善。1983 年，医疗照顾计划将保障资格扩大到联邦政府公务人员；1984 年，又扩大到非营利性机构的工作人员与自由职业者。最终，1988 年颁布的《医疗照顾计划重病保险法案》（Medicare Catastrophic Coverage Act of 1988），实现了自 1973 年以来该计划的首次重大扩充。[1] 该法案不仅将处方药开销纳入承保范围，还将保险范围扩充到住院治疗、专业护理及家庭健康服务上。尽管该法案的大部分条款在 1989 年 12 月被废除，但有关医疗补助计划为低收入老年人、盲人与残疾人缴纳保费、免赔额以及保险（扣除免赔额之后）自付部分（Coinsurance）的规定仍然存在。

2. 管理式医疗系统与自保计划的持续发展也为成本控制助力

1983～1992 年，健康维护组织模式与优先提供者组织模式的陆续普及以及雇主自保计划参保人数的持续增加，使美国公民的健康保险正朝着市场化方向迈进。

如上文所述，在健康服务业快速成长阶段中期，自保计划已呈现强劲的增长态势。而在此阶段，雇主们仍在努力寻求有效的成本控制手段，于是转向了具有成本控制能力的管理式医疗系统。因此，以健康维护组织模式为主的管理式医疗系统在此阶段的参保人数从 1980 年的 900 万人跃升至 1990 年的 3300 万人，上升 2 倍有余。[2] 此外，由于自保计划本身的灵

---

[1] Office of National Cost Estimates, "National Health Expenditures, 1988," *Health Care Financing Review* 4（1990）：1 - 41.

[2] 资料来源：美国人口调查局 1999 年第 119 版《美国统计摘要》。

活性,雇主能够在避免州级政府监管的同时对现金流进行更为有效的管理,所以,此阶段自保计划的数量如中期一样强劲增长。①

3. 健康服务与产品的增长趋势有所变化

1983~1992年,非价格因素引起的健康开支的增长与中期增长势头相当。在上一阶段,医疗照顾计划对住院服务采用的预付系统有效降低了入院率、缩短了住院时长,使得参保人对健康服务的需求从医院住院服务转向门诊服务与医生服务,在此阶段,这种趋势继续向前发展。② 由于住院服务利用率的下降,医院开始探索新型的服务交付方式,例如,设立免预约的独立门诊部门、初级保健中心与家庭健康部门等③,企图通过服务交付的革新来提升医院整体的服务利用水平。与此同时,微创手术与新型诊断工具等临床医学技术的进步也使得门诊服务利用率实现更大提升。④

在此阶段,除了零售处方药之外,大部分健康服务与产品的开支增长都有所放缓。家庭护理和非耐用型医疗产品分别是增长最快与最慢的健康服务类别,年均增长率分别为17.9%、6.0%。至于零售处方药,相较于上一阶段9.2%的年均增长率,这一阶段增速加快,已达到11.7%。⑤

4. 医疗补助计划获得性条件的进一步改善抵消了前期成本控制的部分努力

总体来看,1983~1992年,医疗补助计划支出的年均增长率为13.3%。在20世纪80年代早期,医疗补助计划的成本控制手段取得初步成效。1981年颁布的《综合预算调整法案》(Omnibus Budget Reconciliation Act of 1981,OBRA)降低了1982~1984年医疗补助计划中联邦政府

① R. M. Gibson, K. R. Levit, H. Lazenby, et al. , "National Health Expenditures, 1983," *Health Care Financing Review* 6 (1984): 1 – 29.

② Office of National Cost Estimates, "National Health Expenditures, 1988," *Health Care Financing Review* 4 (1990): 1 – 41.

③ D. R. Waldo, K. R. Levit, and H. C. Lazenby, "National Health Expenditures, 1985," *Health Care Financing Review* 8 (1986): 1 – 21.

④ K. R. Levit, H. C. Lazenby, "National Health Expenditures," *Health Care Financing Review* 2 (1990): 1 – 26.

⑤ 资料来源:美国医疗照顾与医疗补助计划服务中心精算办公室国家卫生统计组。

资助的百分比，使得联邦政府开支占医疗补助计划总支出的份额有所下降。与此同时，该法案收紧了医疗补助计划的申请资格，导致一些民众成为该计划受益人的可能性降低。1982～1984 年，各州开始采用医疗补助与管理式医疗结合计划以及基于家庭和社区的豁免计划（Home and Community-based Waivers），这两个计划对支出缩减具有一定的积极作用。① 以上这些政府措施为 20 世纪 80 年代早期医疗补助计划总体增长率的下降做出了贡献。

不过，20 世纪 80 年代中后期至 90 年代早期，1986 年与 1990 年的《综合预算调整法案》以及 1988 年的《家庭支持法案》（Family Support Act of 1988）等若干法案将医疗补助计划的覆盖范围扩展到孕妇、婴儿和儿童群体。同时，将符合医疗补助计划资格的非法移民划入急诊治疗的保障范围。显然，医疗补助计划的获得性条件得到进一步改善。相较于 20 世纪 80 年代早期，这些变化促成了此阶段医疗补助计划支出的快速增长。

三　平稳过渡阶段（20 世纪 90 年代初至 21 世纪初）

1993～2002 年，美国名义国民卫生支出年均增长率为 6.6%，调整价格水平后，实际年均增长率为 4.7%（见表 3-1）；国民卫生支出占 GDP 的比重从 13.3% 上升到 14.8%（见图 3-1）；而人均支出也从 1993 年的 3487 美元上升到 2002 年的 5666 美元。在这一阶段，美国健康服务业的发展与管理式医疗系统的推进和政府立法的革新密不可分。

1993～1999 年，美国名义国民卫生支出年均增长率为 5.7%，调整通货膨胀后，实际年均增长率为 3.9%（见表 3-1）。卫生支出增长减缓主要是联邦政府、州及地方政府与雇主共同努力的结果。政府通过立法形式抑制医疗照顾计划和医疗补助计划支出的增加，而雇主则通过选取保费较低与获得性较差的商业健康保险来达到成本控制的目的。

---

① J. D. Klemm, "Medicaid Spending: A Brief History," *Health Care Financing Review* 22 (2000): 105 – 112.

到了 21 世纪初，国民卫生支出又有所上升。2000～2002 年，名义和实际国民卫生支出年均增长率均高于 20 世纪 90 年代，分别为 9.1% 和 7.0%（见表 3－1）。这主要有两个原因，一是消费者对自由度较高的健康保险计划的需求增长，二是两大社会医疗保障计划缩减步伐再次放缓，从而引起支出呈进一步扩张趋势。

（一）平稳过渡阶段前期特点（1993～1999 年）

1. 管理式医疗系统的推广达到了成本控制的目的

1993～1999 年被称为管理式医疗时代，其显著特征主要表现为以健康维护组织模式为主的具有高限制性的发展模式的受欢迎程度在大幅上升。管理式医疗系统起源于 1973 年的《健康维护组织法案》，但直到 20 世纪 90 年代，健康维护组织模式、优先提供者组织模式等多种发展模式的普及程度才得以显著提高。以健康维护组织模式为例，1998 年，加入这一发展模式的参保人数已超过 6400 万人。[1] 健康维护组织模式通过"守门人"制度与按人头付费的方式将健康服务提供者与商业健康保险公司打包成利益共同体，在源头上限制专科医生服务与医院住院服务的利用率，从而达到缩减成本的目的。[2] 有关发展模式的具体内容将会在第六章详细说明。

2. 政府继续通过立法形式控制社会医疗保障计划的支出上涨问题

20 世纪 90 年代早期，政府运行的社会医疗保障计划保持快速增长，两大计划占总卫生支出的份额已经从 1983 年的 25.8% 上涨到 1997 年的 32.7%[3]，这使得联邦政府与州政府都在探索降低成本的有效方法。1997 年《平衡预算法案》的颁布实质上便是为了缓解医疗照顾计划与医疗补助计划支出上涨的问题。针对这一问题，该法案做了一系列规定，例如，冻结医疗照顾计划参保人的住院服务费用、降低健康服务提供者的费用更

---

① 资料来源：美国人口调查局 1999 年第 119 版《美国统计摘要》。

② K. R. Levit, C. A. Cowan, H. C. Lazenby, et al., "National Health Spending Trends, 1960－1993," *Health Affairs* 13（1994）：14－31.

③ 资料来源：美国医疗照顾与医疗补助计划服务中心精算办公室国家卫生统计组。

新次数、建立有关专业护理机构的预付系统、关注健康服务的欺诈与滥用问题、暂停审批与发放家庭护理机构的营业牌照。最终，在《平衡预算法案》的实施与整体经济通胀水平较低并行的局面下，1998 年医疗照顾计划的支出下降了 0.5%，1999 年增长率也仅为 1.8%。①

此外，《平衡预算法案》对医疗补助计划的开支问题也做出了规定。法案允许各州在医疗补助计划中运用管理式医疗系统，从而形成了医疗补助与管理式医疗结合计划。这一结合计划是控制医疗补助计划成本的一种有效方法，各州对此做出了积极响应，扩大了管理式医疗的使用规模。最终，医疗补助计划在经历之前两位数的增长之后，此阶段的年均增长率下降至 7.0%。

（二）平稳过渡阶段后期特点（2000～2002 年）

在平稳过渡阶段后期，国民卫生支出呈现高速增长。2000 年与 2001 年国民卫生支出年增长率分别为 7.2% 与 8.5%，2002 年更是高达 9.6%，这一增长率是继 1991 年以来的历史最高值。同期，健康服务业个人消费的价格变化幅度为 3.0%。② 相较于管理式医疗时代，这三年卫生支出呈现更快增长态势的原因主要有三个：① 限制性较高的管理式医疗系统在此阶段的流行趋势开始发生转变；② 处方药开支实现快速增长；③ 政府开支出现更快增长。

1. 管理式医疗系统的实效开始遭到质疑，新型药物浪潮来袭

20 世纪 90 年代，流行的、限制性较高的管理式医疗系统在此期间出现反转。优先提供者组织模式、定点服务计划模式等自由度较高的发展模式开始受到个人与雇主的喜爱。而有关健康维护组织模式，消费者开始担心商业保险公司正在代替自己对治疗方案做出决定，而这种决定可能会对自身健康产生负面影响。因此，针对这些担忧，许多州开始通过立法形式限制管理式医疗系统下的成本控制机制。事实上，过渡阶段早期的成本控

①　资料来源：美国医疗照顾与医疗补助计划服务中心精算办公室国家卫生统计组。
②　资料来源：美国医疗照顾与医疗补助计划服务中心精算办公室国家卫生统计组。

制之所以能够实现，主要是因为管理式医疗系统在最初是有效的。然而，这一手段虽然能够限制消费者的需求水平，却无法从根本上改变消费者的消费偏好与需求习惯。因此，从长期看，管理式医疗系统的成本控制措施始终受制于一些非价格因素，例如，消费者的健康状态以及医学技术的不断进步，所以成本上涨是在所难免的。

一方面，消费者已转向限制性较低的商业健康保险计划；另一方面，医院与医生团体规模的不断扩大使得其与保险公司之间的谈判地位在逐步上升。2000～2002 年，医院服务与医生及临床服务的支出水平实现了更快增长。[①] 由于医学影像设备的发展和以处方药为主的服务利用率的提高与使用强度的增大，医生及临床服务的年均增长率达到 8.2%。[②] 此外，由于医院并购量的增长，议价能力在不断提升，所以此期间的医院服务支出年均增长率也达到 8.2%。[③]

2000～2002 年，卫生支出的强劲上涨与零售处方药的发展密不可分。20 世纪 90 年代末期，新型药物浪潮来袭，加之直面消费者的营销模式的发展，处方药支出急剧上涨，年均增长率达到 14.2%。[④] 为了缓解药品支出快速上涨的压力，商业健康保险公司采用了共付比例分层处理的办法。针对较便宜的仿制药品，消费者承担的共付比例较低。而如果是品牌药品，消费者的共付比例就会相应提高。

2. 医疗保健中的政府开支出现更快增长，福利范围也在扩大

正如之前所述，《平衡预算法案》旨在控制医疗照顾计划与医疗补助计划的支出上涨问题。然而，法案的实际影响力却远远超出预期效果。《平衡预算法案》中有关医疗照顾计划缩减家庭护理服务开支的规定，使得约 3500 家护理机构倒闭或合并，甚至有些机构直接退出医疗

---

① K. Levit, C. Smith, C. Cowan, et al. , "Health Spending Rebound Continues in 2002," *Health Affairs* 23 (2004): 147 – 159.

② K. Levit, C. Smith, C. Cowan, et al. , "Trends in U. S. Health Care Spending, 2001," *Health Affairs* 22 (2003): 154.

③ 资料来源：美国医疗照顾与医疗补助计划服务中心精算办公室国家卫生统计组。

④ 资料来源：美国医疗照顾与医疗补助计划服务中心精算办公室国家卫生统计组。

照顾计划。① 由于担心《平衡预算法案》的某些条款太过严格，加之政府当时的预算盈余也在扩大，所以联邦政府于 1999 年和 2000 年先后颁布了《平衡预算完善法案》（Balanced Budget Refinement Act of 1999，BBRA）与《福利改善与保护法案》（The Benefits Improvement and Protection Act of 2000，BIPA）。这两部法案推迟或终止了《平衡预算法案》中某些关于开支缩减的条款，《福利改善与保护法案》还将儿童健康保险计划的覆盖范围扩大到其他的未保险儿童与青少年。由于两部法案放松了对卫生支出的限制，医疗照顾计划支出在这 3 年的年均增长率达到 7.6%，其中，以养老院护理和家庭护理的服务支出增长最为显著。

四　成熟发展阶段（21 世纪初至今）

21 世纪以来，国民卫生支出增长最快的年份是 2002 年，年增长率为 9.6%。自 2003 年起，卫生支出的增长速度呈现波动态势且增速较缓。2003～2016 年，名义国民卫生支出年均增长率为 5.0%，调整通货膨胀后仅为 3.0%（见表 3－1）。这一阶段的波动发展态势主要受两个显著因素影响：① 仿制药品购买力快速上升；② 美国经历了自 1929 年大萧条以来最为严重的经济衰退。

在经历了几年针对管理式医疗系统的抵制之后，国民卫生支出增长率从 2002 年的 9.6% 稳步下降到 2007 年的 6.5%。这 5 年来的增长滞缓一方面是由于零售处方药支出增长放缓，另一方面则是与 2001 年经济衰退的滞后影响有关。2007 年末的经济衰退对当年的卫生支出影响有限，而随着经济衰退的加剧，卫生支出增长率大幅下降，截至 2016 年，年增长率在 2.9% 和 5.8% 之间徘徊。②

（一）仿制药品购买力快速上升

2003～2016 年，零售处方药支出增长缓慢，2016 年的支出为 3286 亿

---

① K. Levit, C. Smith, C. Cowan, et al., "Trends in U. S. Health Care Spending, 2001," *Health Affairs* 22（2003）：154.

② 资料来源：美国医疗照顾与医疗补助计划服务中心精算办公室国家卫生统计组。

美元，年均增长率仅为 4.9%。^①如此缓慢的增长主要是缘于在此期间仿制药品使用率的大幅增加。2002 年，配售药品中有 39% 是仿制药品，到了 2016 年，这一比例增长了 1 倍有余，达到总配售药品的近 90%。^②仿制药品消耗量的急剧增加，主要有三个原因：① 许多新型药品的专利在此阶段失去保护，而其他新型高价药品的市场引入数量却相对较少；② 商业健康保险公司继续沿用药品共付比例分层处理的办法；③ 药品零售渠道不断拓宽，将低成本邮购药店看作零售渠道的有效替代。以上措施均引起了仿制药品使用速度的进一步加快。

尽管在 2003～2016 年处方药开支增长大幅放缓，但是 2006 年实施的医疗照顾计划 D 部分曾造成总体药物支出的一次性上涨，并导致处方药开支的付款人份额发生重大转变。2006 年，医疗照顾计划将处方药纳入承保范围，引起了当年处方药使用量的大幅增加，零售处方药总开支增长了 9.3%。^③显然，由于医疗照顾计划中加入了处方药保险，所以，它所承担的总支出比例自然也会上升。仅 2005～2006 年，医疗照顾计划承担的处方药支出份额就从 1.9% 猛增至 17.7%。相反，医疗补助计划、商业健康保险和现金自付的支出份额均有所下降。^④

（二）经济衰退对健康服务业产生滞后影响

自 2007 年末起，国民卫生支出增长率主要受到 2007～2009 年经济衰退与 2010～2013 年温和复苏的影响。经济衰退往往对健康服务业产生滞后影响，而经济衰退程度的变化对卫生支出增长率的影响也有所不同。一般来说，当整体经济出现严重下滑时，卫生支出增长率将受到更大更直接的冲击。^⑤始于 2007 年 12 月的经济衰退对当年的卫生支出影响较为有限，

---

① 资料来源：美国医疗照顾与医疗补助计划服务中心精算办公室国家卫生统计组。

② 资料来源：IMS 美国国家处方药审计与服务：2012 年。

③ A. Catlin, C. Cowan, M. Hartman, et al., "National Health Spending in 2006: A Year of Change for Prescription Drugs," *Health Affairs* 27 (2008): 14 – 29.

④ 资料来源：美国医疗照顾与医疗补助计划服务中心精算办公室国家卫生统计组。

⑤ M. Hartman, A. B. Martin, O. Nuccio, et al., "Health Spending Growth at a Historic Low in 2008," *Health Affairs* 29 (2010): 147.

2007 年的增长率与 2006 年持平，均为 6.5%。然而，随着衰退加剧，卫生支出增长迅速放缓，先从 2007 年的 6.5% 下降至 2008 年的 4.5%，随之又在 2009 年下降到 4.0%。[①] 美国失业率的急剧攀升、家庭收入的显著下降以及商业健康保险参保人数的大幅减少，均对 2008 年与 2009 年的卫生支出产生了直接影响。[②]

以上因素对衰退期间与衰退期之后的健康服务利用率也产生了重大影响。由于人均健康服务利用率与使用强度的下降，人均卫生支出也受到了影响。2009 ~ 2011 年，人均健康服务利用率与使用强度仅对人均卫生支出年均增长率做出了 0.1% 的贡献。相较于 2004 ~ 2008 年，这一贡献度要低得多。2004 ~ 2008 年，人均卫生支出年均增长率为 5.1%，而人均健康服务的利用率与使用强度为其做出了 1.8% 的贡献。[③] 小幅经济回温与衰退的滞后影响使得 2010 ~ 2013 年的卫生支出增长率均保持历史低位。而在此期间，《平价医疗法案》中有关扩大医疗保障覆盖面的个别条款对支出增长的影响也尚不明显。

经济衰退期间，随着失业率的急剧攀升与家庭收入的显著下降，商业健康保险参保人数有所减少，自付支出增长显著放缓，而医疗补助计划的参保人数则从 2007 年的 4560 万人增长至 2009 年的 5080 万人。[④] 为了帮助各州分担与日俱增的医疗补助计划开支，2009 年颁布的《美国复苏与再投资法案》（The American Recovery and Reinvestment Act of 2009）规定连续 27 个月提高医疗补助计划的联邦政府援助比例，之后又将这一援助时间延长到 33 个月。随着联邦政府卫生支出的增加以及雇主支出的下降，政府卫生支出的份额从 2007 年的 40% 上升到 2009 年的 44%，雇主、家庭与个人卫生支出的份额则从 60% 下降到 56%。[⑤]

---

① 资料来源：美国医疗照顾与医疗补助计划服务中心精算办公室国家卫生统计组。

② "Report: Growth in US Health Spending Remained Slow in 2010," EBSLO, 2012.

③ M. Hartman, A. B. Martin, D. Lassman, and A. Catlin, "National Health Spending in 2013: Growth Slows, Remains in Step with the Overall Economy," *Health Affairs* 34 (2015): 150 – 160.

④ 资料来源：美国人口调查局 1999 年第 119 版《美国统计摘要》。

⑤ 资料来源：美国医疗照顾与医疗补助计划服务中心精算办公室国家卫生统计组。

第三节　本章小结

从整体来看,相较于美国整体经济的增长情况与价格变化情况,1960～2016年美国健康服务业在国民卫生支出、人均国民卫生支出、个人卫生支出以及付款人份额等方面均发生了巨大变化。1960～2016年,国民卫生支出、人均国民卫生支出以及个人卫生支出年均增长率分别为9.0%、7.9%与9.0%,国民卫生支出占GDP的百分比也从1960年的5.0%攀升至2016年的17.9%。同时,健康服务与产品的支付责任也发生了重大变化。1960年,家庭支出份额为56%,政府支出份额为23%,雇主支出份额仅为14%。而到了2016年,家庭支出份额下降至28%,政府支出份额上升至45%,雇主支出份额则上升至20%。从健康服务业各发展阶段看,自20世纪30年代中期起,整体经济周期、价格走向、服务利用率与使用强度、法案的颁布与修订、消费者的需求与偏好、发展模式与发展机制等均对健康服务业各个阶段的发展变化产生了重大影响。未来十年,由于健康服务与产品本身的黏性以及美国人口老龄化问题,国民卫生支出预计会以4.5%～5.0%的速度稳步增长。到21世纪30年代早期,预计国民卫生支出占GDP的份额将达到1/5。[①]

---

① S. P. Keehan, G. A. Cuckler, A. M. Sisko, et al., "National Health Expenditure Projections, 2014 – 24: Spending Growth Faster Than Recent Trends," *Health Affairs* 8 (2015): 1407 – 1417.

第四章 美国健康服务业发展的影响因素

21世纪以来，美国健康服务业已经进入成熟发展阶段，国民卫生支出占GDP的百分比从1960年的5.0%攀升到2016年的17.9%。显然，相较于其他产业，健康服务业在美国的重要性已经日渐突出。因此，有必要对美国健康服务业发展背后的主要推动力进行剖析说明。本章将首先对影响美国健康服务业发展的因素进行理论分析，在理论分析的基础之上，采用多元线性回归分析方法构建模型进行实证检验。

第一节　美国健康服务业发展影响因素的理论分析

目前，针对美国健康服务业发展影响因素的研究仍然十分有限。绝大多数的研究侧重于国民卫生支出的增长。根据美国医疗照顾与医疗补助计划服务中心精算办公室经济学家希拉·史密斯、马克·弗里兰以及哈佛大学卫生经济学家约瑟·纽荷斯在2009年发表的《收入、保险与技术：为什么卫生支出的增速快于国民经济的增速》一文，国民卫生支出的增长主要与医疗价格、保险覆盖面、国民收入、人口结构与技术有关。2016年，美国加州大学伯克利分校公共卫生学院发表的《加州卫生支出增长率的驱动因素》一文中也指出，特定医疗通胀、人口老龄化、保险覆盖面、收入增长率均会对国民卫生支出的增长产生主要影响。这两篇文章不

·83·

谋而合地将影响国民卫生支出增长的因素指向同一方向。尽管国民卫生支出的增长不能完全代表健康服务业的"发展"之意,但是由于国民卫生支出是衡量美国健康服务业发展的重要指标之一,所以,本章有关健康服务业影响因素的理论分析也从这四个角度展开说明。

一 产业通胀

健康服务业的通胀问题是引起美国国民卫生支出增长的首要因素。由图 4 - 1 可知,1960 年,健康服务业的个人消费链型价格指数还远低于整体经济的价格指数。然而,在 20 世纪 60 年代中期到 90 年代初期,健康服务业的价格增速明显快于整体经济的价格增速,尤其是 80 年代初到 90 年代初这十年间,两类价格指数的差距在明显缩小,处于快速成长阶段的健康服务业呈现高通胀局面。总体来看,90 年代中期之前,健康服务业的价格涨幅明显高于整体国民经济的价格涨幅。而自 90 年代起,健康服务业的价格增长开始放缓,但大部分年份仍快于整体国民经济的价格增速,两类价格指数最终趋近。

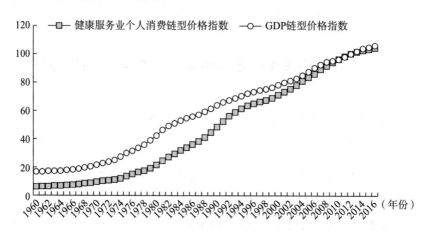

图 4 - 1　1960 ~ 2016 年美国健康服务业个人消费链型价格指数
与 GDP 链型价格指数 (2012 年 = 100)

资料来源:美国经济分析局。

显然,健康服务业的通胀问题既与整体国民经济的通胀水平有关,又与其自身的产业发展密不可分。整体国民经济与自身产业在资本、能源、劳动力与原材料投入成本上的增长，会引起健康服务与产品的价格增长。因此，假设商品价格是随着平均生产成本的变动而变动的，那么美国健康服务业的价格变动与两个因素密不可分，即投入成本与生产效率。一般来说，投入成本的上涨会引起商品产出价格的上涨，而生产效率的提高会导致商品产出价格的下降。对于美国健康服务业来说，投入成本上涨的同时，生产效率却难以提高，从而引起了健康服务业价格的持续走高。从投入成本来看，健康服务业最大的投入便是劳动力，劳动力成本具体表现在健康服务提供者的薪酬上面。根据美国劳工统计局的数据，2017 年，美国所有产业部门的就业人数为 1.425 亿人，年均收入为 50620 美元，时薪中位数为 18.12 美元；健康服务业就业人数为 1262 万人，占全国劳动人口的 8.9%，年均收入与时薪中位数分别为 64642 美元和 25.49 美元，远高于全国工资年均水平（见表 4 - 1）。其中，健康诊断与治疗从业人员的年薪最高，年均工资高达 100780 美元，接近全国就业人员年均工资的 2 倍。因此，劳动力成本过高是引起健康服务业通胀的主要原因。

表 4 - 1　2017 年 5 月美国就业人数与工资

人员分类	就业人数（人）	工资均值（美元）		时薪中位数（美元）
		时薪	年薪	
全国	142549250	24.34	50620	18.12
健康服务业	12620150	31.08	64642	25.49
健康服务从业人员与技术人员	8506740	38.83	80760	31.14
健康诊断与治疗从业人员	5269630	48.45	100780	38.21
健康技术专家与技术人员	3075910	22.74	47130	20.95
其他健康从业人员	161190	31.19	64870	29.19
健康服务支持类人员	4113410	15.05	31310	13.80

资料来源：美国劳工统计局 2017 年 5 月发布的《职业就业与工资》。

从生产效率来看，根据美国经济学家威廉·鲍莫尔提出的两部门宏观经济增长模型，即"成本病"模型的观点：相对于停滞部门，发展部门生产率的快速提升会引起停滞部门成本的持续上涨，主要表现在制造业与服务业之间。对于制造业而言，由于其涉及许多常规工作与重复性劳动，所以，随着技术与设备的革新，制造业工人的生产效率能够得到大幅提升。相反，服务业往往依赖于非常规的人际交互活动，这些活动从经验与创造力出发，个体差异较大，不存在一致性，因此，生产效率难以提升。就如同健康服务业，因心脏病入院的患者可能有很多，但是每一个患者会伴随不同的并发症，因此，即便是同一个诊断类别，不同的住院病人也需要不同的诊断、治疗与护理程序，且这些服务的环节不可能随着医学技术的革新而有所缩减。尤其在进入 21 世纪之后，美国健康服务业开始更多地强调以患者为中心的服务理念，个性化与差异化服务是健康服务业的发展趋势。从中期来看，健康服务业在生产效率上仍难以实现质的提升。因此，当健康服务业劳动力成本的增长远高于同期服务生产率的增长时，健康服务与产品的单位价格涨幅就会呈现不断扩大的趋势，这也就造成了健康服务业价格指数增长快于整体经济价格增长的现象。

二 收入水平

通过计算美国健康服务与产品的收入弹性系数，可以了解健康服务与产品在国民消费结构中的重要性以及健康服务业在国民经济中的产业地位，从而判断消费者对健康服务业的总需求水平。由于行业的产品收入弹性系数 $= \dfrac{某行业产品的需求增长率}{人均国民收入增长率}$，所以健康服务与产品的收入弹性系数 $= \dfrac{国民卫生支出增长率}{人均国民收入增长率}$。

一般来说，如果弹性系数大于 1，说明此种行业在国家产业结构中占有较大市场份额，产业地位较为突出，发展前景较为广阔。将一般弹性系数放入美国健康服务业中解释（见表 4-2），可以发现，除个别年份弹性系数小于 1 之外，绝大部分年份健康服务与产品的收入弹性系数均大于1，且大部分年份远大于 1。这意味着，对于美国公民而言，现在以及未来很长一段时间内他们对健康服务与产品的总需求将会持续增长。

表 4 - 2　1961～2016 年健康服务与产品的收入弹性系数

年份	国民卫生支出增长率	人均国民收入增长率	健康服务与产品的收入弹性系数	年份	国民卫生支出增长率	人均国民收入增长率	健康服务与产品的收入弹性系数
1961	7.10%	2.09%	3.40	1991	9.20%	2.08%	4.43
1962	9.30%	5.80%	1.60	1992	8.40%	4.38%	1.92
1963	8.60%	3.94%	2.18	1993	7.30%	3.43%	2.13
1964	11.00%	6.31%	1.74	1994	5.50%	5.27%	1.04
1965	9.00%	6.81%	1.32	1995	5.60%	4.86%	1.15
1966	10.10%	8.41%	1.20	1996	5.20%	5.05%	1.03
1967	11.90%	4.69%	2.53	1997	5.70%	5.58%	1.02
1968	13.30%	8.34%	1.60	1998	5.80%	5.20%	1.12
1969	12.90%	7.12%	1.81	1999	6.30%	5.32%	1.18
1970	13.10%	3.96%	3.30	2000	7.20%	6.02%	1.20
1971	11.00%	6.73%	1.63	2001	8.50%	2.44%	3.49
1972	12.00%	9.10%	1.32	2002	9.60%	2.16%	4.45
1973	11.00%	10.75%	1.02	2003	8.50%	3.36%	2.53
1974	13.40%	8.00%	1.68	2004	7.30%	5.65%	1.29
1975	14.40%	7.48%	1.93	2005	6.80%	6.14%	1.11
1976	14.60%	9.97%	1.46	2006	6.50%	5.87%	1.11
1977	13.80%	10.37%	1.33	2007	6.50%	2.12%	3.07
1978	12.40%	11.84%	1.05	2008	4.50%	0.41%	11.03
1979	13.40%	10.25%	1.31	2009	4.00%	-2.65%	-1.51
1980	15.30%	7.97%	1.92	2010	4.10%	3.31%	1.24
1981	16.00%	10.98%	1.46	2011	3.50%	3.84%	0.91
1982	12.80%	4.33%	2.96	2012	4.00%	4.35%	0.92
1983	10.10%	6.39%	1.58	2013	2.90%	1.90%	1.53
1984	10.10%	10.59%	0.95	2014	5.10%	4.13%	1.23
1985	9.40%	5.67%	1.66	2015	5.80%	3.20%	1.81
1986	7.20%	3.99%	1.80	2016	4.30%	1.45%	2.96
1987	8.80%	6.12%	1.44				
1988	12.20%	7.96%	1.53				
1989	11.30%	5.22%	2.16				
1990	11.90%	4.18%	2.85				

资料来源：世界银行、美国人口调查局、美国医疗照顾与医疗补助计划服务中心精算办公室国家卫生统计组。

如此强劲的现实需求和潜在需求与健康服务市场的特殊性有关。如第二章所述，健康服务市场具有特殊性，主要表现在健康服务的特定价值、健康服务分配的伦理问题与信息成本等方面。由于健康服务与产品本身既是消费品又是投资品，既有必需品又有奢侈品，所以当人们手中握有财富时，只会追逐更多更优质的健康服务，而不会用其他个人目标挤占健康目标。

从整体看，只要人均国民收入呈上涨趋势，对健康服务与产品的需求就会相应增加，国民卫生支出也将不断增长。不过，从个体看，当收入水平存在差异时，单一消费者在收入增加时对健康服务与产品做出的反应会有所不同。假定某类健康服务属于必需品，那么，对于手中握有大量财富的富人而言，收入的增加并不会使其对这类健康服务产生更多需求，因为这类服务需求早在收入增加之前就已经得到了满足；相反，对于穷人而言，收入增加之前，即便这类服务是必需品，但是穷人仍然没有可负担能力，也就无法购买此服务，所以，收入的增加会使其迅速对这类健康服务做出反应，卫生开支会大幅增加。而如果假定某类健康服务是奢侈品，那么，富人与穷人所做出的反应会与必需品截然相反。富人会在收入增加时，对自己的健康状况进行进一步投资。而穷人即便收入有所提升，也不会用大部分收入来购买健康奢侈品，而会选择用来满足其他基本个人需求。因此，人均国民收入的增长的确会引起国民卫生支出的增长，但是，个体收入的涨幅对健康服务类别的需求及所做出的反应存在差异。

三 保险覆盖

从个体角度出发，对于社会弱势群体而言，人均国民收入的增长对其影响十分有限，因此，这部分人口往往不会因为收入增长而引发过多的健康服务消费行为。不过，社会弱势群体往往会受到美国政府的关注。美国政府推行的医疗照顾计划、医疗补助计划以及儿童健康保险计划等社会医疗保障项目为社会弱势群体提供了基本的医疗保障，使其能够有机会享受到基本的医疗服务。因此，以家庭为单位来看，即便收入没有增长，只要健康保险覆盖面得以扩大，无论扩大的覆盖面是缘于政府推行的社会医疗保险还是保险公司推行的商业健康保险，健康服务的可获得性都会得到提升，国民卫生支出也会相应增长。

美国国民卫生支出的资金来源主要包含五个部分：医疗照顾计划、医疗补助计划、商业健康保险、个人自付以及其他来源。如图4-2所示，1960年，健康服务与产品的自付额度占国民卫生支出的份额最高，高达47.58%；商业健康保险份额为21.36%；医疗照顾计划等主要社会医疗保障计划还未出现。到了1966年，具有历史意义的医疗照顾计划与医疗补助计划正式生效。因此，1966～1967年，个人自付占比从40.35%下降至35.95%，商业健康保险占比从22.34%下降至20.27%，而社会保障份额则从6.83%一跃上升到15.64%。除个别年份之外，自付额度占国民卫生支出的份额一直在下降，到2016年，已下降至10.56%；主要社会医疗保障计划占国民卫生支出的份额则一直在上升，自2008年以来，已超过商业健康保险份额，一跃成为国民卫生支出的最主要资金来源。

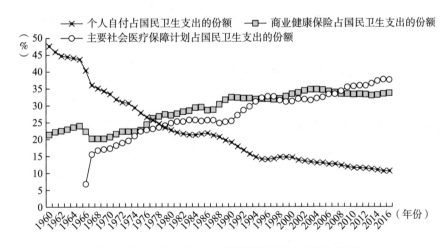

图4-2 1960～2016年美国国民卫生支出资金来源

资料来源：美国医疗照顾与医疗补助计划服务中心精算办公室国家卫生统计组。

消费者自付比例的不断下降意味着国民健康保障范围的大幅扩大，而国民健康保障范围的扩大往往会引起国民卫生支出的增长。这种增长主要体现在两个方面：① 健康保险覆盖面的扩大使得健康服务的可获得性得到改善，从而优化了个人的健康服务消费环境，使得国民卫生支出得以增长；② 健康保险覆盖面的扩大引发了道德风险。健康保险覆盖面的扩大能够潜在地减弱消费者追求高效健康服务的动机，从而利用信息不对称的条件，过度使用健康资源，引发国民卫生支出的增长。

美国健康服务的偿付方式在很长一段时间内都处于较为被动的局面，也就是所说的后付制。这种后付方式对健康服务提供者与健康服务消费者均没有经济刺激，因此，双方往往从最大化自身效用的角度出发，使用了过多的健康资源。尤其是健康服务消费者，即便其是服务的最终使用者，但是由于保险的存在，他们也不需要承担全部消费行为的经济后果，因此，健康服务的浪费行为频生，这种行为对政府与商业保险公司产生了负面影响，使其承担的国民卫生支出不断上涨。显然，道德风险意味着即便健康保险覆盖的人数与项目没有发生任何变化，仅是长期习惯性的过度使用行为同样会引起卫生支出的增长。不过，随着美国管理式医疗系统的普及以及支付方式的转变，由道德风险引发的卫生支出上涨问题在健康服务业平稳过渡阶段得到了有效控制。

此外，健康保险的存在也为健康服务提供者带来了利益支撑点。在一个产业中，更多的供给往往会创出更多的期望。健康服务业是一个消费者既不会承担全部服务成本也不会了解全部服务内容的产业集群，由供给创造的需求为健康服务提供者带来了服务供给的灵活性，而这样的灵活性在信息不对称时会给提供者带来巨大的利益。当健康服务市场不断地朝着供给引导需求的方向发展时，更多的供给将等同于更多的服务开支，国民卫生支出也将呈上涨趋势。

四 人口条件

根据美国人口资料局 2016 年 1 月发布的报告①，《美国老龄化》（Ag-

---

① 资料来源：http://www.prb.org/Publications/Media-Guides/2016/aging-unitedstates-fact-sheet.aspx。

ing in the United States）研究了 65 岁及以上老年人的趋势变化，分析了
1946～1964 年婴儿潮时期出生的人对美国老年人口的重塑影响。报告指
出，2016 年，婴儿潮时期出生的人的年龄在 52 岁和 70 岁之间。到了
2029 年，所有婴儿潮时期出生的人都将进入或超过 65 岁。预计 65 岁及
以上的老年人将从 2016 年的 4600 万人增加到 2060 年的 9800 多万人，
65 岁及以上人口的比例也会从 15% 上升到 24%。因此，美国人口老龄化
的显著特点将在未来对健康服务业产生较大影响。

从积极角度看，美国 65 岁及以上人口的平均预期寿命已经从 1960 年
的 14.3 年上升到 2015 年的 19.4 年，老年人的预期寿命已经延长了 5 年。
美国老年人的贫困率近 50 年来也在急剧下降，从 1966 年的 30% 下降到
2016 年的 10%。这些数据表明美国社会保障的有效实施与医疗技术的不
断突破为美国民众晚年生活与生命质量的提高做出了巨大贡献。因此，人
口老龄化是民生得以改善、国家得以强盛的标志，是健康服务业发展的必
然结果。

当然，人口老龄化的日趋严峻也给美国健康服务业的发展带来了不小
的挑战。近些年，老年人的肥胖率一直在上升，65～74 岁的老年人肥胖
率达到了 40%。相较于其他年龄段的群体，老年人的肥胖问题不仅仅是一
个健康问题，更多的是一个社会问题。因为如果肥胖问题发生在老年人身
上，往往会大幅提升重疾发生的概率，而重大疾病需要消耗大量的健康资
源，大部分老年人在退休之后已经没有较强的支付能力，因此，有关老年
人健康服务需求的经济责任将转嫁到政府与商业保险公司身上。

此外，与前几代相比，当代老年人的离婚比例也在升高。65 岁及以
上女性离婚的比例从 1980 年的 3% 上升到 2015 年的 13%，同期男性离婚
的比例也从 4% 上升到 11%。离婚比例的升高使得老年人的独居比例有所
上升，而独居比例的上升将推动老年人长期护理需求的上涨。婴儿潮一代
的老龄化问题可能会使 65 岁及以上老年人对养老院护理的需求增加
75%，需求人数从 2010 年的 130 万人上升至 2030 年的 230 万人。阿尔茨
海默病患者人数预计会从 2013 年的 500 万人增加到 2050 年的 1400 万人，

如此急剧的上升会进一步提高老年人对健康保健服务的需求。尽管从目前来看，人口老龄化对国民卫生支出的增长还不够显著，但是随着婴儿潮时期出生的人逐步步入老年阶段，老龄化问题将会在未来对国民卫生支出产生重大影响。

第二节 美国健康服务业发展影响因素的实证分析

一 模型构建

（一）变量选取

为从实证角度来分析美国健康服务业发展的影响因素，在此构建计量回归模型对各影响因素进行量化分析。根据上文对美国健康服务业发展影响因素的理论分析，现从中选取四个代表性指标作为解释变量，分别为：用人均实际可支配收入（DI）替代收入因素；用健康服务业价格指数（PI）替代特定的医疗通胀因素；用 65 岁及以上人口比重（PO）替代人口老龄化趋势；用个人自付额度（OP）替代其他健康保险的覆盖程度，即自付额度占国民卫生支出的比重越小，其他类型健康保险的覆盖面越广。同时，选取人均国民卫生支出（HE）作为被解释变量，代表健康服务业的发展水平。为了消除或减小异方差性对模型的影响，在此采用对数化后的数据构建方程，由于人口因素用的是百分比，不对其进行对数处理，直接用原序列。

（二）建立模型

从带有回归线的散点图（见图 4-3）中可以看出，人均实际可支配收入（$\ln DI$）、健康服务业价格指数（$\ln PI$）、65 岁及以上人口比重（PO）、个人自付额度（$\ln OP$）与人均国民卫生支出（$\ln HE$）整体上呈现显著的相关关系，而且这种相关关系大体呈线性关系，故在此构建多元线性回归模型进行分析，最终的实证回归方程如下：

$$\ln HE = \alpha_0 + \alpha_1 \ln DI + \alpha_2 \ln PI + \alpha_3 PO + \alpha_4 \ln OP + \mu \qquad (1)$$

其中，$\ln HE$ 表示的是人均国民卫生支出的对数，$\ln DI$ 表示的是人均实际可支配收入的对数，$\ln PI$ 表示的是健康服务业价格指数的对数，PO 表示的是 65 岁及以上人口比重，$\ln OP$ 表示的是个人自付额度的对数，α_0 为截距项，μ 为随机误差项。具体的变量含义、预期符号及数据来源如表 4 – 3 所示。

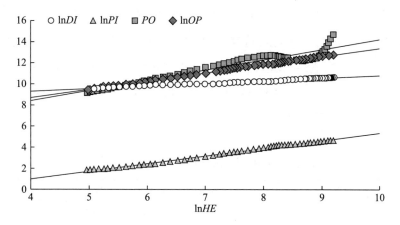

图 4 – 3 $\ln DI$、$\ln PI$、PO、$\ln OP$ 与 $\ln HE$ 的散点图

表 4 – 3   变量含义、预期符号及数据来源

变量	含义	预期符号	数据来源及处理
HE	人均国民卫生支出（单位：美元）		美国医疗照顾与医疗补助计划服务中心精算办公室国家卫生统计组
DI	人均实际可支配收入（单位：美元）	+	美国经济分析局，采用链式加权法计算而得
PI	健康服务业价格指数（2012 年 = 100）	+	美国经济分析局，采用链式加权法计算而得
PO	65 岁及以上人口比重（%）	不确定	联合人口司的《世界人口展望》
OP	个人自付额度（单位：百万美元）	+	美国医疗照顾与医疗补助计划服务中心精算办公室国家卫生统计组

（三）数据说明

接下来，在进行计量分析前先对数据进行描述性统计（见表 4 – 4），以了解所用数据的基本情况。考虑到数据的有效性以及代表性，本书选取了 1961～2016 年的统计数据，故五组序列的样本观测值各有 56 个；由最大值及最小值的统计情况可知，lnDI 的变动幅度最小，其极差值仅为 1.1835，PO 的观测值的波动范围最大，其极差值为 5.8316。五组序列变量中均值最大的是 PO，达到 11.8039，均值最小的是 lnPI，为 3.4985；标准差最大的是 PO，为 1.4028，最小的是 lnDI，为 0.3387。在均值不同的情况下，标准差并不能反映其离散程度，故进一步观察各变量的变异系数（标准差与均值的比值），lnHE、lnDI、lnPI、PO、lnOP 的变异系数均较小，依次为 0.1768、0.0334、0.2735、0.1188、0.0910，这意味着各变量观测值的离散程度较小。

表 4 - 4   变量的描述性统计

变量	样本量	均值	中位数	最大值	最小值	标准差
lnHE	56	7.5051	7.8033	9.2445	5.0370	1.3269
lnDI	56	10.1466	10.1949	10.6455	9.4620	0.3387
lnPI	56	3.4985	3.7559	4.6474	1.8579	0.9567
PO	56	11.8039	12.2700	15.0315	9.1999	1.4028
lnOP	56	11.4131	11.7231	12.7729	9.4998	1.0385

二   实证检验

（一）平稳性检验

进行经济数据的实证分析时，时间序列变量的非平稳性往往导致虚假的回归结果，使得理论上本无因果关系的变量间出现较高的拟合优度，产生伪回归现象。为此，在对模型进行回归分析前，需对各变量进行平稳性检验，以确保拟合的有效性。平稳性检验方法通常包括 ADF 检验、DF 检验和 PP 检验，本书选用第一种检验方法对变量是否存在单位根进行检验，检验结果如表 4 - 5 所示。

表 4 − 5　数据的平稳性检验结果

变量	(T, C, N)	ADF 检验值	1% 显著水平	5% 显著水平	10% 显著水平	是否平稳
lnHE	(T, C, 1)	− 0.749989	− 4.137279	− 3.495295	− 3.176618	否
dlnHE	(T, C, 1)	− 3.499007	− 4.140858	− 3.496960	− 3.177579	是 **
lnDI	(T, C, 0)	− 2.451002	− 4.133838	− 3.493692	− 3.175693	否
dlnDI	(T, C, 0)	− 6.814094	− 4.137279	− 3.495295	− 3.176618	是 ***
lnPI	(T, C, 3)	0.172275	− 2.610192	− 1.947248	− 1.612797	否
dlnPI	(T, C, 1)	− 3.182600	− 4.140858	− 3.496960	− 3.177579	是 *
PO	(T, C, 1)	− 7.831895	− 4.137279	− 3.495295	− 3.176618	是 ***
lnOP	(T, C, 1)	− 0.494369	− 4.137279	− 3.495295	− 3.176618	否
dlnOP	(T, C, 0)	− 4.046187	− 4.137279	− 3.495295	− 3.176618	是 **

注：检验形式（T, C, N）中，T 为趋势项，C 为截距项，N 为滞后阶数，*、** 与 *** 分别表示在 10%、5% 与 1% 的显著性水平下拒绝原假设。

通过表 4 − 5 的单位根检验结果可知，65 岁及以上人口比重（PO）的原序列在 1% 的显著性水平下拒绝存在单位根的原假设，属于平稳序列，即该变量为 I（0）变量。人均国民卫生支出（lnHE）、人均实际可支配收入（lnDI）、健康服务业价格指数（lnPI）、个人自付额度（lnOP）的原序列没有通过单位根检验，是非平稳序列，但经过一阶差分后，dlnDI、dlnHE、dlnOP 和 dlnPI 分别在 1%、5%、5% 和 10% 的显著性水平下拒绝了原假设，接受了不存在单位根的备择假设，属于平稳时间序列，因此 lnDI、lnHE、lnOP 和 lnPI 均为一阶单整变量，即 I（1）变量。考虑到模型回归结果的可靠性，在此用一阶差分后的平稳数据进行建模，将公式（1）调整为如下形式：

$$\text{dln}HE = \alpha_0 + \alpha_1 \text{dln}DI + \alpha_2 \text{dln}PI + \alpha_3 PO + \alpha_4 \text{dln}OP + \mu \tag{2}$$

（二）格兰杰因果关系检验

因果关系不同于相关关系，在经济分析中，一些变量间的显著相关未必都有意义。因此，在进行回归分析前，需选用格兰杰（Granger）因果关系检验对各变量进行统计意义上的因果关系检验，其中滞后阶数根据模型的序列相关性、赤池信息准则（AIC）以及施瓦茨准则（SC）来确定，格兰杰因果关系检验结果如表 4-6 所示。

表 4-6　格兰杰因果关系检验结果

滞后阶数	格兰杰因果性	F 值	p 值	结论
3	dlnHE 不是 dlnDI 的格兰杰原因 dlnDI 不是 dlnHE 的格兰杰原因	0.34639 3.89413	0.7919 0.0148	不拒绝 拒绝
2	dlnHE 不是 dlnPI 的格兰杰原因 dlnPI 不是 dlnHE 的格兰杰原因	4.6384 3.39817	0.0144 0.0417	拒绝 拒绝
1	dlnHE 不是 PO 的格兰杰原因 PO 不是 dlnHE 的格兰杰原因	0.17733 5.64578	0.6754 0.0213	不拒绝 拒绝
1	dlnHE 不是 dlnPO 的格兰杰原因 dlnOP 不是 dlnHE 的格兰杰原因	9.48641 0.35232	0.0033 0.5554	拒绝 不拒绝

从表 4-6 的结果可以看出，在 5% 的显著性水平下，拒绝了 dlnDI、dlnPI 与 PO 不是 dlnHE 的格兰杰原因的原假设，这与之前所做的理论分析相符合，因此，可以将人均实际可支配收入（dlnDI）、健康服务业价格指数（dlnPI）与 65 岁及以上人口比重（PO）看作自变量来解释人均国民卫生支出（dlnHE）的变化。

尽管检验结果接受了"dlnOP 不是 dlnHE 的格兰杰原因"的原假设，但应明确 Granger 因果关系检验分析的只是各变量在统计意义上的因果关系，不能完全否定其在经济意义上的关系。从理论分析角度看，个人自付额度（dlnOP）确实对人均国民卫生支出（dlnHE）存在经济上的因果关系，故在此仍将其作为自变量纳入模型中。

三　结果分析

（一）实证结果

利用 EViews 8.0 软件进行数据分析，为消除自相关性，采用广义差分估计法进行回归，回归结果如下：

$$\mathrm{dln}HE = \quad 0.104 \quad + \ 0.104\mathrm{dln}DI + \ 0.692\mathrm{dln}PI - \ 0.006PO \ + \ 0.168\mathrm{dln}OP + \ 0.630\,AR(1)$$

$$t = \quad (3.0301) \quad (1.4743) \quad (7.0535) \quad (-2.4323) \quad (3.3104) \quad (5.2077)$$

$$p = \quad (0.0039) \quad (0.1469) \quad (0.0000) \quad (0.0188) \quad (0.0018) \quad (0.0000)$$

$$F = 132.8771 \quad P = 0.0000 \quad \overline{R}^2 = 0.9326 \quad DW = 1.7447 \tag{3}$$

分析上述结果可以发现，人口老龄化因素（PO）理论上应该与人均国民卫生支出（$\mathrm{dln}HE$）呈正相关，但回归结果并不符合预期，人口老龄化因素（PO）系数为负且影响较小；同时，人均实际可支配收入变量（$\mathrm{dln}DI$）未通过显著性检验。综合考虑，剔除 65 岁及以上人口比重变量（PO），仅用人均实际可支配收入（$\mathrm{dln}DI$）、健康服务业价格指数（$\mathrm{dln}PI$）与个人自付额度（$\mathrm{dln}OP$）三个变量重新进行回归，回归结果如下：

$$\mathrm{dln}HE = \quad 0.0243 \quad + \ 0.1164\mathrm{dln}DI + \ 0.7458\mathrm{dln}PI + \ 0.1707\mathrm{dln}OP + \ 0.7725\,AR(1)$$

$$t = \quad (2.9684) \quad (1.7403) \quad (6.5375) \quad (3.4248) \quad (7.7331)$$

$$p = \quad (0.0046) \quad (0.0881) \quad (0.0000) \quad (0.0013) \quad (0.0000)$$

$$F = 156.9299 \quad P = 0.0000 \quad \overline{R}^2 = 0.9276 \quad DW = 1.8844 \tag{4}$$

分析上述新的回归结果可知，在剔除人口老龄化因素（PO）后，人均实际可支配收入（$\mathrm{dln}DI$）在 10% 的显著性水平下通过了 t 检验，且 DW 值有所优化。同时，健康服务业价格指数（$\mathrm{dln}PI$）、个人自付额度（$\mathrm{dln}OP$）与 AR（1）在 1% 的显著性水平下通过 t 检验；F 的值为 156.9299，说明新的回归方程在整体上通过 F 检验；调整后的拟合优度$\overline{R}^2$ 达到 0.9276，意味着自变量对因变量进行了较好的解释；同时，DW 值表明不存在自相关关系。总体来说，回归方程的线性关系显著，所选取的影响因素与美国人均国民卫生支出的增长存在较强的线性关系。

（二）各要素影响效果

对回归结果进行进一步的分析，可以得到如下结论。

1. 收入水平

由回归结果中 $\mathrm{dln}DI$ 的系数为正可知，人均实际可支配收入与人均国民卫生支出间存在正向影响，这与理论分析的预期符号相同，且 $\mathrm{dln}DI$ 变动 1 个单位时，d1n*HE* 变动 0.1164 个单位，也就是说，人均实际可支配收入（*DI*）的增长率每增长 1 个单位，人均国民卫生支出（*HE*）的增长率增加 0.1164 个单位。人均实际可支配收入是居民可用于进行最终消费与储蓄的总和，其最能反映居民可自由支配的收入水平。因此，人均实际可支配收入是决定居民消费开支水平的重要因素，是衡量一国国民实际生活水平变化的指标之一。一般来说，人均实际可支配收入与居民的生活水平成正比，即人均实际可支配收入越高，居民的生活水平也越高。总体来说，抛开消费者的财富水平差异，随着人均实际可支配收入水平的提高，消费者对健康服务与产品的需求会相应增加，因此，人均国民卫生支出也会随之增长。人均实际可支配收入与人均国民卫生支出呈正相关关系。

2. 产业通胀

α_2 的值为 0.7458，其符号符合理论预期，表示 d1n*PI* 每增长 1 个单位，d1n*HE* 增加 0.7458 个单位，同时也可理解为，*PI* 的增长率上涨 1 个单位时，*HE* 的增长率提升 0.7458 个单位。健康服务业价格指数是美国经济分析局编制的用来衡量个人所购买的一般健康服务与产品的价格水平变动情况的指标，其代表了健康服务与产品的价格水平随时间而变动的相对数。也就是说，当健康服务与产品的价格上涨时，如果总需求没有相应下降，那么，国民卫生支出一定会增加。如上文所说，健康服务业不同于其他产业，这个产业生产的产品与服务难以因价格的变化而发生需求的改变。只要人们对健康服务存在需求，那么，即便健康服务业的通胀水平高于整体经济的通胀水平，在人们有支付能力的条件下，仍然会选择消费。与此同时，由于健康服务与产品的特殊性，个人往往并不将自己的购买行为看作消费行为，而将其当作对自身健康所做出的长期投资行为。因此，相较于其他两个因素，产业通胀因素对人均国民卫生支出的增长产生了更大影响，健康服务与产品的特殊性使得人均国民卫生支出只能伴随产业通胀而上涨。健康服务业价格指数与人均国民卫生支出呈正相关关系。

3. 保险覆盖

由回归方程可知，α_4 的值为 0.1707，意味着 d1n*OP* 每变动 1 个单位，

dln*HE* 同向变动 0.1707 个单位。换句话说，个人自付额度的增长率每变动 1 个单位，人均国民卫生支出的增长率同向变动 0.1707 个单位，其间的正相关关系符合经济意义。个人自付额度指的是健康保险没有进行偿付部分的个人支出额度。个人自付额度既包含没有健康保险的消费者所花费的健康开支，也包含拥有健康保险的消费者所支出的免赔额度、共付比例以及其他未在承保范围内的部分。一般来说，个人自付额度占国民卫生支出的比重越小，健康保险的覆盖面就越广；健康保险的覆盖面越广，人均国民卫生支出就越高。由于美国社会医疗保障计划生效的时间不一，且社会医疗保障计划类型广泛，覆盖老年人、残疾人、儿童、现役军人、退役老兵等多种类型人群的社会保险，所以无法通过数据累加方式直接获得满足基本要求的样本容量。退而求其次，本节采用了个人自付额度作为衡量健康保险覆盖范围的指标。通过实证分析结果可知，个人自付额度的系数为正，说明即便个人自付额度占国民卫生支出的比重在逐步下降，个人自付额度的增长同样会对人均国民卫生支出的增长产生影响。这意味着，健康保险覆盖面与人均国民卫生支出的正向关系只能解释个人自付额度的下降会引起人均国民卫生支出的增长，而不能解释个人自付额度本身的增长一定会造成人均国民卫生支出的下降。因此，从实证结果看，个人自付额度与人均国民卫生支出呈正相关关系。

4. 其他因素

除上述 3 个主要影响因素之外，人口老龄化、社会因素、技术革新等均会对国民卫生支出产生影响，但由于其影响并不显著或未通过实证分析中的各种检验指标，故未单独列出，其影响都包含在随机误差项中。

如上文所述，目前，人口老龄化对国民卫生支出的影响尚不显著。但是，随着美国社会保障的有效实施与医疗技术的不断突破，老年人比重的上升势必会引起国民卫生支出的上涨，因此，有关人口老龄化因素对美国健康服务业发展的影响仍不能被忽视。

个人作为社会群体中的重要组成部分，经常会受到周围群体成员的干扰，以至于在个性差异的基础上存在共性行为。大多数美国居民对健康服务有着很高的要求和需求，多数人都会选择去看专家、营养学家、心理医生等。这样的行为会带动周围其他人产生相同的消费倾向，以致整个国家的国民卫生支出处于全球高位，且常年居高不下。因此，社会因素往往能够对个人的潜在需求与健康期望产生直接影响。

技术革新是把"双刃剑"。一方面，信息技术的进步会引起劳动生产率的提高，从而大大降低健康服务的生产成本，国民卫生支出会随之下降；另一方面，医疗技术的革新往往致力于新型治疗手段与药品的研发，而高昂的时间成本与资金成本往往会引发国民卫生支出的上涨。美的电子病例利用数字化技术对患者的健康信息进行系统收集、储存与共享，大幅提高了健康服务业的劳动生产率。2009 年，美国只有 16% 的医院使用了电子病历，而到了2013 年，80% 的医院都将电子病历纳入机构发展的框架之内。显然，电子病历的广泛推广能够使病人在一个全系统平台上得到综合的健康服务，在提升健康服务供给有效性的同时，减轻了国民卫生支出的经济负担。

如今，医疗技术已经将医学转化为一门学科。这门学科不仅治疗病症，并且究其病因。研究人员积极地研究各类新型疗法，基于基因组学和蛋白质组学而进行的用以对抗癌症的靶向疗法就是技术突破的最好例证。改善大脑活动、运动机能等新型方法也将医疗技术再一次推向科技前沿。从历史角度看，健康服务供给市场能够创造出大量的新疗法与新产品，从而在一个全新的水平上设定期望，拉动需求。因此，技术的发展也带动了健康服务的消费行为，并将经济压力施加到多个健康服务的付款人身上。总体来看，对于美国而言，技术对国民卫生支出的正反两方面影响会部分抵消，但技术引发的支出上涨仍占据上风。

第三节　本章小结

健康服务业是一个对需求有要求的产业集群，这个产业最想调动的不是病人的实际需求，而是健康人的潜在需求。它希望将所有病人的单一多次需求转化为健康人的长期需求，这便是美国健康服务业正在做的发展战略规划。尽管目前从实证分析上看，只能运用国民卫生支出作为衡量健康服务业发展的替代指标，但是从理论分析角度来说，良性的健康服务业发展并不取决于国民卫生支出的增长。国民卫生支出只是一个中性指标，它既可以意味着国家、企业、家庭与个人对健康服务的重视程度，也可以意味着过度的消费与资源浪费行为。就好比健康服务利用率，它同样是一个中性指标。健康服务利用率过高，并不一定意味着高效，而是说明了人们在健康服务上面的资源利用过度，这不仅会造成资源的浪费，同时也剥夺了其他人享受服务的权利。健康服务利用率过低，则说明现有的健康资源利用不够充分，消费者获取健康服务的路径过窄，那么国民的生活与生命质量就会下降，本身也有悖于国家改善民生的战略规划。

因此，即便本章在实证分析时将人均国民卫生支出作为健康服务业发展的衡量指标，现今美国健康服务业的后续发展也不在于人均国民卫生支出的增长程度与增长速度，而在于各相关利益体之间的相互协调、各发展目标之间的相互平衡，如此才能实现健康服务业的可持续良性发展。

第五章　美国健康服务业发展中的
制度演进

美国医疗保障制度旨在通过制度改革促进与完善健康服务领域的复杂交付关系。无论是美国健康服务业发展模式的变化还是发展机制的具体实施，都可以从国家医疗保障体系的发展中寻到踪迹。医疗保障制度的改革侧重于解放健康生产力，而健康服务的产业升级侧重于发展健康生产力。美国医疗保障体系是发展美国健康服务业的制度基础与动力源泉。因此，要想分析美国健康服务业的制度演变，就需要从美国医疗保障的制度体系切入，以此来观察健康服务业发展历程中制度演变的阶段变化。

1935 年 8 月，美国《社会保障法》的签署，标志着富兰克林·罗斯福成为美国历史上第一位提倡为老年人进行联邦救助的总统，而此法案也成为美国社会保障制度体系的开端，它的通过意味着福利保障社会化的思想开始在美国这片土地上发酵。1935 年至今，美国医疗保障制度历经 15 任美国总统的推崇、革新与改革，其政策导向大致可分为三个阶段。第一阶段处于美国健康服务业的起步阶段，主要强调扩大医疗保障覆盖面，实现医疗公平；第二阶段处于美国健康服务业的快速成长阶段，着重抑制不断增长的医疗保障支出，把提高效率视为第一要务；第三阶段则处于美国健康服务业的平稳过渡阶段与成熟发展阶段，这一阶段在兼顾医疗保障制度公平性的基础上努力实现效率的增长。本章通过研究医疗保障制度的演变历程，从历史的视角追寻政策导向的演变轨迹，从而更深层次地研究政府作为一级相关利益体对美国健康服务业的多方面影响。

美国医疗保障制度体系主要由联邦政府及州政府负责筹划与运营的社会医疗保险项目、商业保险公司经营的商业健康保险项目以及非营利性组织提供的公共医疗保险与救助项目三个部分构成。从美国医疗保障制度的演变过程来看，政府的政策大多围绕社会医疗保险项目和商业健康保险项目，而对非营利性组织的救助类保险项目关注较少。以下章节将以这一角度作为切入点，分析各阶段政府政策的具体内容和推行意义，并试图为后续学者预测新一届美国政府的政治理念提供一些参考价值。

第一节　美国健康服务业起步阶段："公平为先"

美国健康服务业起步阶段的制度导向主要侧重于扩大社会医疗保障覆盖面，强调医疗保障制度的公平性。从富兰克林·罗斯福提出起草《社会保障法》的建议开始，之后的多位总统都在试图通过强调政府职能的扩大以改变医疗保障制度现状，从而形成扩大医疗保障覆盖面，最终实现医疗公平的政策理念。

一　《社会保障法》是公平为先的制度基础

美国医疗保障制度的建立并非一帆风顺，其经过了几代总统的不懈努力和尝试。由于大萧条时期的后续影响，越来越多的美国民众支付不起医疗服务费用。于是，在1933年，罗斯福提出起草《社会保障法》的建议，其中包括促进社会医疗公平的公费医疗保障项目。杜鲁门政府遵循了罗斯福扩大社会保障覆盖面的主张，建议国会采用现代的国家健康计划，加大联邦政府的拨款力度，建立国家健康保险基金。肯尼迪政府提出了老年人医疗保障计划，认为美国政府应该付出更多的时间、更大的努力尽快地对医疗保障制度进行改革，尤其在老年人的医疗保障方面应该承担更多的责任。但是，由于美国医学会（American Medical Association）及其附属的州及地方机构的反对，罗斯福不得不从提案中移除了与医疗保障相关的条款以确保《社会保障法》的顺利颁布。同样是因为美国医学会的反对，再加上朝鲜战争的爆发，杜鲁门总统不得不放弃"全民健康保险计划"法案。由于肯尼迪总统的遇刺身亡，老年人的医疗保障计划也未能得以实现。尽管如此，这些尝试和努力还是大大推动了美国医疗保障制度的建立。1935 年生效的《社会保障法》改变了一些有损公平的危险因素，包括老龄化、贫困、失业及孀妇和孤儿的生活负担。《社会保障法》成为美国社会保障系统的开端，也成为美国在探索和制定医疗保障制度公平道路上的指针。虽然杜鲁门没能建立起他所构想的全民健康保险计划，但却在当时对美国所面临的医疗保障问题做出了深入的分析，深得人心。所以，在其就任期间，非营利性医疗保险即蓝十字蓝盾计划脱颖而出，从 2800 万份保单上升到超过 6100 万份，这为后来实施的医疗照顾计划（Medicare）奠定了基础。肯尼迪有关扩大社会福利保障范围的思想也深入人心，根据 1962 年盖洛普民意调查（Gallup Poll）的结果，有 75% 的民众支持肯尼迪总统提议的法案。

1963 年 11 月 22 日，林登·约翰逊就任美国总统。他提出了包含一整套计划的"伟大社会"（Great Society）构想，旨在消除贫困和种族歧视，主要的支出计划覆盖教育、医疗、城乡发展、公共服务以及对抗贫困。"伟大社会"不仅类似于当年罗斯福时期的新政（The New Deal），而且其规模和广度也超越了美国历届政府的社会保障政策。1965 年 1 月 7 日，约翰逊向国会提交有关提升全民健康的特别咨文，对美国全体民众的健康给予了极大的关注，认为美国政府有能力也有义务为其公民提供最佳的医疗保障服务，且这些服务不只针对某些团体和个人，而是对全体公民都具有可及性，包括老年人、穷人和残疾人。1965 年 7 月 30 日，约翰逊总统签署美国医疗照顾计划（Medicare）与医疗补助计划（Medicaid）。这两个计划作为社会保障的修正法案，是《社会保障法》的进一步延续与补充。此法案在法律上对老年人、残疾人及低收入人群做出了明确的保障规定，是美国社会医疗保险的开端。医疗照顾计划为 65 岁及以上的老年人提供医院保险与医疗保险。到了 1972 年，这一计划的覆盖面扩展到患有某些残疾及永久性肾病需要进行透析或移植的 65 岁以下患者。医疗照顾计划的卫生费用支出全部由联邦政府提供，其部分资金来源于工资税收入。医疗补助计划则是对低收入群体提供医疗保障，其卫生费用支出由联邦及州政府提供。

二　医疗保障计划是公平为先的制度成果

1960 ~ 1965 年，商业健康保险支出占总健康保险支出的比重持续上涨，且占据绝对主体地位，1965 年已高达 83.8% 。但是由于 1966 年医疗照顾计划和医疗补助计划的正式生效，商业健康保险的比重骤然下降，到 1970 年，所占比重已下降至 48.8% 。而此时，社会医疗保险占比已从 1966 年的 34.3% 上升到 1970 年的 51.2% ，其比重甚至可以与商业健康保险抗衡（见表 5 - 1）。虽然在这一阶段，绝大多数总统的政策导向都是在强调政府在扩大医疗保障覆盖面上的积极作用，但是艾森豪威尔总统在此阶段却提出不同意见。从 1953 年开始，在其执政的八年内，他认为国民健康保险是社会主义医疗的体现。所以，他在对待美国医疗保障制度方面持有的是折中的态度。一方面认为应该扩大医疗保障的服务范围、提高服务质量，另一方面又强调个人和商业保险公司在健康保险当中的重要作用。当然，由于这种折中主义的领导作风，其在任期内对医疗保障制度的改革成效颇微，仅仅对儿童照顾和印第安人健康照顾增加了适当拨款，从而试图使联邦政府承担起对弱势群体提供帮助的责任，改善他们的健康和福利状况。

表 5 - 1　1960 ~ 1970 年美国医疗保险总支出及单项支出

单位：百万美元,%

项目支出	1960 年	1961 年	1962 年	1963 年	1964 年	1965 年	1966 年	1967 年	1968 年	1969 年	1970 年
医疗保险总支出额	7497	8236	8999	9892	10971	12023	15673	21109	24379	27565	31763

续表

项目支出	1960 年	1961 年	1962 年	1963 年	1964 年	1965 年	1966 年	1967 年	1968 年	1969 年	1970 年
商业健康保险	5812	6468	7178	7952	9052	10072	10296	10452	11830	13363	15499
医疗照顾计划	—	—	—	—	—	—	1842	4924	6218	7045	7672
医疗补助计划	—	—	—	—	—	—	1304	3141	3541	4174	5290
联邦政府	—	—	—	—	—	—	632	1525	1835	2298	2842
州及地方政府	—	—	—	—	—	—	672	1616	1707	1877	2447
国防部	788	836	860	925	861	831	1078	1324	1445	1499	1582
退伍军人事务部	897	933	961	1015	1058	1119	1153	1268	1344	1484	1719
社会医疗保险总额	1685	1769	1821	1940	1919	1950	5377	10657	12548	14202	16263
商业健康保险占总支出额百分比	77.5	78.5	79.8	80.4	82.5	83.8	65.7	49.5	48.5	48.5	48.8
社会医疗保险占总支出额百分比	22.5	21.5	20.2	19.6	17.5	16.2	34.3	50.5	51.5	51.5	51.2

资料来源:美国医疗照顾与医疗补助计划服务中心精算办公室国家卫生统计组。

1935 年，美国国民卫生支出是 29.35 亿美元，公共卫生支出为 5.63 亿美元，占总支出的 19.2%；到了 1969 年，美国国民卫生支出达到 638.27 亿美元，公共卫生支出也增长到 237.9 亿美元，占总支出的 37.3%；美国卫生支出占国民生产总值的比重也从 4.1% 上升到 6.9%（见表 5 - 2）。这意味着从 1933 年《社会保障法》构想的提出到 1965 年医疗照顾计划与医疗救助计划的正式签署，美国医疗保障制度历经 5 位美国总统的推崇与实践，最终使得美国联邦政府对国民健康的重视程度有了一个质的提升，使基本医疗资源能够为大多数美国公民所享用，尤其对社会弱势群体给予了关注与保护，最少受惠的群体也能够享受到最低标准的医疗保障，为维护美国社会健康资源的机会均等做出了巨大努力。

表 5 - 2　1935~1969 年国民卫生支出、人均国民卫生支出以及占 GNP 百分比

年份	国民生产总值（十亿美元）	国民卫生支出（百万美元）	人均国民卫生支出（美元）	国民卫生支出占 GNP 的百分比（%）	私人卫生支出（百万美元）	私人卫生支出占总支出百分比（%）	公共卫生支出（百万美元）	公共卫生支出占总支出百分比（%）
1935	72.2	2935	22.65	4.1	2372	80.8	563	19.2

续表

年份	国民生产总值（十亿美元）	国民卫生支出（百万美元）	人均国民卫生支出（美元）	国民卫生支出占GNP的百分比（%）	私人卫生支出（百万美元）	私人卫生支出占总支出百分比（%）	公共卫生支出（百万美元）	公共卫生支出占总支出百分比（%）
1940	99.7	3956	29.39	4.0	3145	79.5	811	20.5
1950	284.8	12867	83.19	4.5	9289	72.2	3578	27.8
1955	398.0	18036	107.11	4.5	13398	74.3	4638	25.7
1960	503.7	26973	147.20	5.4	20339	75.4	6637	24.6
1965	684.9	40591	205.55	5.9	30517	75.2	10075	24.8
1969	931.4	63827	309.43	6.9	40039	62.7	23790	37.3

资料来源：桃乐茜·赖斯、芭芭拉·库珀所写的《国民卫生支出：1929-70》。

第二节　美国健康服务业快速成长阶段："效率先行"

美国健康服务业快速成长阶段的制度导向主要侧重于抑制不断增长的医疗保障支出，强调医疗保障制度的效率性。在这一阶段，美国医疗保障制度从追求医疗公平转变为缩减医疗开支，进而减轻政府财政负担，提高经济效率，实现医疗资源的合理配置。为了实现这一目标，有多届美国政府都遵从"小政府"的执政理念，试图依靠市场刺激，引入商业健康保险的新型运作模式，推进医疗保障的政策改革。

一　"国家卫生战略"是效率先行的制度起点

1969年1月，尼克松自执政以来就开始不断缩小往届政府所推行的医疗保障的规模，美国的医疗保障制度由扩大覆盖面转向缩减医疗费用的庞大开支，联邦政府的行政手段也从直接干预转向与州及地方政府和商业保险公司协同合作，共同推进医疗保障制度的改革。这意味着从20世纪70年代开始，美国医疗保障制度又开启了新一轮的探索之路。1972年3月，尼克松提出，美国每年在卫生保健方面的费用已经从1960年的260

亿美元上升到 1971 年的 750 亿美元①，而即使有这样庞大的国家经费支出，美国的医疗保健也并没有在数量和质量上有所提高，仍有上百万的民众缺少获取卫生保健的途径，这意味着医疗费用的上升仅仅是价格上涨带来的结果。他认为这一严峻的事实应该引起政府及国会的重视，采取有效且迅速的行动改革医疗保障制度，努力解决医疗成本不断上涨的现实问题。为此，应该尽可能地发挥其他部门的补充作用，如州及地方政府、教育和健康组织、医生及其他医务人员以及私营企业和个人。这就是尼克松总统倡导的"国家卫生战略"（National Health Strategy）。这一战略旨在把所有除联邦政府之外的创新型人才囊括在国家卫生战略中，举全国之力整合资源，提高资源的合理配置。

二 "国家健康计划"是效率先行的制度过渡

1970 年 2 月，尼克松就"医疗补助计划"发表了看法。他认为，这一计划的初衷是在忽略年龄的前提下为支付不起医疗费用的美国公民提供治疗。但是许多州政府却发现，计划中有一个涉及养老院和精神病院的长期家庭护理项目，这一项目包含了很少的医药治疗，但却是引起巨大医疗开支的原因。所以，尼克松建议让联邦政府直接管理针对医药治疗的配给基金，而不覆盖监护照料项目，同时激励各州政府重视提高保健项目的效率。1974 年 8 月 9 日，因"水门事件"尼克松辞职，杰拉尔德·福特继任美国总统。福特政府时期，由于联邦政府把大量资金注入医疗支付系统，由此刺激了医疗保健设施无限制增长，国内医疗保健支出居高不下，并导致了医疗通胀。所以，1974 年美国颁布了《国家健康计划与资源开发法案》（National Health Planning and Resources Development Act of 1974），规定各州要对必要的计划颁发授权证书，以减少和避免医疗卫生设施及服务不必要的重复，控制医疗成本的不断上涨。1976 年 2 月，福特政府又

---

① Richard Nixon, "Special Message to the Congress on Health Care," May 1972, http://www. presidency. ucsb. edu/ws/? pid = 3757.

建议国会颁布针对医疗保健的《财政援助法案》（Financial Assistance for Health Care Act），主要内容是把医疗补助计划和 15 个各类联邦健康计划整合为一个 100 亿美元的整体补助金，并把这一整体补助金分配给各州。联邦政府的医疗健康拨款依据低收入人群、征税努力程度以及人均收入水平等变量进行分配，如果州内低收入人群比重较大，那么联邦政府会增加该州的拨款额度。由各州来管控健康支出，可以提高健康服务的质量，同时允许各州更为有效地满足民众的健康需求，合理灵活地分配医疗服务资源。

三　成本抑制与偿付变化是效率先行的制度尝试

1977 年 1 月，吉米·卡特总统就任时，美国正处在滞胀与能源危机的双重危机当中，所以，即使他支持全民健康保险覆盖政策，但是他所做的第一步仍然是控制成本而非扩大覆盖面。在卡特就任之前的十年时间里，消费者物价指数（CPI）已经增长了 79.7%，而医院成本增长了 237% 之多。于是，卡特政府对医院收费进行了全面的限制，试图把每年医院成本的增长控制在 CPI 的 1.5 倍范围之内。

卡特政府认识到当时的医疗保障制度对于穷人尤其是有工作的穷人而言是极其不公平的，但却让大多数的医院牟取了暴利。高昂的医疗服务费用与病人生病时所能够承担的费用之间的缓冲地带是由保险公司提供的。许多投保人对于接受过度且不必要的医疗服务并不犹豫，甚至还把这种行为看作对投保费用的投资回报。尽管病人在无意识的情况下促成了医疗成本过高及医疗服务分配不平等，但医院和医生也会从中获利。由于赚取了巨额利润，很多医院引进了不必要的设备。限制过度成本的正当竞争因素几乎是不存在的。① 所以，1977 年 4 月 25 日，卡特提议建立《医院成本控制法案》（Hospital Cost Containment Act of 1977）。该法案是为了抑制不

---

① G. Smith，"Keeping Faith: Memoirs of a President by Jimmy Carter," *Foreign Affairs* 2 (1995): 467.

断增长的医疗保健成本，而控制医院成本是核心环节。医院吸收了美国 40% 的医疗成本，医院服务成本比其他卫生服务成本的增长也要快得多。在 1977 年，美国平均住院成本超过了 1300 美元，而在 12 年前，这一数字仅仅不到 300 美元。这种残酷的增长给美国所有公民带来了沉重的负担，而受打击最大的群体便是穷人和老年人。卡特所提议的《医院成本控制法案》是建立在对保险偿付增长率的总体限制的基础上，使医生和医院管理者能有效地分配自己的资源来回应当地的医疗保健需求。

1981 年，罗纳德·里根就任美国总统，他崇尚"小政府"的执政理念，认为政府干预只能带来官僚主义，降低市场效率。所以，在里根执政的 8 年期间，他主张控制医疗照顾计划与医疗补助计划的联邦支出，同时合理分配医疗资源，促进在医疗保障制度中引入竞争机制，使其政策能够依赖市场刺激、消费者选择和商业保险计划之间的竞争产品来抑制医疗服务的整体支出水平。1981 年 8 月 13 日，里根签署《综合预算调整法案》（Omnibus Budget Reconciliation Act of 1981）。这部法案中的很多内容都与里根所推崇的经济复苏计划息息相关，其中也包含了对医疗照顾计划某些规定的调整，主要体现在福利、偿付及保险费支付这三个方面。例如，在福利变化方面，职业疗法只有在其他家庭健康服务资格得以满足的情况下才允许提供；在偿付变化方面，减少常规护理工资成本差异；在保险费支付方面，住院保险免赔额从 232 美元调整到 260 美元。总之，其目的都是减少联邦政府的巨额医疗开支。此外，1983 年，里根政府还在全国范围内推动了以诊断相关组（Diagnosis Related Groups，DRGs）为基础的付费系统，这一系统把医院诊断结果分为数百个小组，并根据这一系统来偿付医院所提供的医疗服务。由于在相同组别的病患的临床症状相似，所以他们可以被视为使用了相同水平的医院资源，由此决定医疗照顾计划对每一组别的支付价格。[1] 其实质是让政府来设定医疗照顾计划的预付价格，从

---

① R. B. Fetter, J. L. Freeman, "Diagnosis Related Groups: Product Line Management within Hospitals," *Academy of Management Review* 1 (1986): 41 – 54.

而代替由医院所提供的以成本为基础的价格偿付机制。1983 年美国医疗保险住院总费用增长速度为 18.5%，1990 年降为 5.7%；平均住院天数从 1980 年的 10.37 天降到 1990 年的 8.71 天；手续费的增长率则从 1984 年的 14.5% 降至 1990 年的 -1.4%。[1] 这说明 DRGs 付费系统对医院服务收费的抑制作用还是有一定帮助的。总的来说，在里根执政期间，他所推行的新联邦主义政策使其在公平与效率的天平面前更多地强调效率对医疗保障制度的重要性。1980 年，美国的国民卫生支出为 2553 亿美元，占 GDP 的 8.9%；1990 年则达到 7214 亿美元，占 GDP 的 12.1%。人均卫生支出也从 1980 年的 1108 美元增长到 1990 年的 2843 美元，翻了 1 倍有余（见表 5-3）。这意味着里根总统在努力减少医疗保障开支方面，总体效果并不显著。

表 5-3　1980~1990 年国民卫生支出、人均国民卫生支出以及占 GDP 百分比

类别	1980 年	1985 年	1986 年	1987 年	1988 年	1989 年	1990 年
国民卫生支出（十亿美元）	255.3	442.9	474.7	516.5	579.3	644.8	721.4
健康消费支出	235.5	412.8	443.7	482.3	540.5	602.3	674.1
个人健康保健支出	217	376.4	408.8	447.7	498.5	550.4	615.3
政府行政管理与健康保险净成本	12.1	25.2	22.5	21	26.7	34.1	38.7
政府公共卫生活动	6.4	11.2	12.4	13.6	15.3	17.8	20
健康投资	19.9	30.1	31	34.2	38.8	42.5	47.3
国内生产总值（十亿美元）	2862.5	4346.7	4590.2	4870.2	5252.6	5657.7	5979.6
国民卫生支出占 GDP 百分比（%）	8.9	10.2	10.3	10.6	11	11.4	12.1
人口总数（百万人）	230	242	244	246	248	251	254
人均国民卫生支出（美元）	1108	1833	1947	2099	2332	2571	2843

资料来源：美国医疗照顾与医疗补助计划服务中心精算办公室国家卫生统计组、美国商务部、美国经济分析局、美国人口统计局。

---

[1] L. B. Russell, C. L. Manning, "The Effect of Prospective Payment on Medicare Expenditures," *New England Journal of Medicine* 7 (1989): 439-444.

四 管理式医疗系统是效率先行的制度策略

1971 年 2 月，尼克松政府提出了健康维护组织（Health Maintenance Organizations，HMOs）的构想。健康维护组织模式是管理式医疗系统的组成部分。在此模式下，投保人只需付一定数额的年费便可获得保险单上所覆盖的医疗服务。这一模式把医务人员囊括在保险合同范围内，医院及医生要遵守合同设定的各项条款，而作为交换，保险公司为其提供与之签订合同的固定客户群。所以，为了实现经济收益的增加，医疗服务机构有提高效率和提供预防保健服务的动机。健康维护组织模式的建立，实际上为美国医疗服务市场注入了新的竞争因素，美国民众不仅有联邦政府提供的救济性保险产品，也有商业保险公司为其提供的具有补充性和替代性的保险产品。健康维护组织模式最重要的优势就是增加了消费者每一单位美元所购买的健康服务的价值。1973 年 12 月 29 日，尼克松总统正式签署《健康维护组织法案》（Health Maintenance Organization Act）。由联邦政府提供资金和贷款，用以扩大和发展健康维护组织，消除某些州对有联邦认证资格的健康维护组织的限制，并且要求拥有 25 人及以上员工的雇主为员工提供除传统健康保险外的有关健康维护组织模式的保险计划选择方案。这一法案实际上是从国家层面上肯定了健康维护组织模式的可行性，促进和鼓励其发展，并且分担了联邦政府承担全民医疗保障的压力，改善了医疗服务价格不断上涨的问题。

1989 年，乔治·布什就任美国总统，他继承了里根总统在医疗保障方面的政策态度，这也就意味着面对美国持续猛涨的医疗费用支出，强调效率的重要性尤为重要。不过，由于老布什总统更为侧重军事行动和外交政策，所以在他执政的 4 年期间，医疗费用的支出问题愈演愈烈，并未得到好转。1991 年 2 月的总统经济报告曾明确指出，技术进步、人口结构变化以及缺乏成本节约的市场刺激是导致医疗成本暴增的最主要原因。在 1980 ~ 1989 年，医疗保健价格指数已经上升了 99%，这一速度是所有产品和服务平均增速的 2 倍。[1] 价格的快速增长外加医疗服务需求量的增加便导致了医疗成本居高不下。为了改变这一局面，健康维护组织模式和优先提供者组织模式（Preferred Provider Organizations，PPOs）是回应这一问题的创新模式。这两种模式都为保险公司及雇主提供了选择服务的自由，且在 PPOs 模式下，又将投保人选择医疗服务的自由考虑其中。通过自由度的进一步提升，引入竞争机制，提高整体的服务质量和服务效率。

可以看出，在这一阶段，美国医疗保障制度呈现诸多问题。例如，联邦政府的保险计划与管理设置存在混乱、重叠及不平等的现象；医疗提供者由于掌握大量不对称信息而经常忽略病人及保险公司的成本负担能力；保险公司为了解决日益增大的费用压力又把成本转嫁到病人及其雇主身上。在这 20 多年的摸索过程中，政策制定者开始了解到美国医疗保障制度缺乏竞争机制，迫切需要引入竞争机制来避免医疗资源垄断，既需要政府干预来宏观调配医疗资源，又需要商业保险公司来分担财政预算压力。虽然颁布了多项法案，却没能有效抑制不断上涨的医疗费用支出，五任总统执政期间，美国医疗保障制度在摸索中困难前行。

虽然，美国健康服务业快速成长阶段的制度演进侧重于效率先行，但是，维护医疗保障制度公平性的政策也时有体现。1976 年 1 月，福特提出美国虽然拥有全世界最好的医院和医疗服务，但是当一个人患有重大疾病时，所带来的医疗支出会横扫这个家庭的所有积蓄。所以联邦医疗保险应该覆盖有关重大疾病的保险产品。然而，对于拥有 2.15 亿人口的美国而言，完全由联邦政府负担是不现实的。所以，他建议使用商业健康保险来为更多中等收入家庭提供高质量且可负担的健康服务，在面临重大疾病时能为这部分群体提供保障。在 1979 年 6 月，卡特提请了较为有限的医疗保险制度改革：在医疗照顾计划与雇主支付保险计划中加入重大疾病保险产品，并要求雇主为孕妇及婴幼儿的重大疾病保险支付全部保费。不过

---

[1]　L. B. Russell, C. L. Manning, "The Effect of Prospective Payment on Medicare Expenditures," *New England Journal of Medicine* 7 (1989): 439 – 444.

最终由于经济恶化，预算出现紧张，此提议在 1980 年被驳回。

1986 年，美国国会通过了《紧急医疗护理和劳动法》（Emergency Medical Treatment and Active Labor Act，EMTALA）。这部法案规定接受医疗照顾计划支付的医院，其急诊部门要在忽略国籍、合法地位及支付能力的前提下为寻求治疗的个人提供适当的医疗检查服务。除了获得病人同意、病人病情稳定和病人的情况需要转移到设施更好的医院进行治疗这三种情况外，凡是参与到医疗照顾计划内的医院不得转移或驱赶寻求急诊服务的病人。这一法案最为显著的影响就是，对于未加入医疗保险计划的个人而言，在他们需要急诊服务时可以得到稳定病情的治疗。当然对于这部分的成本支出，联邦政府并没有对其进行偿付规定，所以医院也承担着提供无偿服务的风险和压力。

第三节　美国健康服务业平稳过渡阶段与成熟发展阶段：
"兼顾公平与效率"

美国健康服务业平稳过渡阶段与成熟发展阶段的制度导向主要是兼顾医疗保障制度的公平性与效率性。在这一阶段，美国医疗保障制度实现新突破。作为民主党派领导人的克林顿与奥巴马在执政时期，都有进行医疗改革的愿景和决心。但是，克林顿执政时期，由于相关利益团体的阻挠，医改法案没能获得国会通过。奥巴马总结了前任的经验教训，对某些条款进行了调整、让步和妥协，才使得医改法案得以顺利颁布。而克林顿政府与小布什政府都在改革医疗保障制度的具体政策举措上有所行动，这些具体措施与奥巴马的医改法案共同为美国医疗保障制度改革的彻底实现打开了窗口。不过，作为共和党派的特朗普，在其竞选总统时就强烈反对《平价医疗法案》，认为它是美国历史上一部糟糕的法案，不仅导致了医疗成本毫无节制的上涨，而且使得医疗保健市场缺乏竞争机制，使公民面临更少的选择。特朗普政府一直不遗余力地取缔奥巴马医改，推行新医改法案。然而，拜登政府的上台又有望重启奥巴马医改。显然，政局变动使得美国医改之路扑朔迷离，美国政府最终能否在医疗公平与医疗保障的经济效率中找到平衡点，仍需观望此届政府制定的医疗保障政策。

一　全民医疗计划是兼顾公平与效率的制度基础

1993 年 1 月，克林顿政府成立后，马上组建了有关医疗改革的特别小组，并委派希拉里·克林顿领导特别小组执行有关医改的重要任务，同时，还把医改的相关内容传播给广大民众。有关全民医疗的计划也成为克林顿总统第一届任期内各项议程的奠基石。在 1993 年 9 月，克林顿提出了为所有居民建立医疗保障卡的建议，医疗保障卡对所有居民都具有同等效力，包括在建卡之前已患有疾病的居民及持有美国绿卡的外侨，持卡居民不可撤回所享有的治疗与预防服务。所有美国居民可以自行登记加入有资格的医疗保障计划当中。对于拥有超过 5000 名全职员工的大公司而言，他们也有义务为员工提供建卡的选择。此举目的是规避美国民众因更换工作而失去医疗保险的风险，同时避免已患有疾病的民众在承保时受到歧视。在当时，美国有 3700 多万人口没有医疗保险。尽管如此，医疗费用却居高不下，其增长速度超过通货膨胀率 2 倍有余。为了改变这一现状，联邦政府要求各州建立健康联盟，为州内居民承担保险义务，并设定每一项医疗服务的收费标准。此外，在整体规划中还有很多规定支持效率与公平兼顾的医改方案。然而，此计划却遭到了来自保守党、自由论者、美国医学会及健康保险行业的强烈反对。最终，医改法案没能获得国会通过，有关医改进程的重重阻碍只能留给下届政府商榷解决。

虽然全民医改法案没能通过，但是全民医改法案设计的部分内容仍然得到了国会支持，并由克林顿签署成为法律。例如，在 1996 年通过的《健康保险可携带与责任法案》（Health Insurance Portability and Accountability Act，HIPAA）。这部法案分为两个章节，在第一章节（Title Ⅰ）要求当员工更换或失去工作时，保护员工及其家人的医疗保险；第二章节（Title Ⅱ）也被称为行政简化规定［Administrative Simplification（AS）Provisions］，要求建立电子医疗交易的国家标准，并为健康服务提供者、医疗保险计划及雇主创建国家识别码。其中，最为重要的规定是要求美国卫生及公共服务部门（Department of Health and Human Services，HHS）起草有关提高健康服务系统效率的规则，在多项规则基础上确保医疗信息的使用及传播符合规范。

除此之外，小布什政府还切实推行了健康储蓄账户（Health Savings Accounts，HSA）。健康储蓄账户是一个为加入高免赔额健康计划（High-deductible Health Plan，HDHP）的纳税人提供的可享受税收优惠的健康储蓄账户。雇主和雇员可以在这个账户里存入资金用以支付健康服务费用。存入资金最高可享受个人 2600 美元和家庭 5150 美元的免税额度。账户内资金可以不断累积，归个人所有。作为一个消费者驱动型的健康账户，它可以缓解医疗保健成本的上涨，提高医疗保障系统的效率。健康储蓄账户鼓励储蓄用以进行未来健康支出，允许患者自行决定接受哪些健康服务，实际上使消费者能够对自己的健康选择负起更多的责任。

二 医疗保障计划的完善是兼顾公平与效率的制度路径

1997 年，美国联邦政府颁发了《国家儿童健康保险计划》（The State Children's Health Insurance Program，SCHIP），规定美国卫生及公共服务部门（HHS）提供与州相同的对等基金为有子女的家庭购买健康保险。这一计划主要是针对那些由于家庭收入中等而被排除在医疗补助计划之外的家庭中的孩子，对这部分群体进行覆盖。此项保险计划是 1965 年医疗补助计划实施以来由纳税人出资的儿童医疗保险计划的最大规模的扩充。

2001 年小布什政府成立时，并没有提议建立全民医疗保险，而是提出了一系列具体的卫生政策举措。这些措施目标明确且具有渐进性，因此，在其执政期间，医疗改革具有收缩性且成本较低的特点。在这些举措当中，最引人关注的便是 2003 年 12 月签署的《医疗照顾计划处方药、完善与现代化法案》（Medicare Prescription Drug，Improvement，and Modernization Act，MMA），这一法案是对有 38 年历史的医疗照顾计划最大规模的修正。在 1990 ~ 2000 年，美国在处方药上的开支是全国卫生支出增速的 2 倍。在 2002 年，超过 65 岁的门诊病人所承担的药物费用高达 870 亿美元。① 随着婴儿潮时期出生的人逐渐成为医疗照顾计划（Medicare）的受益人，整个计划覆盖的人口将从 2000 年的 4100 万人上升到 2030 年的 7700 万人。尽管老年人仅占美国人口的 15% 左右，但是他们却消耗了全国 40% 的处方药费。② 为了减轻处方药所带来的财务负担，联邦政府颁布了此项法案，使得医疗照顾计划能够覆盖处方药保险。

奥巴马医改期间创办了责任医疗组织模式（Accountable Care Organizations，ACOs）。这一模式由医生、医院和其他医疗服务提供者共同组成，致力于为医疗照顾计划的病人提供完整且高质量的健康服务。ACOs 可以继续使用按服务计费的方式。不过，这种收费方式是有一定要求和前提的。他们需要完成与预防相关的质量指标或者在治疗慢性病时使病情得到有效缓解，为此，政府会颁发用以鼓励成本最小化的额外津贴。而当他们没能实现这些目标时，他们也将面临处罚。

三 《平价医疗法案》的实施是兼顾公平与效率的制度体现

2009 年 1 月，奥巴马就任美国总统后，便开始积极推进医疗改革，并分别于 2010 年 3 月 23 日和 2010 年 3 月 30 日签署《患者保护与平价医疗法案》（Patient Protection and Affordable Care Act，PPACA 或 ACA，也被称为 Obamacare）和《医疗保健与教育协调法案》。这两部法案是自 1965 年医疗照顾计划与医疗补助计划通过以来，美国在医疗保障制度上最具深远意义的监管改革。奥巴马医改旨在通过监管、税收、授权和补助的规定帮助 4400 多万未参保人口提高他们的商业医疗保险与社会医疗保险的质量、可及性及可负担能力，与此同时，加大力度解决美国医疗费用持续上

---

① Congressional Budget Office, "Issues in Designing a Prescription Drug Benefit for Medicare," October 2002.

② United States, Health Care Financing Administration, *Medicare* 2000：35 *Years of Improving Americans' Health and Security* (Health Care Financing Adiminisration, 2000).

涨的问题。美国医疗成本的增长速度已经超过了为此买单的人口的收入增速。这意味着，如果成本在未来仍以这一速度持续上升，退休人员及工人的生活水平和经济保障将达到危险边缘，雇主会逐步地把医疗成本转嫁到雇员身上，政府预算也将会被社会医疗保障计划的筹资问题所控制。1960年，国民卫生支出仅占 GDP 的 5%，而到了 2008 年，占比达 16.3%，国民卫生支出高达 2.4 万亿美元，2016 年又增至 3.3 万亿美元。人均花费也从 2008 年的 7897 美元上升到 2016 年的 10348 美元。这些数字都在说明同一个问题，那就是对于一个世界经济强国而言，美国仍然迫切需要解决医疗资源的效率及覆盖面的双重问题。

《平价医疗法案》包含多项条款，这些条款在 2010～2020 年逐步生效，其中大部分条款是在 2014 年 1 月 1 日正式生效的。当然，这些条款也未必全都能实施，有些会酌情决定，有些会被延期执行，有些甚至会被搁置。条款内容主要涉及效率与公平两个方面。例如，在公平方面，禁止保险公司因个人之前患病状况而拒绝承保；对于年龄相同的投保人保费要一致，不同年龄的投保人保费可以有差别，但是老年人与成年人之间的保费差额不能超过 3 倍；扩大个人与家庭的医疗补助计划覆盖范围，收入在联邦贫困线 138% 以下的个人和家庭均在覆盖范围中；子女在 26 周岁之前，无论是否为学生或是否已婚，均可保留在父母的保险计划中。在效率方面，对《国家儿童健康保险计划》的注册过程进行简化；医疗照顾计划的偿付机制从按各项服务付费转变为将"预防 + 治疗 + 康复"作为一个整体打包付费（Bundled Payments）；在全国 50 个州建立由联邦政府或州政府监管的医疗保险交易平台（Health Insurance Exchanges），其中大部分为在线交易平台。在交易平台上，个人和小企业可以购买社会或商业健康保险。这样的平台还会给各州一定的权利，让其自由裁量保险计划的标准及价格，提高灵活性。此外，投保人只能在注册开放期间（Open Enrollment）投保，设立开放期是为了避免有些健康人群只在其生病时才进行投保。经常发生延迟投保的情况，会使保险公司提高保费来支付这部分人群的医疗花费，还会因此出台更为高昂的保险政策。保险产品越贵，就会有越来越多的人弃保，从而陷入一个恶性循环当中。除了单独两个方面的规定外，还有能够体现效率与公平相结合的规定：根据美国国会预算办公室（Congressional Budget Office，CBO）的结论，关于个人必须购买保险，否则将给予罚款处罚的规定是十分必要的。因为这项规定不仅可以扩大受保人群的规模、提高多样性，还可以通过把年轻和健康的参与者囊括在内，扩大基础风险池，从而分散成本。

以上条款只是奥巴马医改内容中一些具有代表性的规定，而非全部。由于此次奥巴马对美国医疗保障制度所进行的改革，其规模和复杂性都是史无前例的，所以在美国舆论界支持者和反对者的呼声都很高。此外，由于医疗保障制度背后的相关利益群体十分庞大且复杂，所以仍然有很多例外情况出现。到目前为止，美国还未能实现全民医疗的愿景。奥巴马医改也仅仅是美国复杂的医改过程中的"敲门砖"。

在这一阶段，美国国民卫生支出已经从1990年的7214亿美元攀爬到2016年的3.34万亿美元，占GDP的17.9%；人均国民卫生支出也在逐年增长，2016年已达到10348美元（见表5-4）。在2010年，未参保人数为4860万人，占总人口的16%；而根据2016年第一季度的数据，这一比例已下降为8.6%，共2730万人。[1]奥巴马在总结了前两任总统的经验教训后，成功地扩大了医疗保险覆盖面。当然，由于保险覆盖面的扩大以及多项规定在短期内成效甚微，所以医疗成本也呈现居高不下的局面。要想同时完成效率与公平的双重使命，仍需要下届政府的不断探索与实践。

表5-4　1990~2016年国民卫生支出、人均国民卫生支出以及占GDP百分比

类别	1990年	1995年	2000年	2005年	2010年	2015年	2016年
国民卫生支出（十亿美元）	721.4	1021.6	1369.1	2023.7	2598.8	3200.8	3337.2

[1] Robin A. Cohen, Michael E. Martinez, et al. , "Health Insurance Coverage: Early Release of Estimates from the National Health Interview Survey, January-March 2016," September 2016, https://www.cdc.gov/nchs/data/nhis/earlyrelease/insur201609.pdf.

续表

类别	1990 年	1995 年	2000 年	2005 年	2010 年	2015 年	2016 年
健康消费支出	674.1	958.2	1285.8	1904	2456.1	3047.1	3179.8
个人健康保健支出	615.3	869.6	1161.5	1695.7	2196	2715.5	2834
政府行政管理与健康保险净成本	38.7	57.6	81.2	151	184.4	249.9	263.7
政府公共卫生活动	20	31	43	57.3	75.6	81.7	82.2
健康投资	47.3	63.5	83.3	119.7	142.7	153.7	157.4
国内生产总值（十亿美元）	5979.6	7664.1	10284.8	13093.7	14964.4	18120.7	18624.5
国民卫生支出占 GDP 百分比（%）	12.1	13.3	13.3	15.5	17.4	17.7	17.9
人口总数（百万人）	254	268	282	295	309	320	322
人均国民卫生支出（美元）	2843	3806	4855	6854	8412	9994	10348

资料来源：美国医疗照顾与医疗补助计划服务中心精算办公室国家卫生统计组、美国商务部、美国经济分析局、美国人口统计局。

第四节　本章小结

以效率与公平的视角来评析美国医疗保障制度的演变过程，从宏观来看，该过程呈现先注重公平，后强调效率，最终争取在注重公平的同时兼顾效率的提升；从微观来看，每一阶段的历史进程又呈现侧重点偏离的特点。这种偏离主要在于美国的党派之争。民主党（富兰克林·罗斯福、哈里·杜鲁门、约翰·肯尼迪、林登·约翰逊、吉米·卡特、威廉·杰斐逊·克林顿、贝拉克·奥巴马）的执政理念是崇尚自由主义，强调社会平等，推崇革新，认为政府应该在国家事务上发挥作用，进行宏观调控。而共和党（德怀特·艾森豪威尔、理查德·尼克松、杰拉尔德·福特、罗纳德·里根、乔治·布什、乔治·沃克·布什）则坚持保守主义，强调个人自由，主张"小政府"理念，认为联邦政府只在基本的国家事务上发挥作用即可，应该把更多的权力与责任下放到州及地方政府、企业和个人的手中。这种意识形态的差异性使得美国医疗保障制度呈现螺旋式渐进上升的特点。总体来看，医疗保障制度涉及所有人的日常生活，所以当政策制定者在规划一项制度时要考虑公平的可及性，这既关乎人性之善也关乎政治稳定。而当政策发展到一定程度之后，又必然会面临各种问题，比如官僚主义、浪费与欺诈、垄断、市场失灵、信息不对称等，这些都与效率息息相关。所以，在美国医疗保障制度的第二阶段，不管是政府机构、科研工作者还是普通大众，都开始密切关注这些问题，试图找到解决办法。维护公平会导致效率缺失，效率的提高也会带来公平的损失。当效率与公平进行博弈的时候，政策制定者往往希望能在天平的两端达到某种均衡水平。所以，在第三阶段，美国医疗保障制度肩负着兼顾公平与效率的双重使命，是有其历史必然性的。

美国目前在处理效率方面仍然没有找到行之有效的方法。或许，从长远来看，奥巴马医改中强调预防与慢性病康复的办法会使医疗支出呈现质的下降。当然，对于一个一直宣称自由与民主的国家而言，其在医疗保障制度的改革方面经常遭到来自多个相关利益体的反对，如健康保险行业、美国医学会、美国保守党、自由论者，这些团体往往构成合力来抨击医疗改革的无用之处。《平价医疗法案》之所以能够成功签署成为美国法律也是由于添加了许多例外条款，实际上是奥巴马总统对相关利益团体的妥协。当然，奥巴马医改之路也是波折不断的，先遭到特朗普政府的禁令，又在拜登政府上台后迎来新契机。其经历了"允许—禁止—再允许"的过程，这样的行政命令使得医改之路道阻且长。美国医疗保障制度是否最终会在新一届政府的推动下实现均值回归的态势，我们拭目以待。

抛开政治层面，单就医疗保障制度来谈，全民医疗并不是完美的保障制度。医疗系统由国家拨款且缺乏竞争机制而导致效率低下，普通民众不担心医疗费用而缺乏成本节约的意识，最终都会导致医疗资源的大量浪费。可能在医疗保障制度方面最不胜其烦的并不是我们难以找到一个对所有民众都公平的解决方案，而是我们难以在一个公平的基础上合理分配现有的医疗保健资源。迄今为止，还没有任何一个国家认为自己的医疗保障制度是毫无问题的，是让所有民众满意的。医疗改革是一个老生常谈的话题，但仍需要反复考量、从长计议。美国联邦政府与州及地方政府作为一级相关利益体的重要成员，其医疗政策导向对美国健康服务业发展的影响是多层次的。政策导向对美国健康服务业发展最深厚的影响主要体现在社会保障覆盖面的扩大上。无论是穷人、老年人还是儿童、退伍老兵，只要是联邦政府想要保障的社会少数群体，都可以通过法案的颁布与执行来达到相应的效果。然而，在成本控制方面，政府似乎并没有找到医疗开支不断上涨的根源，所有的政策只在短期内有效，或在难以把控的未来可能有效。这说明，在本应该引入竞争机制的行业，施加了政府干预，比如制药行业；而在应该进行政府干预的行业，却引入了大量竞争机制，比如管理式医疗系统。政府在实施一个政策时，应该对所有相关利益体有所考虑，这是美国政府正在做的。然而，任何一个政策实施都不可能让所有利益体满意，这是美国政府必须接受的。对美国健康服务业的相关利益体进行分层排序，选出最需要获得保障且人数最多的群体，使医改之路以这样的群体为核心，而不是一味地对多方利益体妥协，这才是美国医改最终成功并得到最大拥护的路径。

第六章　美国健康服务业发展模式

美国健康服务业现在的发展模式不是与生俱来的，它是伴随健康服务消费者、健康服务提供者、联邦政府与州及地方政府、健康保险公司之间的互动逐渐衍变而来的。从医疗服务业到健康服务业的发展过程中，有关国民卫生支出居高不下的问题一直困扰着健康服务的各方付款人。健康服务业发展的前身是医疗服务业。医疗服务业发展时期，政府与社会关注的是医疗服务的公平性与可及性。在当时，有多少公民能够享受医疗服务？医疗服务的获得性条件是否充足？公民是否能承担得起医疗服务？这些问题是在 20 世纪 60 年代中期之前最受关注的问题。政府、健康服务提供者与健康保险公司在面临这些问题时所采用的方法是团体健康保险计划与医疗保健预付机制。团体健康保险计划与医疗保健预付机制就是美国健康服务业目前所运行的管理式医疗系统的前身。而管理式医疗系统下的多个组成部分就是美国健康服务业的发展模式。

美国健康服务业是在其特有的健康服务交付系统（Healthcare Delivery System）下运行的。各相关利益体之间的不断协调与发展促进了美国健康服务业发展模式的形成，即管理式医疗系统，因此，管理式医疗系统本质上体现的也是一种复杂的服务交付关系。在健康服务交付系统下，管理式医疗系统用于进行有关健康服务的成本、获得性与质量的管理。管理式医疗系统通过控制消费者所贴近的各类服务机构以及服务成本的消耗来对健康保健服务进行成本管理。之所以称为"管理式医疗系统"，是因为其最初建立的理念确实是为了解决美国日益凸显的医疗保健服务成本问题。成本的不断增加也确实给美国政府以及人民带来了诸多困扰，所以就有了最初的健康维护组织模式。随着健康维护组织模式的发展，以及健康服务消费者不断升级的需求，以健康维护组织模式为基础的其他发展模式也开始逐步发展起来。优先提供者组织模式、定点服务计划模式、专属提供者组织模式等都是在健康维护组织模式下演变而来的。在健康维护组织模式发展的同时，美国各界对健康开始有了更深层次的认识。原来一谈到健康，人们最先想到的是医护人员，当人们生病的时候，他们会选择寻求医生帮助。无论是急性疾病还是慢性疾病，均由医生制定治疗方案，患者按方案实施，当症状得到改善之后，人们便认为自己的身体开始趋向于健康的状态，当病症彻底消失之后，人们便认为自己处于健康的状态。然而，随着医疗服务的成本负担日益加重，对健康的解释开始有了转变。健康状态的追求从一次性的诊疗行为演变成一种全过程的、兼顾病前预防与病后护理的长期行为。健康的状态也不再只是医生的责任，还是健康服务提供者、健康服务消费者、健康护理机构等相关利益体共同努力的结果。由此，美国的医疗服务业向包含医疗服务的健康服务业转变，管理式医疗系统下的多个模式也开始向整合型健康服务模式转变。

本章重点研究美国健康服务业各阶段发展模式的具体内容。首先介绍发展模式的产生背景。在此基础上，深入研究美国各阶段所推出的各类发展模式，包括贯穿美国健康服务业快速成长阶段与平稳过渡阶段的管理式医疗系统以及美国健康服务业成熟发展阶段的整合型健康服务模式。以上都是健康服务业发展模式在商业健康服务领域的应用。所以，在本章第三节，将探究美国健康服务业发展模式在社会医疗保障制度下的应用。

第一节　美国健康服务业发展模式的产生背景

管理式医疗的前身便是围绕健康服务提供者与健康服务消费者和保险

公司之间的关系发展而来的。追溯历史的轨迹，不难发现健康服务与产品的开销在过去很长一段时间里是由健康保险公司或消费者直接支付的。"按服务收费"机制是一种传统的医疗服务偿付机制，在这种机制下，健康服务提供者为消费者提供医疗服务，消费者通过社会医疗保障计划或商业健康保险得到计划或合同规定的偿付金额。这种第三方付费机制实际上使得政府或商业健康保险公司处于先天的弱势地位，它们既无法限制提供者的治疗方案，也无法限制消费者的选择自由，只能一味地作为"局外人"为医疗服务买单。医疗服务的信息不对称问题使得提供者对消费者的治疗方案有绝对的主导权，消费者由于缺乏专业知识，也将所有对健康与生命的期望都寄托在提供者身上。所以，"按服务收费"机制往往会增加医疗保健的成本，因为这样的偿付机制对健康服务提供者的收费标准没有限制。如此，在医疗服务成本多年来处于持续失控的状态下，契约实践和预付制服务便孕育而生。

19 世纪中叶到 20 世纪初，由于工作属性的限制，铁路、采矿和木材公司员工的工作地点十分偏远，这种类型的公司会直接为员工提供医疗保健服务。一般情况下，它们会聘请一名医生，与其签订劳动合约，让其为公司旗下的所有员工提供医疗服务。医生不会按照服务类型收费，而是按照员工人数收取固定的费用。这种固定的收费方式便是最初的按人头付费机制。此时，按人头付费机制只是存在于一些大型的制造业公司之中，并没有形成地区或区域范围内的效应。直到 20 世纪 20 年代末，以迈克·沙迪德（Michael Shadid）医生为代表的团体健康计划的诞生，才使得管理式医疗产生。1929 年，迈克·沙迪德医生招揽了美国俄克拉何马州的几百户家庭，创建了农民合作健康计划（Farmer Cooperative Health Plan）。在这一计划下，俄克拉何马州加入此计划的家庭可以支付固定的医疗费用，从而能够接受沙迪德博士的医疗服务。同一年，在美国的洛杉矶，当地的卫生部门也与医生团体签订合约，让这一团体能够为 2000 名工人及其家人提供医疗保健服务。

自 20 世纪 30 年代初，有关管理式医疗的理念一直在不断升级。医疗照顾计划保健成本委员会曾在 1932 年建议对医疗保健进行重组以改制成一种预付制模式，从而对服务成本进行把控。某些健康计划也融入了预付制的概念，例如，华盛顿团体健康协会（Group Health Association of Washington）、普吉特海湾团体健康合作社（Group Health Cooperative of Puget Sound）、大纽约区健康保险计划（Health Insurance Plan of Greater New York）、明尼阿波利斯团体健康计划（Group Health Plan of Minneapolis）以及凯撒机构医疗保健计划（Kaiser Permanente Medical Care Program），这些都为健康维护组织模式的建立提供了范本。根据凯撒医疗机构网站提供的资料，凯撒机构医疗保健计划是在 1933 年为凯撒实业公司的建筑、造船以及钢铁工人设计的。当时凯撒实业拥有大量的工程项目，这些项目都需要数千名工人合作完成。西德尼·加菲尔德（Sidney R. Garfield）医生看到了这些项目所带来的潜力，于是，他筹建了一个为这些工人提供医疗保健服务的医院。起初，由于保险公司不能及时报销，且有些工人尚未投保，加菲尔德经常得不到服务报酬。之后，保险代理人哈罗德·哈奇（Harold Hatch）将医疗保健预付制的概念融入计划当中。如此一来，加菲尔德可以收到每位工人的保险预付金。到 1945 年，也就是许多大型工业项目完成之时，预付制已经可以以良好的运行方式应用到多个项目中。同年，凯撒医疗机构也将这一机制推向公众，使得加入此计划的人数达到 30 万人。[①]

　　在 20 世纪 40 年代，团体健康保险计划与预付制已经在美国部分地区逐步形成。最初的健康保险公司与健康服务提供者主要考虑的是其收入来源能够得到有效的保证，如果将一部分风险因素加到健康服务消费者身上，至少可以缓解坏账带来的压力。所以，起初的预付制对服务成本的控制没有过多考量，契约实践与按人头付费的概念也没能在全国范围内被广泛采纳。由于服务提供者仍然能够依照传统的按服务付费的机制来增加他们的收入，所以医疗保健成本一直在飙升。

---

　　① 资料来源：https://about. kaiserpermanente. org/who-we-are/fast-facts。

第二节　美国健康服务业发展模式的主要类型

"管理式医疗"是贯穿美国健康服务业历史进程的最主要的发展模式集合。所以，管理式医疗可以看作美国健康服务业发展模式历史演变的缩影。

在这里，可以将"管理式医疗"理解成美国早中期健康服务业发展模式的总称。当把其看作美国早中期健康服务业发展模式的集合时，就需要先从运用这一模式集合的主体说起，而贯穿其发展模式历史轨迹的主体便是美国的管理式医疗组织。管理式医疗组织是指在管理式医疗系统下实现医疗服务的成本控制和质量保证目标的社会实体，它提供与初级、中级与三级诊疗相关的综合性健康服务。管理式医疗组织是健康服务消费者与提供者之间的一种新型桥梁。"新"主要体现在，它既可以发挥健康保险公司经济风险控制的作用，也可以实现健康服务供给的目标。也就是说，自有资金的雇主们可以直接联系管理式医疗组织为其员工提供健康服务，所有的经济偿付活动和经济风险都可以转移到管理式医疗组织身上。这时的管理式医疗组织实际上承担了健康保险公司的职能。而健康保险公司也可以与管理式医疗组织联系，为其参保人提供指定的健康服务提供者网络，使参保人在指定的网络内部寻求服务。这时的管理式医疗组织实际上是将个体的医院、医生等健康服务提供者整合为一个整体进行服务的打包销售，从而实现服务供给的职能。

不同类型的管理式医疗组织，医生所处的位置会有所差异。有些医生可直接作为组织的员工为其工作，而另一些则作为合作伙伴与组织签订合约。本章的早期和中期健康服务业发展模式是围绕管理式医疗展开的，因此结合发展模式的特性与演变时间，对其进行分类研究。早期的发展模式以健康维护组织模式为主，之后逐渐出现了限制性较低的优先提供者组织模式、定点服务计划模式与专属提供者组织模式；而到了 21 世纪初，又演变出一些新兴发展模式，即整合型健康服务模式与责任医疗组织模式。

一 快速成长阶段发展模式

美国健康服务业的早期发展模式是截至今日仍具影响力的健康维护组织模式（HMOs）。一谈到健康维护组织，我们首先会认为它是一个具有健康维护功能的团体或集团。事实上，这样理解是可以的。健康维护组织确实可以看作一个名称，把其纳入管理式医疗组织的组成部分。但是，现在再谈到健康维护组织，人们都会不自觉地去体会名词背后代表的深意，也就是其运作模式。所以，在本书中，当用"健康维护组织"这一名词时，本书所要表明的仅是健康维护组织发展模式的运作实体。当把其看作发展模式时，本书将在"健康维护组织"后面加上"模式"二字，以便读者理解。

健康维护组织模式是管理式医疗系统内历史最悠久的模式，也是管理式系统中不可忽略的重要组成部分。1973 年，尼克松签署的《健康维护组织法案》使得这一模式有了可以在健康服务交付系统内稳定发展的政策保障，同时，也为管理式医疗组织规模的不断扩大打开了窗口。在 20 世纪 70 年代，美国的医疗保健成本已经处在增长失控的局面之中。健康维护组织模式就是在这样的背景下被广泛应用到健康服务交付系统中的。健康维护组织模式是在管理式医疗系统下第一个发展起来的模式。这一模式是最符合管理式医疗系统中的"医疗"本意的。此时的健康维护组织模式，维护的不是消费者持续的健康状态，而是医疗服务市场的供求均衡。因此，它的建立是有助于实现医疗保健成本控制的目标的。健康维护组织模式将健康保险业与医疗服务业结合起来，通过两者的结合，旨在控制医疗服务的偿付比例，从而允许健康维护组织模式下的管理式医疗组织对健康服务业中的保险偿付部分拥有更多的控制权。

在联邦政府颁布《健康维护组织法案》之前，健康服务提供者对管理式医疗系统是有着明显的抵触情绪的。他们认为这样的系统会对其收入构成威胁。然而，随着管理式医疗理念的步步推进，这些提供者逐步意识到管理式医疗系统将成为健康服务业发展的必然趋势，他们必须接受这一新型的发展模式。抵制不能带来收入，而顺应潮流，积极地参与到管理式医疗系统中，却可以使他们的收入得到保证。就在这样的时代背景和历史选择下，以健康维护组织模式为开端的管理式医疗系统成为美国健康服务业发展的模式集合，而多个发展模式下的健康服务计划便成为消费者的标准选择。

在健康维护组织模式下，一般有"守门人"制度。也就是说，加入此模式的会员通常需要按照要求选择一名初级保健医生，这名初级保健医生就是健康维护组织模式下的"守门人"。初级保健医生可以是内科医生、儿科医生、家庭医生、老年病科医生还可以是全科医生。除非会员需要紧急的救治和抢救，否则，所有的会员患者都需要经由初级保健医生的推荐才能转诊到专科医生诊室。初级保健医生也不能随便进行转诊推荐，需要在病情符合健康维护组织的规定条件下方可行使权利。健康维护组织模式不仅对偿付机制进行管理，同时也对服务内容进行更新。在健康维护组织模式下，健康服务内容从诊疗型服务向预防型服务发展，将免疫、婴儿健康检查、乳腺造影检查、体检等囊括其中。囊括这些预防型服务是为了维持会员的健康体征，而这也是健康维护组织的名字本意。针对患有重大疾病和慢性疾病的患者，健康维护组织会采用个案管理或疾病管理的方式来进行健康维护。这种方式主要是指派一名管理专员专门针对单独病人或一组病人来进行日常健康维护，避免其他的提供者对其提供重复护理，同时也能确保这类患者能够得到合适的治疗方案，尽可能地稳定和减轻病情，不让其病情往无法治疗的情况发展。一旦这类病人达到难以挽救的状态，不仅是对病患身心和身体上的折磨，更会增加健康成本。所以，管理式医疗组织如果能够最大程度地参与到会员日常的保健过程中，就会掌握更多的控制权，将很多信息不对称的问题弱化，从而实现患者与组织的双赢。

一般情况下，加入健康维护组织模式的会员按照固定的收费标准每年向管理式医疗组织支付保费。而管理式医疗组织针对健康服务提供者的付费方式一般有两种：一种是根据服务类别和服务内容确定其收费标准，也就是最为常见的按服务付费的方式；另一种是按照其诊疗的会员数量向提供者支付费用，也就是按人头付费方式。健康维护组织模式下的薪酬安排不是固定不变的，付费方式可以进行组合和转换。不过，无论如何确定薪酬安排，管理式医疗组织的目的都是尽可能地争取更多的服务成本控制权，从而实现经济效率的提升，获得更大收益。

在健康维护组织模式下，包含多种运营形式。大部分的健康维护组织模式往往不是单一的一种形式，而是被划分为多个部门，每一个部门都以不同形式独立运作，或者结合 2 ~ 3 种形式混合运作。加入健康维护组织模式的成员可以选择在哪一个部门享受健康服务。所有这些运作形式都立足于自由市场竞争的原则，通过企业运营模式的改善与升级，在减少政府干预的条件下努力提升产品的自由度与知名度，并始终将健康支出的降低作为根本目标。以下是健康维护组织模式的四种形式，即员工模式、团体模式、独立诊所协会模式和网络模式。这四种模式所呈现的健康服务质量没有本质区别，只不过在组织的结构安排与付费机制上存在差异。以下就这四种模式分别进行说明。

（一）员工模式（Staff Model）

员工模式又称为雇员模式。在此模式下，健康服务提供者作为健康维护组织的员工为其服务，并在组织专属的办公地点为组织内会员提供所有必需的健康服务。在这种模式下，健康维护组织承担了健康保险公司的职能，所有的偿付都交由健康维护组织控制。会员直接向健康维护组织缴纳保费，并从健康维护组织内的医师员工那里得到健康服务。所有医师员工不会为非会员提供健康服务（见图 6 - 1）。

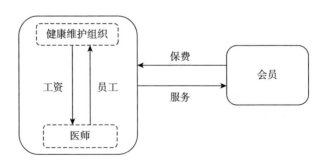

图 6 - 1　员工模式

（二）团体模式（Group Model）

在团体模式下，健康服务提供者与健康维护组织并不是直接的雇佣关系，他们通过协议的方式建立长期合作关系。全科医生与各类专科医生作为医师联合执业团体（Physician Group Practice，PGP）的成员隶属于不同的私营团体诊所。每一个团体诊所都包含多个领域的专科医生。健康维护组织直接将服务费用支付给团体诊所，再由团体内医师自行决定整体服务费的分配方案。与员工模式相同的是，医师团体只能为组织内会员提供健康服务（见图 6 - 2）。此种模式便是凯撒医疗机构所推出的第一种健康维护组织模式。

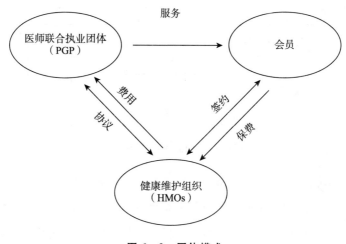

图 6 - 2　团体模式

（三）独立诊所协会模式（Independent Practice Association，IPA）

独立诊所协会模式是 1973 年《健康维护组织法案》颁布后的直接产物。独立诊所协会类似于上述的多专科医师团体诊所，其运作模式与团体模式相似。最主要的区别在于独立诊所协会的成员不仅可以为健康维护组织的会员提供服务，也可以为非会员提供健康服务（见图 6 - 3）。在此模式下，全科医生有权利将会员转诊到网络外的专科医生那里。只不过，当会员想享有网络外的健康服务时，其费用支出不纳入保险覆盖的范围之内。也就是说，当健康维护组织的会员想享有更多的自由选择权时，他们就需要为这部分权利支付额外的费用。

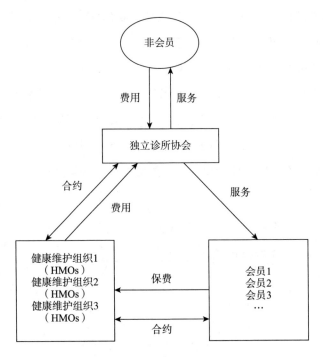

图 6 – 3　独立诊所协会模式

一般情况下，独立诊所协会可与多名私人执业医师签订合约。合约中规定了其服务范围、服务人群以及关系到双方根本利益的付费标准。费用标准可包含多种形式，例如，按人头付费、按病种付费或固定付费等。付费可以采用一种或多种混合形式，所有这些内容都需经过独立诊所协会与执业医师的多次协商方可确定。执业医师虽与独立诊所协会签订合约，但是并不限制其灵活性。独立诊所协会可以灵活掌握自己的工作时间，可以与多家健康维护组织签订合约，同时也可以选择自己的服务对象。

（四）网络模式（Network Model）

网络模式较以上三种模式而言，创立最晚，也是自 20 世纪 90 年代起，最为流行的一种健康维护组织模式。实际上，可以把网络模式看作以上三种模式的结合体。健康维护组织既可以与独立医师签订合约，也可以与多专科医师联合执业团体以及独立诊所协会签订合约（见图 6 – 4）。当管理式医疗组织不再局限于一种健康服务的提供形式时，实际上是给健康服务的供求双方提供了更多的可能性。从健康服务消费者的角度看，由于网络内包含了更多形式的健康服务提供者，消费者选到自己心仪的医师或诊所的可能性大大提升。而对于健康服务提供者而言，当供给的内容与形式更为丰富时，会吸引更多的消费群体，这会提升执业医师与诊所的工作业绩和行业知名度。此外，健康服务提供者不仅可以以一个较低的服务费率为组织内会员提供健康服务，同时也可以为组织外的参保人提供医疗保障。

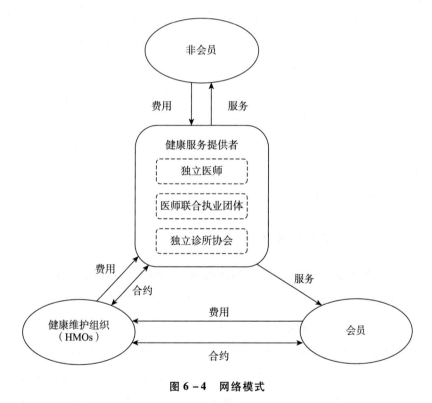

图 6 - 4　网络模式

很显然，无论是以上哪一种模式，健康服务消费者都被限制在一个由当地健康服务专业人员与健康服务专业机构组成的网络框架内。每一位网络内会员都会配备一个初级保健医生，由其作为"守门人"来评估他们的健康状况并在必要时提供转诊推荐。通常来说，消费者缴纳的保费与共付比例都相对较低，所以，网络内的健康服务是可以为消费者节省开支的。不过，健康维护组织模式提供的健康服务是有局限性的。即便独立诊所协会模式和网络模式允许消费者享有网络外服务，但是这种健康计划外的服务的灵活性是十分有限且昂贵的。如果消费者本身已经有自己的治疗医师，而这名医师却不隶属于其新加入的管理式医疗组织，那么消费者只能面临两种选择。一种是坚持持有当前的治疗医生，因为这名医生已经十分了解自己的身体状况、生活作息、心理状态、职业特性、经济条件等。医生可以综合考量所有因素从而为患者制定最优的治疗方案，并进行长期监测。在这种情况下，患者需要自行承担服务费用，健康维护组织不为这部分服务买单。另一种则是根据配备的初级保健医生的转诊推荐重新分配到一名网络内的治疗医生，如此可以享受到较高的医疗赔付比例。当然，这也意味着之前的治疗可能会被修改甚至是推翻，重复的检查不可避免。虽然从货币资金的角度看，第二种消费者的支出是小于第一种花费的。但是对于消费者而言，成本不只有货币成本一种，还有时间成本、潜在的机会成本，以及其他的风险等。所以，从个体角度出发，健康维护组织模式仍然存在自由度的问题，需要在此方面进行改进。

二　平稳过渡阶段发展模式

（一）优先提供者组织模式（Preferred Provider Organizations，PPOs）

与健康维护组织一样，优先提供者组织既可以看作一个管理式医疗组织，也可以看作一种健康服务业发展模式。当被看作管理式医疗组织时，我们只考虑它的组织架构，也就是由初级保健医生、各专业医生和其他健康服务专业人员组成的专业医疗团队以及由医院、诊所等组成的健康机构。但是现在一谈到优先提供者组织时，它实际上是一种健康服务业发展模式的代名词，这时，需要考虑的是这一名词背后的运作方式。在优先提供者组织模式下，健康服务提供者往往会与保险公司签订合约，由保险公司先向优先提供者组织缴纳一笔费用，从而取得组织网络内提供各项服务的资格，之后再以协商好的优惠费率缴纳签约客户的服务费用。

优先提供者组织模式已成为当前最为流行的模式。与健康维护组织模式不同的是，加入此模式的消费者不需要选择初级保健医生，所以，也不需要经由初级保健医生的转诊推荐才可享受专科治疗。此外，优先提供者组织模式中的提供者也不一定是当地的执业医生或健康机构，而往往分布在各个州的城市。通常来说，如果一个消费者选择了网络内的提供者来进行治疗，他仅需要支付一部分的服务费用，大部分费用由保险公司来承担。如果他选择的是网络外的提供者，他的支付比例会高于网络内的收费标准，但是仍然会有一部分由保险公司来承担。

加入优先提供者组织模式的消费者，其保费往往高于健康维护组织模式，因为对此模式的管理与执行往往更为耗时且成本更高。但是，此种模式提供的灵活性也是十分可观的。优先提供者组织模式下的提供者往往分布在各州的多个城市。这意味着，消费者之前的主治医生很有可能就在此模式的网络内，他们既不需要支付更高的服务成本，也不需要更改自己的主治医生。同样，当面临紧急情况时，由于没有转诊制度，这种灵活性也为消费者带来了价值。所有的这些便利性、可及性以及自由度都体现在更高的保费设定上。如果想拥有更低的免赔额和更低的共付比例，消费者在签约健康计划时就应该缴纳更高的保费。这种阶梯式的保费递增方式实际上体现了保险公司与消费者在吸收成本与风险上的一种权衡和交易。优先提供者组织模式的覆盖范围是相对全面的。它把很多没有纳入管理式医疗项目的服务内容都囊括在内，使得消费者不用再缴纳额外费用。

在这一模式下，参保的会员与非会员均能享有健康服务者提供的健康服务，区别在于非会员不会得到与会员一样的折扣优惠。纵观历史，优先提供者组织模式都是择优模式。不过，也会有消费者更喜欢健康维护组织模式。由于健康维护组织模式对于一些参保人而言可能具有更高的可负担性，所以他们会放弃部分服务和自由来换取更划算的保费支出。

（二）定点服务计划模式（Point-of-Service Plans，POS）

定点服务计划模式是健康维护组织模式与优先提供者组织模式的混合体，它将这两种模式最常见的特征借鉴过来，组成了一个全新的模式。如果投保人选择使用网络内的医生，那么定点服务计划模式更类似于健康维护组织模式。因为在定点服务计划中，针对网络内的医生，需要使用"守门人"制度。也就是说，投保人需要选择一名初级保健医生作为守门人，并在需要专科治疗时经由其转诊得到网络内专科医生的服务。选择网络内医生的服务是没有免赔额的要求的，且共付比例很低。如果投保人选择网络外的医生，那么定点服务计划模式更类似于优先提供者组织模式。此时，投保人不需要经由初级保健医生转诊才能获得服务，而是直接可以到网络外的专科医生那里寻求治疗。在定点服务计划中，也有针对网络外服务的承保范围。一般情况下，投保人需要受到免赔额的限制，且共付比例往往较高，所以投保人选择网络外的提供者时，支付金额要高于网络内的服务。不过，如果投保人是经由初级保健医生转诊至网络外的专科医生那里，那么其支付的额度会相对较低。

在定点服务计划模式中，健康服务的保险覆盖范围涉及全国各地，所以，经常出差旅行的患者很适合这一模式。由于网络内的服务是没有免赔额度的，省去了理赔的烦琐，这一点的灵活性也是要优于优先提供者组织模式的。不过，定点服务计划模式的劣势也十分明显。由于网络外的免赔额度较高，所以，参保人实际上在很多时候都是自行支付的。此外，如果参保人对自行支付的形式十分敏感，他们可能根本不会使用网络外的服务，这时，他们也不会选择定点服务计划模式，而会选择健康维护组织模式。原因也是显而易见的，因为健康维护组织模式的保费是三种模式中最低的。

实际上，我们可以看出，尽管定点服务计划模式结合了两种模式的最优特性，但却没有发挥出更吸引人的一面。从市场份额来看，其受众程度也低于前两种。一部分原因可能与市场推广息息相关，定点服务计划模式在产品规划与目标消费群体方面没有其他两种模式精准。另一部分原因可能是在定价方面没有竞争优势。尽管定点服务计划模式要比优先提供者组织模式的保费便宜一些，最高可达到50%左右，但却比健康维护组织模式的保费贵50%。而保费的差别并不足以对目标消费者进行市场细分，所以，这样一种模式往往给消费者的感觉是模糊不清的。大部分的投保人还是会在健康维护组织模式与优先提供者组织模式之间进行选择。

（三）专属提供者组织模式（Exclusive Provider Organizations，EPOs）

很显然，专属提供者组织模式的特点就体现在"专属"二字上面。在专属提供者组织模式下，投保人必须选择网络内的提供者，否则将不会给予赔付。但是，专属提供者组织模式不需要初级保健医生的转诊就可以获得专科医生诊疗。所以，这一模式类似于优先提供者组织模式，只不过对网络外的提供者服务不给予保险覆盖。美国健康服务业发展模式的具体差异如表6－1所示。

表6－1　美国健康服务业发展模式具体差异

模式	初级保健医生	转诊推荐	网络外服务	共付比例
健康维护组织模式	需要	需要	不可以	低
优先提供者组织模式	不需要	不需要	可以	高，网络外更高
定点服务计划模式	需要	需要	可以	网络内低，网络外高
专属提供者组织模式	不需要	不需要	不可以	低

无论是以上哪一种模式，管理式医疗组织无外乎扮演着两种角色中的一种。一种角色是提供者联合组织，这种组织既可能是执业医生联合组织，也可能是医疗机构联合组织，还可能是医生医院联合组织。如果单单是扮演着一种角色，那么，这种联合组织实际上就是一个团体代理人。作为法人实体，提供者联合组织代表所有会员与保险公司进行协商，寻求合作并签订符合管理式医疗模式的健康计划，试图通过这种方式为成员谋求共同利益并实现市场扩张。作为合作方，组织同意其成员为保险公司的参保人提供健康服务，并遵守统一的价格标准。另一种角色则更类似于健康保险公司。它们一方面直接与消费者建立联系、招揽会员并收取保费，另一方面又与健康服务提供者建立长期合作关系，让其为自己的会员提供医疗服务。此时，有关公司的运作和管理、产品的定价与营销以及承保的盈利与风险等都由管理式医疗组织承担。

三 成熟发展阶段发展模式

(一) 整合型健康服务模式 (Integrated Health Care, IHC)

整合型健康交付系统 (Integrated Delivery System) 是指通过信息共享与组织协调将诊断、治疗、康复、预防等与健康相关的所有服务提供者整合成一个连续不间断的统一体，从而对特定人群提供持续照护服务，提供者本着临床责任与经济责任的信念对服务群体的治疗结果与健康状况负有责任。整合型健康服务模式旨在将健康服务的投入、交付、治后管理变成一种类似于产品流水线式的无缝衔接模式，从而在控制健康成本的同时提升服务质量。由于是系统整合，其范畴一般包括服务整合、服务交付整合、管理整合、政策整合、行政与财务整合等。总体来说，整合型健康服务模式强调健康服务提供者在进行消费者健康照护时，要从专业分工模式转向个案设计模式。也就是说，整合型健康交付系统在针对特定消费者群体时，需要对持续性健康服务进行信息共享、交流协调、同步管理，使提供者的服务能够实现跨服务、跨专业、跨地域的一体化管理，从而提升患者体验与服务质量。

自 20 世纪初，美国逐渐从医疗服务业慢慢发展成健康服务业，整个演变过程是十分漫长且复杂的。随着美国经济的快速发展与教育的广泛普及，专业主义精神已经在美国的健康服务领域生根发芽。健康服务提供者认为每一个专业都有其独特性，只有通过积累专业知识和丰富实践经验才能更好地为患者服务、解决疾病治疗过程中所遇到的各类问题。专业分工是经济发展与产业升级的必然结果。然而，专业分工既不代表各专业间没有交叉，也不代表产品与服务的生产和交付可以割裂。因此，专业分工后还需要合作与协调。然而，即便美国各界已经认识到这一问题，但从目前来看，美国健康服务交付系统仍然是碎片化的，且成本极高。各专业之间所呈现的重叠、分歧与割裂的现象使得健康服务的供给往往较为刻板，服务结果也较差。由于资源的稀缺性，加之目前的种种困境，美国各界对其系统的重组期待已久，以求通过组织整合或虚拟整合将提供者紧密结合在一起，使得其价值创造能从属于同一个控股母公司，达成质量与成本的双重标准。整合型健康服务模式是目前美国健康服务业发展模式中应用最广的一种，其背后的一个基本原理是认为整合可以提升效率。也就是说，健康服务业的整合发展模式能够使得健康服务的交付以更低的价格带来更高质量的服务。当然，截至目前，这一发展模式还处在雏形阶段，其定义、组成部分、运作方式尚不明确，一切都在摸索之中。所以，对其效果仍不能做出准确判断。但是，有一点是可以确定的，那就是在面对日益增长的健康支出时，美国的政策制定者都致力于设计新的方案，从而使美国的健康服务业摆脱相关利益体之间各自为政的局面。

整合型健康服务模式在看待健康服务提供者时，不再以地域、专业或机构划分，而是以特定患者群体的健康照护质量来进行设定。也就是说，这一模式不再将同一医院、同一诊所、同一组织或同一协会的提供者成员纳入同一健康照护系统之下。而是针对消费者群体的特点以及特定需求将与疾病类型相关的提供者们纳入同一健康服务系统。这些提供者可以来自不同的健康机构、不同的地区以及不同的专业。提供者在落实整合型健康服务方案时，需要通过沟通与协调机制，打破已有的组织界限、地域界线和专业界限，保证健康服务的无缝衔接，从而提升整个疾病治疗过程的效率。

事实上，随着经济的发展与社会的进步，人们对于弱势群体的关注度已经日益提升。而健康服务发展领域的弱势群体主要是指儿童、老人、妇女、残障人士、贫困人口以及慢性病患者。这些弱势群体可能是因为生理机能特征而被纳入弱势范畴，也可能是由于有限的经济可负担能力或是由于疾病的复杂程度与危害程度而被纳入弱势范畴。可见，在健康服务业中，绝大多数的弱势群体所需要的不只是单一的健康服务类别，而往往需要多种健康照护与支持服务。当多种健康服务出现并存局面时，就需要多方沟通、配合和协调，从而提升服务的可及性、可负担性以及全社会健康资源的质量与成本效益。总而言之，健康服务的系统整合模式将成为美国健康服务业下一阶段的主要发展目标。

（二）责任医疗组织模式（Accountable Care Organizations，ACOs）

责任医疗组织模式是一种将提供者的薪酬和健康服务的成本与质量指标相关联的健康服务发展模式。在这一模式下，通过经济刺激措施将健康服务提供者与国家医保中心捆绑，使两者共享结余成果，从而保证为特定消费者提供合适的、高质量的、可协调的健康服务。责任医疗组织模式打破了管理式医疗系统侧重减少支出、追求效率的运作方式，将服务质量纳入提供者的绩效考核。也就是说，提供者既不能一味地追求服务支出的削减，也不能一味地追求服务质量的提高，而要从消费者的实际情况考虑健康服务的性价比，如此才能为消费者谋求长久福利。

为了更加充分地协调和管理健康服务，责任医疗组织的提供者网络最好能够控制在一定的范围内，这个网络范围既能满足参保人的各类健康需求，也能够进行有效控制，当然，也需要鼓励参保人尽量选择网络内的健康服务提供者。不过，作为一个以价值为基础的发展模式，责任医疗组织模式本身也会吸引消费者的目光。当健康服务变成一种相对可预测、可把控的服务时，急诊服务就会相对减少。如此，既有利于成本节约，也有利于健康服务的整合交付。事实上，实现责任医疗组织模式所倡导的质量提升与成本削减并存的目标需要进行大量的信息共享与加工，所以其运作形式是一个信息密集型处理过程，同时，要求责任医疗组织的相关利益体进行整合。所以，责任医疗组织模式实际上是在整合型健康服务模式的基础上演变而来的，整合模式中的多个运营部分为责任医疗组织模式的推出铺好了道路。

从最初的健康维护组织模式到目前极具代表性的责任医疗组织模式，美国健康服务业的发展模式源于管理式医疗，却没有止步于管理式医疗。美国健康服务业发展模式的演变过程如图 6 - 5 所示。健康维护组织模式创立的最初只是为了能够最大限度地削减医疗支出。而为了减少支出，最直接的方式就是将健康维护提供者与商业健康保险公司和社会医疗保障机构合二为一，成为利益共同体。由此，在交付健康服务时，提供者才能有动机控制健康成本。然而，随着对自由选择权的推崇，仅有网络内的提供者已经不能满足消费者的需求，所以又出现了优先提供者组织模式、定点服务计划模式与专属提供者组织模式。作为美国健康服务业平稳过渡阶段的发展模式，其模式已经从完全的以提供者为核心的运作方式逐渐向以消费者为核心的方式转变。这一阶段的发展是医疗整合迈向健康整合的过渡阶段。自21世纪初，即整合型健康服务模式与责任医疗组织模式的发展阶段，管理式医疗已经完全转向责任与价值医疗，此时的发展模式从单向循环向双向循环升级，健康服务消费者一并纳入相关利益体之中。消费者不再只是被动的服务接受者，而是对自身健康负有责任的主动配合者。健康保险机构则作为消费者的日常健康管理者积极配合提供者的诊疗。消费者可以自主选择网络内外的提供者。通过这种自由选择，加强了消费者与

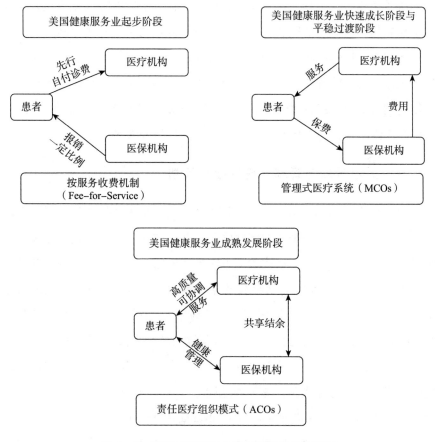

图 6 – 5　美国健康服务业发展模式的演变过程

提供者之间的信任关系，从而使得整合型持续健康服务的三方有其利益共通之处。

第三节　美国健康服务业发展模式在社会医疗保障制度下的应用

尽管管理式医疗始于商业健康服务领域，但最终还是扩展到美国政府推行的社会医疗保障计划当中，例如，医疗照顾与管理式医疗结合计划、医疗补助与管理式医疗结合计划。医疗照顾计划与医疗补助计划本身是美国政府最先推出的两大社会医疗保障计划，在加入管理式医疗系统之后，便形成了以政府为主导、运用管理式医疗对社会医疗保障计划受益人实施成本控制与健康促进的联合健康计划。医疗照顾与管理式医疗结合计划主要运用健康维护组织模式与优先提供者组织模式来扩大参保人的选择权利。医疗补助与管理式医疗结合计划则主要运用健康维护组织模式与初级保健病例管理方式来提供老年人与残疾人的长期照料及附加服务。此外，责任医疗组织模式也开始应用到美国社会医疗保障领域。

一　医疗照顾与管理式医疗结合计划

20 世纪 70 年代，美国的医疗照顾计划受益人有权在医疗照顾示范计划下按照人头付费机制来获取健康服务。此时的健康示范计划以健康维护组织模式为主，这一新型模式实际上充当了原始医疗照顾计划按服务付费机制的替代方案。1997 年，《平衡预算法案》将示范计划正式转化为医疗照顾计划 C 部分，其目的是鼓励医疗照顾计划受益人接纳并采用管理式医疗的运作模式，从而达到平衡预算与削减卫生支出的目的。C 部分计划在创立之初，被称为"医疗照顾＋选择"计划。而 2003 年《医疗照顾计划处方药、完善与现代化法案》的颁布，对此计划进行重新命名，更改为"医疗照顾优良计划"（Medicare Advantage Plans），同时，将优先提供者组织模式作为另一种选择纳入医疗照顾计划的运营模式中。

目前，我们所看到的医疗照顾与管理式医疗结合计划（Medicare Managed Care），大部分指的是医疗照顾优良计划。这一健康计划有两种运作模式可供消费者选择，即健康维护组织模式与优先提供者组织模式。无论哪一种模式，都按照人头付费机制对有资格的参保人提供医疗照顾计划 C 部分的服务。每月的保费在政府监管的基础上由各县设定的基准线决定。政府往往在监管时会以该县上一年度按服务付费的人均成本作为起点来确定基准水平。要想成为 C 部分的受益人，需要首先注册医疗照顾计划 A 部分与 B 部分，C 部分承保的医疗服务与 A 部分和 B 部分内容基本一致，主要的区别在于：A 部分与 B 部分的付费机制是按照服务内容设定的。三个部分的服务承保和风险控制并没有交到美国社会医疗保障计划服务中心的手中，而是均交由同一家商业健康保险公司进行管理。

医疗照顾与医疗补助计划服务中心评估了优良计划的管理情况，并根据评估结果制定了有关管理式医疗系统的下一步发展策略。自 2006 年起，优良计划的注册人数每年均持续增加。而到了 2016 年，优良计划又将牙科、视力、听力等补充性健康服务囊括在其承保范围内，使得受益人的福利项目得以扩大，健康服务的质量得以提高。

除优良计划之外，医疗照顾计划还包含成本计划（Medicare Cost Plans）。成本计划的运作方式与医疗照顾计划中的健康维护组织模式十分相近。不过，成本计划的服务对象是老年人，旨在为老年人提供更多的选择权，使其能够在保有传统的医疗照顾计划的福利之外，有机会享有网络外医生提供的健康服务。当然，当采用网络外的健康服务时，将按照原始医疗照顾计划下的收费标准进行付费。

二　医疗补助与管理式医疗结合计划

从历史进程看，医疗补助与管理式医疗结合计划（Medicaid Managed Care）的普及要远远晚于上文提到的医疗照顾与管理式医疗结合计划。直到 20 世纪 90 年代末，美国才开始有少数几个州将管理式医疗系统运用到医疗补助计划当中。在此之前，绝大多数的医疗补助计划与医疗照顾计划一样，都按照服务付费机制为有资格的参保人提供服务。但是，当医疗补助与管理式医疗结合计划被州政府认可后，其扩张速度与扩张范围是十分可观的。截至 2016 年，加入医疗补助与管理式医疗结合计划的受益人已增长到 5460 万人。从全国范围看，已有超过 2/3 的医疗补助计划受益人加入管理式医疗结合计划当中。美国各州对此也表现出相应的积极态度，预计在未来仍会持续应用管理式医疗系统。

医疗补助与管理式医疗结合计划主要包含三类计划，分别是基于风险的综合健康计划、初级保健病例管理计划和有限福利计划。

（一）基于风险的综合健康计划 （Comprehensive Risk-based Health Plans）

基于风险的综合健康计划是医疗补助与管理式医疗结合计划中最常用的健康计划。此计划运用健康维护组织模式为符合医疗补助计划的参保人提供网络内的健康服务，各州每月按照参保人数支付固定的服务费用。一般情况下，如果总支出高于总收入，综合健康计划将对亏损负全部责任。不过，网络内的健康服务提供者有时也会分担部分财务风险。而美国某些州政府也同意在亏损超过特定水平时承担超额部分的财务风险。

（二）初级保健病例管理计划 （Primary Care Case Management Programs）

很显然，初级保健病例管理计划的主要功能就体现在初级保健与病例管理两个方面。一般情况下，加入此计划的参保人会被指派一名初级保健医生，由其对参保人的诊疗协调与病例管理负有责任。初级保健医生会依照人头每月收到一笔小额的服务费，除此之外的其他所有健康服务，均按照服务项目收取费用。

（三）有限福利计划 （Limited-Benefit Plans）

有限福利计划是单项福利计划。所有有限福利计划均与其他的医疗补助与管理式医疗结合计划配套使用。有限福利计划一般按照人头付费机制提供单项健康服务，例如，心理健康服务、药物滥用预防服务、交通运输服务、牙科服务等。

事实上，越来越多的州政府对管理式医疗系统在医疗补助计划上的应用表现出强硬态度。它们要求具有医疗补助资格的参保人必须加入到结合计划当中。以上三种结合计划均是管理式长期服务与支持计划（Managed Long Term Services and Supports）的组成部分。管理式长期服务与支持计划是州政府扩充家庭服务和社区服务的战略计划。各州政府都在积极开展与管理式医疗组织的深入合作，以此来提高健康服务的质量与效率。

三　医疗照顾与责任医疗组织共享结余计划

责任医疗组织模式是在 2010 年《平价医疗法案》颁布后被首推的模式，该模式的地位类似于 1973 年《健康维护组织法案》颁布后所推崇的健康维护组织模式。目前，责任医疗组织模式已经应用于美国社会医疗保障领域，形成了医疗照顾与责任医疗组织共享结余计划（Medicare Shared Savings Program Accountable Care Organizations，MSSP ACOs）。截至 2015 年 4 月，医疗照顾计划已批准了 404 个医疗照顾与责任医疗组织共享结余计划，其覆盖面已扩展到全国 49 个州的 730 多万参保人。

在此计划中，隶属于责任医疗组织的提供者将为医疗照顾计划下的参保人提供全方位的健康服务。如果责任医疗组织能够帮助美国医疗照顾与医疗补助计划服务中心削减服务成本并提升服务质量，那么它们能够与社保中心共享成本结余。当然，关于成本结余的共享是有标准的，通常情况下，按照费用一览表将每日的费用支付给医生，按照诊断相关组将费用支付给医院。责任医疗组织本身既享有结余也承担风险，节省额度以及超支额度都伴随特定的目标。所以，它如果超支过度，也会面临惩罚。

第四节　本章小结

虽然管理式医疗系统下有多种发展模式，且每个模式都各有特点，但是，所有模式都具备四个方面的共性特征。首先，管理式医疗创立之初的目标便是要对日益增长的卫生支出进行有效削减，所以每个模式都包含成本估算与成本控制的应对措施；其次，管理式医疗组织不是孤立存在的，它与健康服务提供者和其他组织建立了密切的合作关系，以此来为组织内会员谋求一系列特定的服务；再次，管理式医疗组织所制订的各类健康计划都有特定的付费标准，所有付费标准都实行预付机制；最后，管理式医疗组织对会员的健康状况负有责任。

事实上，通过管理式医疗系统来管理健康服务及其偿付机制，整个业界对此大多持肯定态度。从长期来看，其运作方式将成为成本效益大幅提升的有效手段。实际上，尽管消费者、提供者与保险公司是独立的个体，但它们的关注点都是一样的，无外乎就是在强调成本效益的同时对高质量的健康服务有所重视。从消费者与提供者的角度来看，他们两方最先关注的是健康服务的质量水准。因为高质量的健康服务意味着消费者良好的健康状态，也意味着提供者高超的专业技术水平。而从提供者与保险公司的角度来看，它们两方关注的中心在于对成本效益的追逐。商业健康保险公司希望降低偿付支出，而提供者希望赚取更多利润，此时便产生了矛盾。管理式医疗的运作模式就是在努力打破这种矛盾交点，将这两方捆绑为有共同利益的集合体，从而达到成本效益与优质服务的平衡点。

随着消费者对服务选择自由度的升级，优先提供者组织模式与定点服务计划模式也接踵而至。这样的模式允许消费者更自主地选择他们心仪的健康服务提供者。当然，所有的自由都不是免费的。所以，当会员选择网络外的提供者时，他们会面临一些经济上的抑制因素。自21世纪初，整合型健康服务模式与责任医疗组织模式成为《平价医疗法案》颁布后所推崇的新兴发展模式。此时，发展模式从单向循环向双向循环升级，利益共同体也从两方向三方迈进。

美国健康服务业发展模式除了在商业健康服务领域有所建树外，在社会医疗保障领域也有其应用。医疗照顾与管理式医疗结合计划、医疗补助与管理式医疗结合计划、医疗照顾与责任医疗组织共享结余计划，这三大计划的推广意味着美国政府对管理式医疗系统与责任医疗组织模式的认可，同时也意味着美国健康服务业发展模式将逐渐转向以价值为基础的运营理念。

第七章　美国健康服务业发展机制

美国健康服务业的发展机制源于各相关利益体的动态交互关系。各相关利益体是健康服务业发展机制的构成要素。相关利益体之间存在持续复杂的层级内关系与层级间关系，从而使得健康服务业的发展呈现动态运行，形成了美国健康服务业三大发展机制，即成本控制机制、获得性改进机制与质量保证机制。本章通过层级递进关系，先对健康服务业发展机制的构成要素进行说明，之后探讨三大发展机制的具体标准以及表现方式。由于三大发展机制不是孤立存在的，而是相互联系的，所以对发展机制间的联动关系与联动措施进行进一步分析，并指明健康服务业发展机制的现实意义。如此，读者可以在了解美国健康服务业发展模式的基础上，体会发展机制所带来的针对性和实用性，从而将制度演进、模式创新与机制调整结合起来，更好地探测美国健康服务业中的各类问题，并把握其未来发展方向。

第一节　美国健康服务业发展机制中的主体关系

一　发展机制的主体构成

无论是哪一个产业，还是哪一种行业，其运行与发展都离不开以相关利益体为基础的层级内部与层级之间的相关关系，以此构成一个完整的不断变化的产业或行业交付系统。美国健康服务业也不例外，它是以健康服务消费者与健康服务提供者为核心的相关利益体，通过复杂的交付关系，最终构建出健康服务交付系统。这一系统发展的根本宗旨是为本国公民提供必要的、及时的、可负担的和充足的健康服务。

作为一个囊括众多公共资源与私有资源的复杂系统，健康服务交付系统由多个相关利益体组成。按照与健康服务消费者相关性的高低，将相关利益体划分为三层，分别是核心相关利益体、一级相关利益体与二级相关利益体。处于利益中心位置的是健康服务消费者和健康服务提供者；在中心位置之外的一级相关利益体包括健康服务机构、制药公司、健康保险公司与各级政府；二级相关利益体则包括与健康服务相关的专业协会、研究机构、教育与培训机构（见图 7-1）。每一层中每一个相关利益体同样包含多个组成部分，例如，健康服务提供者包括全科医生、专科医生、牙医、护士、联合健康专业人员等；健康服务机构包括医院、门诊部、长期护理机构等。

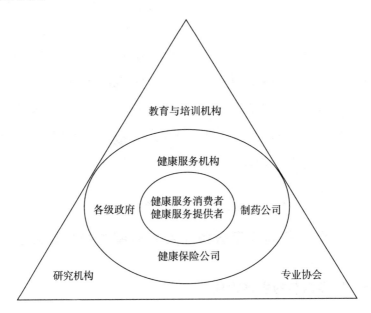

图 7-1　美国健康服务业发展机制的主要构成要素

核心相关利益体强调的是"人"在健康服务交付系统中的价值，而一级与二级相关利益体则指的是为核心相关利益体提供产品与服务的平台。一级相关利益体所产生的服务与产品能够为健康服务消费者所直接享用，而二级相关利益体所展现的价值则主要为健康服务提供者所享有，进而再施加在健康服务消费者身上。对健康服务消费者而言，日常接触二级相关利益体的频率明显低于一级相关利益体。虽然二级相关利益体与健康服务消费者只是一种间接关系，但是二级相关利益体的重要性却不能被忽略，它们对健康服务交付系统的完整性与有效性仍然做出了重要贡献，其作用是不可替代的。

二　发展机制主体之间的相关关系

实际上，健康服务业各相关利益体之间或多或少都有着一定关系。这种关系通过平常的实践经验就可以得出，因此，在此不会对所有的相关关系进行说明，而只是将重点的、有代表性的相关关系作简明扼要的概述。一般来说，相关利益体的相关关系可分为两种，即层级内相关关系与层级间相关关系。

（一）层级内相关关系

层级内相关关系包括核心层级相关关系、一级层级相关关系与二级层级相关关系。对于美国健康服务业而言，最重要的层级内相关关系便是健康服务消费者与健康服务提供者之间的相关关系，这种相关关系可以从健康服务市场的角度来进行说明。

之前我们提到，健康服务市场有别于其他市场，具有特殊性。这种特殊性体现在多个方面，包括健康服务的特定价值、健康服务分配的伦理问题、供求不平衡等。在健康服务市场，健康服务消费者与健康服务提供者能否成为利益共同体，在很大程度上是由提供者决定的。甚至可以说，一个掌握财富的消费者却无法成为自身经济活动的驾驭者，还要受到提供者的支配。然而，即便想要矢口否认，但事实就是如此。那么，为什么健康服务市场会如此倾向于健康服务提供者呢？原因主要有以下几个方面。

第一，健康服务消费者与健康服务提供者之间存在严重的信息不对称问题。健康服务提供者手中握有大量有价值的信息，由于其具有很高的专业性，消费者无法在短时间内对这些信息进行准确的处理，这就导致消费者对提供者的知识与经验产生了严重的依赖。

第二，如果只是信息不对称问题，那么健康服务市场不可能充斥着大量供给决定消费的现象，所以导致健康服务市场倾向于提供者的第二个原因便是健康服务的特定价值。与其他商品不同，消费者对待健康服务往往有两层含义，一层是健康服务意味着短期内自身健康状态的重建；另一层则预示着健康状态的长期保持。前者相当于把健康服务看作消耗品，而后者则把健康服务看作投资品。对于消费者而言，如果一个产品或服务既满足消费需求又满足投资需求，那么其对此类产品或服务的重视程度是相当高的，而重视程度过高会导致消费者偏离理性的需求水平。因此，当消费者需求受到自身行为及情感的影响时，他们就容易失去消费的判断力与控制力，从而将这种控制力进一步推到提供者手中。

第三，美国健康服务业的劳动力供给结构存在很大问题。美国健康服务业劳动力供给结构存在三大问题：专业人员短缺问题、专业分布不均问题、职业地理分布不均问题。这三大问题都指向了劳动力短缺问题。事实上，如果健康服务市场的劳动力充足，那么健康服务提供者就有更多的时间与精力来面对广大消费者，如此，一方面可以缓解信息不对称问题造成的不良影响，另一方面充足的劳动力使得竞争因素注入健康服务供给市场，进而促使提供者在专业技能与道德素养上实现逐步提升。

可见，单纯从健康状态的恢复来看，健康服务消费者与健康服务提供者是利益共同体。而从诊断方式、服务项目、行为动机来看，他们又是利益矛盾体。总的来说，健康服务市场是一个由提供者掌握主动权的市场，消费者经常处于被动局面。为了实现发展机制的有效运行，需要将健康服务提供者与健康服务消费者纳入同一利益体中，而为了保持两者地位的平衡，就需要解决上文提到的三个问题。这三个问题相辅相成、构成合力，引起健康服务市场的倾斜。因此，在解决上述问题时，要进行联合管理，而不要逐一应对。

（二）层级间相关关系

健康服务消费者不只与健康服务提供者存在相关关系，还与其他层级的相关利益体存在关系。也就是说，核心相关利益体可以实现外扩，从而将一级或二级相关利益体纳入健康服务交付系统之中。比如，当消费者需要一瓶非处方药时，他可以选择在其初级保健医生那里购买，也可以选择直接到医院购买，或是在药店购买。而当消费者决定在初级保健医生那里购买时，制药公司的营销策略会对初级保健医生的处方习惯产生影响。而如果初级保健医生在此时缺乏职业道德的话，就会对健康服务消费者享有的服务质量产生进一步的影响。

再比如，老年人、残疾人以及艾滋病病毒携带者均对牙科服务有很高的需求，这部分人口的增加势必会引起整体牙科服务与牙医需求的增加。抑或是当人们意识到牙科护理能够对其整体健康状况产生重要影响时，对牙科保健服务的需求也将呈上涨趋势。此外，商业健康保险公司推出的牙科保险计划可以提升健康服务的获得性条件。对于有口腔治疗与牙科保健需求的参保人而言，牙科保险计划可以提升他们的支付能力。显然，商业健康保险公司能够带来消费者需求的上涨，而需求上涨又会进一步引起服务项目与劳动力供给的变化。显然，除了消费者的自身状况，外部刺激也会对牙科服务的需求结构产生影响。

可见，层级间的相关关系是复杂多样的，表现出牵一发而动全身的特点。具体地说，就是以核心相关利益体为基础的相关关系向多个一级或多个二级相关利益体外扩的繁复关系。在健康服务交付系统中，消费者作为健康服务的最终享用者，既会受到自身健康状况的影响，也会受到其他外界因素的影响。同时，消费者又作为影响因素影响着健康服务的供给结构。显然，层级间的相关关系是多向的，而不是单向的，不能将单一相关利益体看作健康服务交付系统的影响因素或受控因素。而即便相关关系是多向的、复杂的，相关利益体的影响力也有大小之分。相较于二级相关利益体，核心与一级相关利益体的影响力要更大一些，这主要与其在系统的职能与重要性相关。

要想实现发展机制的有效运行与健康服务业的可持续发展，就需要将所有的相关利益体纳入系统之中，成为利益统一体。显然，所有的相关利益体都有各自的经济动机，要使所有的相关利益体统一起来，共同为健康服务业的发展目标效力是不现实的。因此，在现实世界，就需要通过经济手段与政治手段尽量拉拢影响力大的利益矛盾体，比如，商业健康保险公司、制药公司等，将健康服务业的风险化为发展健康服务业的机会；同时，进一步发挥利益共同体的作用，比如，政府、健康服务机构、教育与培训机构等，将发展健康服务业的机会进一步转化为优势，如此才能实现美国健康服务业的良性发展。

第二节　美国健康服务业三大发展机制

每一个相关利益体都在美国健康服务交付系统中扮演着不可或缺的角色。相关利益体之间存在复杂的交互关系，有些可能会组成利益共同体，有些可能会组成利益矛盾体，有些可能会对健康服务业产生较大影响，有些影响可能微乎其微。当然，所有关系都不是一成不变的，都是在不断调节与不断发展的，这种错综复杂的相关关系使得健康服务业的发展呈现动态运行。每一个相关利益体都是构成健康服务业发展机制的要素，要素之间相互协调的具体运行方式便是美国健康服务业的发展机制。

通常来说，评价健康服务业的价值及其有效性一般从三方面入手，分别是成本、获得性与质量，即健康服务业的铁三角模型（见图7-2）。铁三角模型的三个组成部分并不是各自独立的，而是相互联系的。三者之间可能是同升同降，也可能是此消彼长。比如说，当政策导向开始向获得性改进机制倾斜时，健康服务的质量有可能下降，或者，健康服务的总成本有可能上升。对于健康服务业而言，最理想的状态就是健康服务提供者能够以最低的成本价格给予最高质量的健康服务，且这种健康服务能够为所有公民所享用。当提供者越接近这种理想状态时，健康服务业的价值就越能得以实现。这一点也体现出第六章美国健康服务业发展模式中以价值为基础的发展理念。然而，经济学中有一个重要概念，那就是机会成本。当把机会成本加入铁三角模型当中，不难发现，想要同时穷尽这三方的特质是根本无法实现的。因此，成本最低、获得性最宽、质量最高并不是美国健康服务业追求的目标。而只有将这三大发展机制控制在一个合理的范围内，平衡三者的相互关系，才能将美国健康服务业推向良性的发展态势之中。

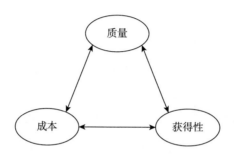

图 7 - 2 美国健康服务业的铁三角模型

在实现健康服务业价值目标的发展道路上，美国健康服务交付系统的各相关利益体都在制定着维护各自利益的改进措施。相关利益体之间的措施可能是相辅相成的，也可能是相互冲突的。然而，从美国健康服务业的宏观发展进程来看，所有的改进手段都是围绕成本、获得性与质量三方面展开的。因此，通过研究各发展机制的标准与具体表现，可以更好地理解美国健康服务业的发展机制。

一 成本控制机制

（一）成本控制标准

健康服务业中的成本问题往往有多个含义，含义的不同意味着所持方角度的不同，以下从三个角度来探讨成本对所持方的意义。

从消费者的角度出发，他们通常把成本看作健康服务的价格。例如，医生或医院开具的账单、雇主或员工支付的保费等，所有的服务都被进行了明码标价，消费者可以通过这些简单明了的指标在多个服务项目中进行权衡和选择。

从提供者的角度出发，成本包含了支撑健康服务提供者维持长期服务供给的所有生产成本。例如，健康服务专业人员的收入、健康机构的建筑工程费用与设备采购清单、医院或诊所的营运支出等。健康服务提供者在对服务成本进行核算时，会将所有有形成本纳入其中，之后按照预先设定的利润率对所有服务进行定价给付。

从国家的角度出发，成本是指一国范围内在健康服务方面所投入的所有经济资源，它既包括人力、物力与财力的消耗，也包括用以进行健康发展的投资与研究，通常用国民卫生支出来表示。国民卫生支出主要反映了健康服务供给所带来的经济资源消耗，这些经济资源既可以是与健康保健相关的有形产品与服务，也可以是政府推出的社会医疗保险、保险公司推出的商业健康保险，以及公共卫生职能的具体实践等。

当成本从以上三个角度被进行划分和定义之后，成本控制的标准也同时被确定下来。不是所有成本都是可控的，也不是所有成本都是需要控制的。显然，消费者眼中的成本是健康服务的价格，那么，所要控制的不是消费者拿出多少收入投入健康服务领域，而是消费者所消耗的健康产品与服务的价格。从提供者的角度出发，所要控制的不是维持长期服务供给的生产成本，而是其设定的利润额度。从国家的角度出发，社会医疗保障的拨款不可能减少，由于涉及广大民众的基本健康状况与生活状态，国家对健康服务方面的重视程度有增无减。而要想降低商业健康保险的保费额度，就要从根本上解决健康服务的价格上涨问题。所以，对于美国健康服务业而言，成本控制机制的主要内容实质上就是对健康服务的价格控制，也就是在源头上控制健康服务提供者的收费水平。

（二）成本控制机制的主要表现

美国健康服务业发展中的成本控制机制主要是在健康服务市场不断注入竞争因素的前提下，实施管理式医疗系统下的不同付费方式，并结合多种付费调整手段。

1. 在健康服务市场注入竞争因素

健康服务交付系统中的竞争意味着健康服务提供者试图吸引那些有能

力在多家提供者之间进行转换的消费者。尽管在多数情况下，竞争主要体现的是价格竞争，但是它也可以基于服务质量、技术水平、获得性条件或其他因素实现竞争意义。20世纪80年代，里根总统执政期间，许多经济部门都针对以市场为导向的发展方式表达了自己的兴趣，竞争性改革成为顺理成章的事情。美国市场化改革期间，商业部门的成本控制力度在逐步加大，管理式医疗系统的普及程度也在不断提升。美国竞争性战略在健康服务产业的应用大体可分为两类：需求侧刺激与供给侧监管。

（1）需求侧刺激

需求侧刺激是一种总量需求管理方式，也是典型的以市场为导向的发展手段。需求侧的刺激手段主要通过健康服务价格水平的提升来实现。这种方式往往会给健康服务消费者带来较大的经济负担，刺激消费者在进行服务选择与服务利用时更加审慎明智，进而从自身需求出发，选择最相宜且最具成本有效性的健康保险与健康服务类型。然而，由于健康服务具有民生意义，是广大民众享有的基本权利之一，所以需求侧刺激手段需要控制在合理的范围内，避免出现适得其反的效果。

（2）供给侧监管

供给侧监管主要侧重于美国的《反托拉斯法》。《反托拉斯法》颁布的意义在于通过对垄断行为的预防和制止，促进产业经济健康发展，维护市场公平竞争环境，从而提高整体经济的运行效率。垄断活动包括固定价格、价格歧视、独占交易、划分市场、因牟取高额利润而进行的合并或接管等。对供给侧竞争环境的监管实际上是在健康服务提供者的身上施加一种竞争压力，通过健康服务供给市场的良性竞争，健康服务消费者能够享有更为广泛和优质的健康服务，同时，这种服务往往具有可负担性与创新性的特点。供给侧监管配合上文提到的需求侧刺激，能将健康服务市场推向良性竞争的发展道路上。

2. 实施管理式医疗系统下的不同付费方式

除了注入竞争因素，美国健康服务业的成本控制机制还主要体现在管理式医疗系统下不同的付费方式上。为了控制健康服务提供者的收费标准，管理式医疗系统从不同的组织结构与产品类型出发，制定出不同的付费方式，主要分为以下三种，即按人头付费方式、按服务支付折扣费方式以及直接付薪方式。

（1）按人头付费方式（Capitation）①

按人头付费是一种固定付费方式，根据人口数以固定时间间隔预先向提供者支付一笔固定的医疗服务费用。这笔固定医疗费用的实际金额取决于服务范围、覆盖人数以及时间间隔的长短。人头付费率是根据当地的服务成本及其平均使用率核算出来的，因此会因地区的不同而产生差异。在许多健康计划中，会将人头付费额的一定比例拿出来作为风险池。也就是说，先从提供者收取的固定费用中扣留一部分作为风险池中的资金，等到财年年末时再对这部分扣留资金另行裁断。如果健康计划的经济状况良好，这笔资金将退还给医生。但如果健康计划运行较差，这部分资金将予以保留来冲抵损失。

按人头付费方式是管理式医疗组织最先使用的医疗成本控制手段。通过在提供者一方注入经济风险因素，能够主动对医疗资源的利用进行控制。同时，为了防止提供者一味地追求资源节约而导致服务利用率不足现象的发生，管理式医疗组织会加入一些衡量指标来确保患者能够获得必要的健康服务。为了保证这些衡量指标不是形同虚设，管理式医疗组织会将其与一定的物质奖励挂钩，并向公众予以开放。

大多数情况下，按人头付费的协议主要是针对初级保健医生而拟定的。当初级保健医生签署一份这样的协议时，协议中会包含一份特定服务清单，清单上规定了初级保健医生所需要提供的所有服务项目。不同的健康计划有着不同的按人头付费金额，但是大部分按人头付费的计划中，初级保健服务都涉及以下五类服务项目：①预防、诊断和治疗服务；②注射、免疫接种和药物治疗服务；③实验室检查服务；④健康教育和咨询服

---

① 在管理式医疗组织中，按月付的人头费用术语一般使用英文"PMPM"，即 Per Member Per Month 表示。

务；⑤常规视力和听力筛查服务。所有这些服务项目都是在诊室或实验室进行的门诊服务，而非住院服务。

除了以上常规服务外，初级保健医生也可以共享普通专科医生与亚专科医生的人头服务费用。当健康计划包含"守门人"制度时，所有的专科与亚专科服务都要经过初级保健医生的转诊手续，此时，会单独就转诊服务支付给初级保健医生一笔人头费用。如果转诊会员的服务成本大于专科与亚专科的人头服务费用，那么，由此带来的经济损失一部分将由进行转诊的初级保健医生承担。但是，如果初级保健医生能够对转诊进行一定程度的控制，使转诊会员的服务成本小于专科与亚专科的人头服务费用，那么，由此带来的经济结余将按照比例转嫁到初级保健医生身上，以此作为其控制努力的奖励。一般情况下，根据会员年龄、性别以及扣留比例的不同，按人头付费的健康计划会采用不同的付费明细表将费用支付给初级保健医生。表 7-1 是一个关于人头付费的例子，仅用于举例说明，不具备可比较性。

表 7-1　付费明细表（按人头付费）

单位：美元

会员年龄	每月按人头付费额	扣留比例：10%	每月实际付款额
0~1 岁	25.00	2.50	22.50
2~4 岁	20.00	1.00	9.00
5~20 岁	5.00	0.50	4.50
>20 岁	15.00	1.50	13.50

（2）按服务支付折扣费方式（Discounted Fee-for-Service）

按服务支付折扣费方式是指按照健康服务提供者所提供的服务项目与服务数量进行费用核定，在此基础上，基于费用明细表给予管理式医疗组织一定折扣。与按人头付费方式不同，按服务支付折扣费方式是一种后付方式。一般情况下，医生先提供诊疗服务，每一项服务都是单独计费，之后在开具账单时为管理式医疗组织提供一定折扣。折扣率是事先确定的，也就是说，医生需要衡量管理式医疗组织中会员的健康状况进而在预测其转诊比例的情况下确定折扣率。

总的来说，在这种付费方式下，提供者面临的损失风险是很低的。提供者面临损失的情况无外乎是在服务成本大于付费额度时才会发生。然而，折扣率是按照管理式医疗组织的会员特点经过专业部门核算而定的。所以，大多数情况下，赤字是不会发生的。即便赤字情况真的出现了，也不会一直存在。当然，为了避免赤字发生，健康服务提供者在对待会员的治疗上仍然会显得稍微保守一些。这说明，按服务支付折扣费方式能够给提供者带来轻微的经济刺激，使他们能够在成本与治疗的有效性上做出一定让步和权衡，而不是完全在不考虑成本的情况下治疗患者。但是，如果在支付方式上没有加入下文将要阐述的调整手段的话，那么在"守门人"制度下的初级保健医生是没有动机去减少他们的转诊次数的。有关专科与亚专科的转诊治疗费用，也同样按照服务项目进行核定，收费水平一般会参照当地各类服务的平均价格或规定价格，在此基础上，给予管理式医疗组织 10% ~30% 的折扣。

（3）直接付薪方式（Salary）

顾名思义，直接付薪意味着医生是作为管理式医疗组织的员工而存在的。在这种方式下，管理式医疗组织基于会员享有的服务项目以及使用服务的频率为医生发放薪水。薪水包含两个部分，一部分是固定薪酬，另一部分是依照业绩考核而给予的奖金奖励。所以，对于收取相对固定薪水的医生而言，无论是出诊次数还是服务内容，他们均没有经济刺激因素来改变原有的诊疗方式。这也意味着，当其劳务合同中没有包含下列将要阐述的支付调整手段时，直接付薪方式下的医生是没有财务风险的。唯一不固定的因素也仅仅在于年底时的业绩考核，而这部分奖励对其经济水平的影响是较为有限的。

这样看来，直接付薪方式的成本控制能力似乎并没有体现出来，因为它没能像前两种方式一样将经济风险因素注入健康服务提供者身上。然而，这中间存在一个较大的差别，那便是提供者在组织结构中扮演的角色不同。在前两种支付方式下，提供者与管理式医疗组织是合作关系，这种关系意味着两者并不是根本意义上的利益共同体。他们通过协议的方式来明确相互的责任与义务，所以，经济风险注入是将两者放入同一条船上的必要因素。相反，直接付薪方式却恰恰避免了利益矛盾体的出现，而直接将其聘为员工为其服务。虽然直接付薪没有给提供者注入有效的经济刺激，但却有效地规避了利益矛盾所带来的经济损失，所以直接付薪仍然是成本控制的有效手段。

　　以上三种付费方式是管理式医疗系统下对提供者施加经济制约因素的有效手段。除此之外，按服务付费方式（Fee-for-Service）也曾占据主流地位，作为美国医疗服务业发展时期盛行的一种付费方式。在这种付费方式下，提供者的经济风险要远低于以上三种付费方式。更准确地说，这种付费方式会产生完全相反的激励效果。由于提供者的报酬是按照单次服务内容计费的，所以，他们是有动机增加出诊次数或者增加服务内容与服务数量的。当然，如果只是提供者想要增加服务内容的话，消费者是未必会准许的。简单来说，所有的服务都是消费者拿财富交换而来的。当消费者直接为其服务买单时，他们会在多个目标之间进行权衡，从而在有效的财富配置条件下达到较优的生活状态。但是，在第三方付费方式下，直接付款人已经从消费者转为政府或商业保险公司，此时，消费者不再有更多动机来抑制其健康服务的开支上涨。所以，当政府或商业保险公司为每一笔消费者的检测和治疗付费时，提供者和消费者是很少考虑健康服务的总成本的。当提供者认为其提供的健康服务没有任何外在的经济风险时，他们很有可能选择更昂贵的检测项目与治疗手段。而当消费者认为其享有的健康服务没有大量的内在经济风险时，他们也很有可能选择更精密的治疗手段。尤其是对于患有慢性疾病以及需要特殊照料的病人而言，他们高昂的健康开支由直接付款人为其买单。因此，按服务付费方式是不能用来进行成本控制的。由于此种特性，它也在逐步淡出美国健康服务业的发展舞台。此处对其探讨也只作比较使用。表 7 - 2 列出了四种支付方式对健康服务的整体影响。

表7－2　付费方式对经济风险、服务动机与转诊问题的影响

类别	按人头付费方式	按服务支付折扣费方式	直接付薪方式	按服务付费方式
医生的经济风险	适中	低	无	无
医生的服务动机	较低	适中	适中	高
潜在的获得性与转诊问题	适中	低	低	低

3. 利用管理式医疗系统下的付费调整手段

管理式医疗组织可以对上述讨论的付费方式进行付费调整，付费调整手段包括三种，即扣留、可追溯性利用率目标以及奖金。每一种调整手段都会对提供者尤其是初级保健医生的治疗内容和转诊制度产生相应影响。

（1）通过薪金扣留，提高了初级保健医生的服务利用率，限制了以转诊和住院为主的服务利用率

薪金扣留是指将管理式医疗组织支付给提供者的薪金以合同约定的比例将部分薪金扣留在管理式医疗组织账户中。薪金扣留的主要原因在于管理式医疗组织想要将财务风险进行部分转移。由于管理式医疗组织担心从参保人手中收取的保费会低于向提供者支付的服务费用，所以，这些组织会扣留一部分薪金用以对潜在的财政赤字进行冲抵。当然，如果潜在的风险并未发生，那么扣留的薪酬将在年底或财年年末以奖金形式返还到提供者手中。

通常情况下，管理式医疗组织会使用扣留手段将一部分财务风险让渡给初级保健医生。这些初级保健医生一般是采取按服务收费、按服务收取折扣费或按人头收费的方式来收取服务费用的。大多数情况下，扣留也会写入专科医生的合同条款中。如果参保人支付的保费低于管理式医疗组织支付给医生的费用，那么这些组织会扣留10%～20%的固定额度来弥补赤字缺口。如果初级保健医生转诊到专科医生和医院的额度已消耗掉所有的扣留资金，那么他们不会再收到奖金。但是，如果初级保健医生在总体上限制了以转诊和住院为主的服务利用率，那么未使用的扣留资金将以奖金的形式分发给初级保健医生。服务利用率越高，初级保健医生获得奖金

的概率就越低，所以，这种支付调整手段可以限制初级保健医生为患者提供有关专科医生服务与医院服务的获得性机会。此外，由于扣留手段可以广泛应用到所有服务类型中，所以，合同中包含这类调整手段的医生往往都呈现相对保守的治疗趋势。

（2）利用可追溯性利用率目标为患者提供合适且经济的治疗方案

可追溯性利用率目标是指管理式医疗组织从成本有效性的角度预测的一年内参保人群所需要的健康服务数量或健康服务水平。可追溯性利用率目标作为基准预测线，将与当年患者的实际利用率进行比较，从而确定奖金的实际支付额度。大多数情况下，健康服务的利用率目标不会仅依靠一名医生的知识储备加以确定，而是凭借一组经验丰富的医生团队在进行多次测算后最终核定而成的。实际上，由于利用率目标是经过多名医生共同核定而成的，所以，其利用率目标所带来的限制就显得更为保守和合理。在某些奖惩制度中，如果利用率高于预定目标，那么提供者需要将物质报酬返还给管理式医疗组织。

可追溯性利用率目标是健康计划用于确定提供者奖金的财务基准。如果提供者符合健康服务使用的预定基准或预定目标，那么，他们将会得到奖励。通过这样的激励机制可以让提供者对患者的健康状况进行有效管理，从而促使他们为患者提供合适且经济的治疗方案。大多数情况下，专科服务与医院服务是管理式医疗组织采用可追溯性利用率目标的重要领域。当消费者跨过初级保健服务，对专科服务与医院服务产生强烈需求时，意味着其病情的复杂程度以及财富消耗程度都是很高的。此时，可追溯性利用率目标将成为治疗方案是否适当与经济的重要衡量标准。

（3）通过奖金对提供更多预防性服务的初级保健医生和提供更少检测与治疗服务的专科医生予以鼓励

保持在管理式医疗组织设定的预算额度或利用率目标以下的提供者，将在年底或财年年末给予额外的物质报酬，这种物质报酬就是奖金。除了控制预算额度与利用率之外，奖金也可以由患者满意度、服务获得性机会与治疗效果决定。

奖金可以以多种形式发放，也可以发放给多个健康服务提供者。一般情况下，管理式医疗组织既会对提供更少检测与治疗服务的专科医生予以奖励，也会对提供更多预防性服务的初级保健医生予以奖金鼓励。同时，初级保健医生也会收到直接与专科和住院服务挂钩的奖金安排。在一些奖惩制度中，如果结算时的利用率目标超额较大，那么提供者将面临向管理式医疗组织退款或罚款的情况。在单向奖金安排中，提供者一般不需要考虑返还奖金给管理式医疗组织的情况。而相比单向安排，面临奖惩的双向安排会将提供者置于更大的经济风险中。所以，处于双向安排的提供者将有更大动机对健康服务的获得性机会与转诊机会加以管理。

总体来看，三种付费方式所蕴含的风险因素会对医生的诊疗风格产生不同程度的影响。将付费方式与调整手段相结合，医生的转诊制度与诊疗风格将发生更多变化。但无论是付费方式还是调整手段，其设计的目的都是对美国健康服务业的成本进行有效控制。此外，值得注意的是，同一位医生可能对不同健康计划下的患者进行不同程度的诊治。也就是说，他们提供的健康服务既会受控于患者自身的病情，也会受控于不同的付费方式与调整手段。

20 世纪 70 年代，美国管理式医疗系统确立之后，以上的付费方式与调整手段就成为其最主要的成本控制机制的表现形式。当然，除了对健康服务提供者一方注入经济风险因素外，管理式医疗组织也对健康服务消费者进行了一定的限制与刺激。例如，消费者的自由选择权是以财富消耗为代价的。如果想在网络外选择一位自己心仪的医生，消费者往往需要自掏腰包或者承担大部分的服务开支，抑或是消费者需要经由初级保健医生转诊才可以看专科医生。如果自作主张直接越过初级保健医生，那么直接获取专科医生服务所带来的便捷与时间节约也同样会以财富消耗为代价。这类消费者会比遵照流程看病的消费者缴纳更多的服务费用。一般情况下，提高共付比例与免赔额度是针对健康服务消费者的主要经济刺激手段。

此外，第六章健康维护组织模式下的"守门人"制度实际上也是管理式医疗系统下的成本控制机制。在健康维护组织模式中，初级保健医生是会员享用所有健康服务的"守门人"。任何中级或三级健康服务都是通过"守门人"这一角色进行协调的。不过，"守门人"制度实际上跟上文的付费方式与调整手段都有交叉之处，所以不再作为单独要点进行详细说明。

二　获得性改进机制

健康服务业发展的重点是要提高消费者的可获得性。美国健康服务业发展中的获得性改进机制主要是通过扩大非医师从业者的业务范围、利用移动互联网等先进技术以及依靠法律手段提供保护来实现三位一体式推进。

（一）获得性改进标准

从广义上讲，健康服务的获得性是指获得必要的、便利的、适当的、及时的以及可负担的个人健康服务的能力。健康服务的获得性与环境、遗传基因、生活方式一样，都是决定健康状况的关键因素。健康服务的获得性条件与服务的有效利用和质量保证有着日益紧密的联系。对获得性的研究有助于评估健康服务交付系统的有效性。大众媒体和学术界也时常运用"获得性"一词，但此时的"获得性"可能包含多种解释。例如，它可以代指个人服务来源的可获得性，也可以表示健康服务的实际利用率以及特定服务的可接受性。不过，在本书中健康服务的获得性包含三层含义。

首先，获得性意味着良好的经济保障。个人应该有可负担能力参与到健康服务交付系统当中。为了减少疾病对个人经济承受能力的伤害，一般情况下，政府、企业和个人会对绝大多数民众投保。所以，进入健康服务交付系统的前提是有一定的经济基础，而这种经济基础可以源于自身的财富积累，也可以源于商业健康保险与社会医疗保障计划的费用偿付。

其次，获得性意味着便利的地理区位。在个人居住或工作的一定区域范围内，应备有必要的健康服务专业人员与配套设施。这里的获得性强调的是健康服务的区位条件。当个人有一定的经济基础时，并不意味着他一定能获得方便且及时的医疗服务，更多的是需要在他常住的地理范围内，有必要的健康服务机构储备，所以，地理位置便利性也是同等重要的。

最后，获得性意味着恰当的医患关系。一个专业的、值得信赖的健康服务提供者也是不可或缺的。当患者与医生能够建立良好的沟通方式与信任关系时，健康服务的获得性便不再是一个问题。实际上，患者与医生往往是一种合作关系。医生的专业知识与权威性虽然是必要的，但却不是充分的。只有患者能够信任医生，接受医生的建议，并遵照医嘱配合治疗，才能让疗效事半功倍。

（二）获得性改进机制的主要表现

1. 扩大非医师从业者的业务范围①，加大协调性照护服务力度

虽然健康服务的主要责任仍然落在初级保健医生和各专科医生手中，但是，经过专业训练的非医师从业者仍然可以缓解照料服务带来的繁重压力，这些人员可能是护理医生、执业护士或护理助产士等。很多时候，这些非医师从业者的知识储备和实战经验是十分丰富的，有关照料服务或初级保健工作中的部分服务也是可以胜任的。然而，由于法律条文的限制，这些从业者在面对繁重的照料服务时能做的却十分有限。法律可以将一部分初级保健医生甚至是专科医生的责任让渡给其他的非医师从业者。同时，改变原有的薪酬制度，提高非医师从业者的工资待遇和奖金福利。只有这样，才能缓解初级保健医生和专科医生的工作压力，让其能够专心地投入到复杂的病例分析当中。

根据美国州立法机关全国大会（National Conference of State Legislatures）的统计，在 2011 年与 2012 年这 2 年间，各州立法机关针对降低执业护士许可限制的法案共计 349 例。同时，美国医学研究所（Institute of Medicine）的报告也倡议消除护士执业的监管壁垒与文化障碍，提高全体健康服务专业人员之间的团队协同合作能力。俄勒冈州便是采用协调性照护方法的先行者。该州在 2012 年建立了协调性照护组织（Coordinated Care Organizations，CCOs），这一组织为加入俄勒冈州健康计划的民众提

---

① J. Sederstrom, "7 Ways to Improve Access," *Managed Healthcare Executive* (2014).

供与身体健康、精神健康、口腔护理和成瘾症相关的协调性照护服务。当有超过 20 万的居民加入这一计划的时候，健康资源已开始从原有的急诊部门向初级保健部门转移。据统计，在 2011～2014 年，这一举措使得急诊次数下降了 13%，充血性心力衰竭病例的住院次数下降了 32%；相反，初级保健的门诊次数上升了 16%，以患者为中心的医疗诊所（Patient Centered Medical Homes）注册人数上升了 51%。

2. 利用移动互联网技术改善现有的医疗服务方式①

在健康服务业中加入移动互联网应用技术，同样能够改善健康服务的获得性现状。例如，在美国加州有很多乡村地区没有充足的医护人员，为了解决这一问题，加州蓝盾协会（Blue Shield of California）与复临健康组织（Adventist Health）就此事宜达成了有关偏远地区的远程医疗合作倡议，倡议旨在为乡村社区的病患提供更为便捷的专科医疗服务。倡议推出之后，蓝盾健康计划下的会员能够在加州范围内的 9 个复临健康机构任选其一，通过交互视频技术享受专科医生的诊断和治疗服务。这些专科医生由全加州 11 个不同专科领域的医生构成。在专科医生与患者之间，配有中央控制中心以协调和安排会员的预约服务。通过中央控制中心，工作人员可以查看隶属于复临健康组织的专科医生出诊表。根据出诊情况，避开那些正在出诊的医生，而选择一些处于空闲状态的医生来提供服务。虚拟治疗的优势在于它打破了地域差别所带来的服务差异。它可以吸引更多的患者加入这一系统中，让这些会员能够享受更快捷、更专业的医疗服务。

3. 依靠法律手段改善弱势群体的获得性条件

美国政府已通过各类公共计划逐步解决健康服务的获得性问题。美国立法史上已经明确规定了弱势群体的获得性条件。1921 年通过的《谢泼德·托纳法案》已经体现出早期的联邦政府为了解决经济困难的母亲和儿童在初级保健服务直接获得性方面所做出的尝试。第二次世界大战期间，政府对其他低收入人群在获得性保证方面的关注也在不断上升，这一

---

① J. Sederstrom, "7 Ways to Improve Access," *Managed Healthcare Executive* (2014).

期间，政府将综合性护理服务的覆盖面扩大到低级别武装部队人员的妻子和子女当中。有关弱势群体的健康保健获得性问题为 20 世纪 60 年代的"伟大社会"计划创造了条件，这一时期美国医疗照顾计划与医疗补助计划的颁布在一定程度上解决了老年人口与贫困人口的获得性问题。之后，癌症筛查和免疫接种等服务也被纳入医疗照顾计划中。1997 年，联邦政府又拨款 2400 万美元给各州，为那些没有资格加入医疗补助计划的低收入家庭儿童建立了儿童健康保险。尽管奥巴马医改之后，美国最高法院驳回了各州扩充医疗补助计划的强制规定，但是仍然有一些州遵循了《平价医疗法案》的意愿，对医疗补助计划进行了一定范围内的扩展。

三　质量保证机制

健康服务质量从宏观与微观上存在不同的理解，为了保证健康服务的质量，首先要形成完善的质量评估机制，然后通过健康服务提供者、其他利益相关体与质量保证组织的各自努力以及相互影响，共同推进健康服务的质量保证机制。

（一）质量保证标准

健康服务的质量可以从微观与宏观两个层面来进行解释。图 7 - 3 提供了一些有关微观层面和宏观层面的质量衡量指标。微观层面的质量标准侧重于交付时的服务及其后续效果，它与健康服务提供者和健康服务机构的表现有关；宏观层面的质量标准则是从总体人口的健康水平来衡量健康服务的质量效果，它反映的是整个健康服务交付系统的表现结果。不难发现，宏观层面的质量标准加入了本书之前研究过的成本因素与获得性因素。美国国家质量战略的三大目标便体现了宏观层面的质量保证标准，分别强调了健康服务的成本控制、获得性改进与质量保证。

健康服务的成本控制侧重于服务的可负担性：无论是个人、企业还是政府，都应该将服务成本降低在其可承受的经济能力范围之内。

健康服务的获得性改进侧重于服务的可获得性：健康服务的受众群体是不具有针对性的，所有公民会在不同的时间、地点或者条件下产生对健

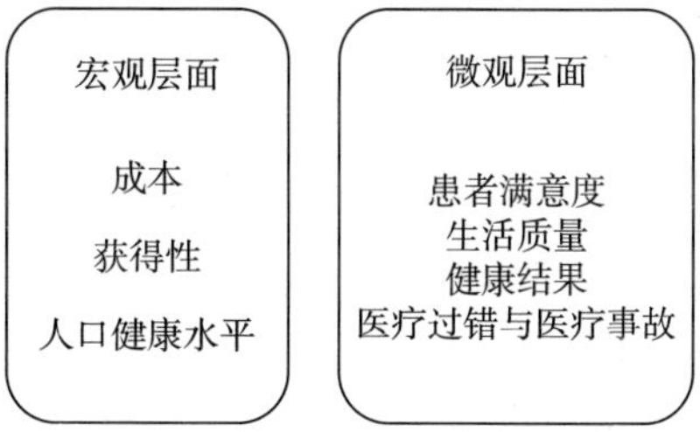

图 7 - 3 宏观与微观层面的质量保证标准

康服务的需求，所以，健康服务应该提升到一个更为便捷、及时、可靠、安全且以患者为中心的服务高度上。

健康服务的质量保证侧重于服务内容与服务交付的可优化性：为了最终实现整体健康服务的质量提升，需要对健康服务交付系统的各个组成部分进行优化设计，从而达到改善美国民众健康水平的目标。

美国医学研究所将健康服务的质量定义为"在现有的专业技术水平下，当个体与社会享有健康服务时，其所能达到的增加预期健康结果可能性的程度"。这一定义有三层含义。[①]

第一，对健康服务质量的评估应该从个体、社区与总体人口出发，同时，将质量绩效放在一个连续统一的衡量尺度上。

第二，质量保证的核心强调的不是个体健康服务的获取程度，而是整个健康服务交付系统的服务水平。

第三，服务质量的侧重点在于对健康结果的期望。通过研究例证可以确定哪些服务项目能够有效改善健康结果。当缺乏健康服务适宜性的科学例证时，可以通过专家共识的方式来确定服务质量的判别标准。

在本小节，对质量保证机制的研究重点放在微观层面上，即健康服务交付时的服务水平与后续服务影响。但是，需要注意的是，虽然美国医学研究所提出的有关质量的定义在多个方面是完整且充分的，但是，在研究美国健康服务业时，质量与成本和获得性却总是难舍难分的。的确，尽管

---

① E. A. McGlynn, "Six Challenges in Measuring the Quality of Health Care," *Health Affairs* 16 (1997): 7 - 21.

美国在国民经济中投入了比其他任何国家都高的国民卫生支出，但是美国民众却不是世界上最健康的人民。如此，可以看出，卫生支出的不断上涨与医疗技术的密集使用并不能带来更高的健康水平。换句话说，资源消耗水平与质量提升程度往往是不能等量齐观的。

（二）质量评估机制

在不考虑其他个人因素、社会因素和环境因素的情况下，仅从健康服务交付系统来看，多纳柏迪昂（Donabedian）在其设计的模型中提出了有关健康服务的质量评估机制，包括架构、过程与结果三部分（见图7-4）。多纳柏迪昂指出，健康服务的架构、过程与结果是紧密相连的，且三者是分层递进的。架构是健康服务质量评估的基础。要想好的过程得以实现就必须要有一个完整的服务架构。换句话说，在健康服务交付系统中，任何架构上的缺陷都会对健康服务的交付过程产生负面影响。好的架构与好的过程必然会产生令人满意的健康结果。所以，架构和过程共同对结果产生影响。

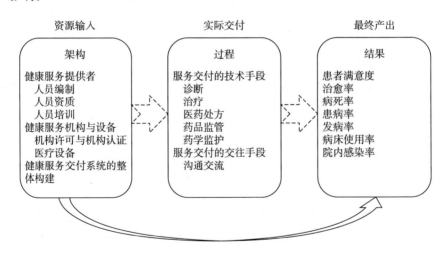

图7-4 健康服务的质量评估机制

1. **架构**

架构是健康服务交付系统中的资源输入部分。健康服务的架构主要由三方面构成，即人员配备、设备与场所配置、交付系统构建。如果这三个方面能够保持在相对同一发展水平的架构之下，那么将会达到相互促进的结果，进而实现发展增速。但是，如果架构中有一方面严重不足，那么也将会对整体资源输入的有效性产生影响。[①]　一个良好的架构可以为提供者构建一个稳定的健康服务平台。在平台之上，提供者通过采用标准的交付过程从而达到理想的质量结果，所以，对架构的把控实际上就是一种间接可行的质量评估措施。有关健康服务的结构性调整一般是指在现有的健康服务交付系统下，对系统内部各组成部分进行架构改变或完善，从而提升健康服务的整体交付能力。结构性调整措施的重要例证便是美国电子健康记录的应用。这种计算机化的电子病历为拥有授权的医护人员提供了有关病人健康的实时信息。通过这种方式，医护人员能够完整及时地掌握病人的健康信息，从而有助于提高健康服务的交付质量。

2. 过程

过程是指健康服务的具体交付方式。过程包含很多内容，例如，诊断测试、开具处方、药品管理、药物护理甚至是交付过程中的人际交往等。如同架构一样，将过程与实际的输出结果联系起来是十分重要的。换句话说，针对架构与过程的设计应该以实现更好的结果为目标。在过程方面的质量改善措施主要包含三方面内容，即临床实践指南编纂、关键路径和风险管理。

3. 结果

结果是指利用健康服务交付系统的架构与过程所实现的影响或最终结果。衡量结果的指标包括治愈率、病死率、病床使用率、院内感染率、患者满意度等。简言之，服务结果的质量保证就是衡量健康服务交付系统有效性的最低水平。在此之上的积极结果意味着个体健康状况能够得到恢复与改善，同时也意味着国民健康状况能够实现整体提升。

---

① A. Donabedian, "The Quality of Care. How Can It Be Assessed?," *JAMA: The Journal of the American Medical Association* 12 (1988): 1743.

(三) 质量保证机制的主要表现

1. 科学的指导和有效的诊疗计划制订保证了健康服务提供者的质量

为了防止健康服务质量结果的无端变化,政府、管理式医疗组织以及各专业健康组织已着手制定出标准化的临床实践指南。临床实践指南也被称为医疗实践指南,它是基于研究证据和专业共识对临床问题的优先管理过程做出的明确描述。因此,临床实践指南可以为医生的临床决策提供科学的医疗方案,同时,有助于促进成本节约和质量改进。当前,美国国家临床指南中心(National Guideline Clearinghouse,NGC)负责对多样化的环境、疾病与治疗手段编纂详细且客观的临床实践指南,并肩负传播与更新职责。

除了对临床实践进行指导,关键路径法在临床上的推广也将临床实践推向标准化发展道路。临床关键路径法是指由一组相关专业的医疗专家基于循证医学指南在以病人为中心的基础之上制订的一系列诊疗计划,这些诊疗计划包含特定的目标与特定的时间周期,通过规范特定病种的诊疗方法与诊疗流程,将临床医疗行为标准化,从而达到提升患者满意度、降低医疗成本的目的。临床关键路径法是一种具有优化设计、动态协调、学科交叉特点的临床管理工具,其目的是促进单一健康机构的多个临床部门与护理人员之间的服务协调。关键路径相当于一个时间轴,在时间轴上确定了一系列有计划的医疗干预措施,并对特定的诊断或诊断相关组设定预期的服务结果。关键路径可以用于衡量患者满意度、自我认知下的健康状况、心理健康状况以及日常生活活动等。关键路径的达成手段往往是多样化的。简化临床管理功能、提升跨学科参与者之间的协调性、为服务评估提供系统数据以及减小实践模式的波动等都是质量保证与提升的有效手段。

2. 综合性和协调性风险管理有效地改善了健康服务业各相关利益体的关系

事实上,美国的风险管理经历了历史的发展与演变。传统意义上的风险管理主要规避的是与临床护理和设施操作相关的医疗过错与医疗事故。这时的风险管理主要是由于 20 世纪七八十年代美国不断激增的医疗事故诉讼案件。为了降低诉讼案件带来的经济损失，临床医疗方面的风险管理开始兴起。健康服务机构为了减少医疗事故诉讼而采取的临床审查过程与协议拟定举措实际上也提高了健康保健的服务质量。对医疗事故的担忧往往会引起防御性医疗。因此，风险管理方法往往在成本效益的原则上采用上文提到的标准化的临床实践指南与关键路径法。当然，在某些情况下，医院和医生可能会担心诉讼对他们的经济利益和社会地位造成负面影响，所以，可预防的医疗伤害行为以及实际发生的医疗错误有时并不会得到充分披露。单就这一点而言，传统的风险管理往往是不充分的，而不充分的风险管理实际上是以患者的生命安全为代价的。

现今美国健康服务业的风险已不再局限于医疗过错与医疗事故，而是往更为复杂且多样化的方向发展。监管改革、网络安全、劳动力短缺、兼并与收购等，这些都在促进风险管理朝着更为综合与协调的方向发展。所以，当今的风险管理指的是综合性、协调性的风险管理，这种管理方式主要应对的是美国健康服务业的多部门多类别变化，主要的风险管理领域包括战略风险、经营风险、经济风险、人力资本风险、技术风险、法律和监管风险与患者安全风险。通过对这些风险进行综合管理，能够更快更准确地找到引起风险的根本原因，同时，也将风险集群中的潜在有利因素挖掘出来，从而在积极规避风险的同时产生其他收益。

3. 健全的质量保证组织为健康服务业的质量提高提供了强有力的保障

管理式医疗系统下的质量保证机制也可以依托其他组织来实现，以下提供了美国最具权威的四个健康服务质量保证来源。

（1）全国质量保证委员会（National Committee on Quality Assurance，NCQA）

从健康服务消费者的角度来看，当一个组织的首要任务是成本控制时，那么它们可能牺牲掉的便是对质量水平的关注。随着管理式医疗与医疗照顾计划和医疗补助计划的逐步融合，政府也开始积极参与到对管理式医疗系统下提供者的评估活动中。此外，随着管理式医疗领域竞争的加剧，人们开始担忧管理式医疗组织会为了维持较低的保费水平而缩小服务项目的覆盖面。出于对这些问题的考虑，全国质量保证委员会得以成立，以维持健康计划中医疗服务的质量水平。

全国质量保证委员会成立于 1990 年，旨在监测管理式医疗系统下的各类模式，并提升医疗保健的服务质量。其重点在于衡量、分析和改善医疗保健计划。管理式医疗组织自愿向全国质量保证委员会提请审查过程，由其与组织内的医生和专家合作出具调查报告，消费者可以在官网上进行查看。全国质量保证委员会既会对管理式医疗组织提供的服务和质量进行评估，也会对初级预防活动与慢性病患者的病例管理做出评价。组织的认证主要分为三个级别：杰出、优秀和官方认证。虽然这种认证是一种自愿行为，但却可以减少消费者对管理式医疗组织的怀疑和担忧。以前，全国质量保证委员会对不同类型的管理式医疗组织制定不同的标准；现在，则在忽略其组织结构的条件下，为所有商业组织制定统一的标准和准则。自2006 年起，全国质量保证委员会还专门为医疗照顾与管理式医疗结合计划制定了认证标准。截至目前，有 41 个州承认了全国质量保证委员会对医疗照顾与管理式医疗结合计划和商业管理式医疗计划做出的认证。奥巴马的《平价医疗法案》中也有许多与全国质量保证委员会联合提出的质量保证倡议。与此同时，全国质量保证委员会还建立了一个确保质量的医生实践指南。由于管理式医疗组织之间的竞争十分激烈，获得认证对其运营和发展是有益的。

（2）健康服务有效性数据和信息集（Healthcare Effectiveness Data and Information Set，HEDIS）

健康服务有效性数据和信息集由全国质量保证委员会建立。全国质量保证委员会的评估侧重于四个标准，分别是质量管理、利用率标准、成员权利与责任以及服务。超过 90% 的健康计划使用它来衡量服务和保健质量，所报告的数据可供管理式医疗组织与医生使用。由于向委员会提交数据的健康计划数量庞大，且衡量标准有具体的界定，所以人们可以对健康计划的表现进行比较。管理式医疗组织也会运用健康服务有效性数据和信息集来评估绩效，并对医生和医疗保健计划进行排名。总体来看，这些评估结果对于健康服务消费者而言是十分有帮助的。

健康服务有效性数据和信息集可以对多方面的健康问题进行测量，例如，药物使用模式、乳腺癌发病率、慢性病发病率、童年健康问题、高血压问题、心脏病和心理健康疾病；同时，也可以衡量针对这些健康问题的治疗手段与治疗结果。管理式医疗组织与健康服务提供者可使用这一数据库进行绩效评估。消费者也可以通过各州的健康保健质量报告来获取信息。绩效评估委员会有代表消费者、提供者、健康计划、雇主与其他相关利益体的团队成员，所有这些成员共同决定了信息集应该收集的数据类型以及测量方法。

（3）门诊健康护理认证协会（Accreditation Association for Ambulatory Health Care，AAAHC）

除了全国质量保证委员会可以对不同类型的管理式医疗组织进行认证之外，1983 年以来，门诊健康护理认证协会也一直在审查和认证管理式医疗组织。2012 年，门诊健康护理认证协会对标准进行了修订，将重点放在包含会员权利、保健协调、参保人记录准确性、提供者网络认证、质量改进和健康教育等管理式医疗原则上。门诊健康护理认证协会已经从医疗照顾与医疗补助计划服务中心那里得到了医疗照顾计划的认定地位。这意味着它可以对医疗照顾优良计划中的健康维护组织模式与优先提供者组织模式进行审查。2014 年，门诊健康护理认证协会又推出了两个认证项目，一个是有关外科专科与重症医院的认证项目，另一个则是关于床位不足 200 张的医院的认证项目。同年，门诊健康护理认证协会的认证计划得到了 9 个州政府的认可。而此协会也成为佛罗里达州最大的健康计划认证机构。

（4）同行评审组织（Peer Review Organization，PRO）

同行评审制度是指直接由医生或在医生的监管下对健康服务利用率和质量进行医学评审的一般过程。[①] 同行评审是健康服务质量保证的措施之

---

① L. Shi, D. A. Singh, *Essentials of the U. S. Health Care System*（Essentials of the U. S. Health Care System, Jones & Bartlett Learning, 2013），pp. 377 - 386.

一。美国同行评审组织于 1984 年成立，旨在为医疗照顾计划下的受益人确定健康服务的合理性、必要性、充分性以及所需的最适宜条件。这些组织现在被称为质量改进组织，它们是全国范围内的商业组织，由执业医生和其他健康服务专业人员组成。质量改进组织由联邦机构拨款，对参保人享用的健康保健服务进行综合审查。如果服务不符合特定目标或特定标准，受益人可以拒绝支付服务费用。

第三节　美国健康服务业的发展机制联动

一　发展机制的联动关系

在第六章，我们已经了解到，美国管理式医疗系统的初衷便是要对不断上涨的医疗成本进行有效遏制，所以，成本控制是管理式医疗组织在设计模式时的首要目标。然而，成本控制不是健康服务业发展的唯一目标，当发展达到一定高度时，成本不再是消费者的唯一考量因素，他们对获得性和质量产生了更高的需求。这一点也验证了威廉·基西克在其发表的《医学的困境：无限需求与有限资源》一书中的观点。此书描述了健康服务业所面临的三大问题，分别是成本问题、获得性问题与质量问题。由三大问题出发，进而构成了健康服务业的铁三角模型，即成本要素、获得性要素与质量要素。这三大要素没有优先顺序之别，均处在同等重要的位置上。同时，它们也不是各自独立的，而是相互联系的。三者之间可能同升同降，也可能此消彼长。

所有的措施都是针对已发生和将要发生的问题所做出的应对手段，健康服务业也概莫能外。无论是成本控制机制、获得性改进机制还是质量保证机制，这三大发展机制都是在健康服务交付系统内，通过对相关利益体及其关系的把控，从而针对产业内的相关问题所制定的应对措施。然则，发展机制也不是各自独立的。一个发展机制的变化可能会带动其他发展机制的联动变化，从而形成了健康服务业的机制联动。研究健康服务业的机制联动，主要从三者之间的关系出发，进而了解一方的转变对其他两方的直接影响。

（一）成本控制机制对获得性改进机制与质量保证机制的影响

就成本控制机制而言，其双向变化对获得性改进机制与质量保证机制的影响是对称的。当成本得到有效控制时，更多民众尤其是弱势群体将有经济能力享有健康保健服务，因此，健康服务的获得性将会有所提升。不过，成本控制机制对健康服务质量的影响却是不确定的。一方面，成本下降可能是以质量降低为代价的，那么此时，成本控制机制对质量保证机制产生了负面影响；另一方面，目前研究的一些成本控制措施是有质量改善作用的，所以，这类措施会给质量保证机制带来促进作用。相反，当成本没能得到有效控制时，健康服务的获得性机会必然会减少；而健康服务的质量却未必会提升，因为有些健康支出的上涨并不是来源于服务质量的提升，而是通货膨胀所带来的负面影响。此外，还有一点是可以确定的，那就是成本只有被控制在一个合理的范围内，获得性改进和质量保证才有意义可言。

（二）质量保证机制对成本控制机制与获得性改进机制的影响

就质量保证机制而言，其双向变化对成本控制机制的影响是较为模糊的，而与获得性改进机制显现出共同进退的关系。当健康服务质量能够得到保证和提升时，成本往往是相应增加的。当然，上文提到的质量保证措施中有一些也是具有成本有效性的。所以，总体来看，质量保证机制对成本控制机制的影响是难以确定的。相反，健康服务质量的下降可能是基于成本节约而做出的牺牲，所以，质量下降可能带来的是成本的下降。不过，从宏观层面看，在进行质量评估时，成本也是需要考量的因素之一。所以，最新的质量保证措施往往会考虑成本有效性的意义。与此同时，质量保证机制与获得性改进机制往往是同升同降的关系。当健康服务的质量得以提升时，健康服务的获得性条件也得到了改进；而当服务质量开始下降时，健康服务的获得性条件也在恶化。

（三）获得性改进机制对成本控制机制与质量保证机制的影响

就获得性改进机制而言，其双向变化对成本控制机制与质量保证机制会因获得性改进倾向的差异而产生不同影响。从获得性改进的含义出发，不同的改进倾向对成本与质量产生不同影响。

首先，如果获得性改进源自承保范围的扩大，那么，获得性改进一般会引起健康服务利用率的上升，而利用率上升一般会造成两方面影响。一方面，利用率上升意味着公民有更多机会获得健康服务，所以国民卫生支出会攀升；另一方面，在保持其他条件不变的情况下，利用率上升的同时，健康服务的专业人员与配套设施却没有相应增加，那么会引发对现有健康资源的争夺，从而导致物价上涨、健康服务质量下降。

其次，如果获得性改进源自一定区位范围内专业人员与配套设施投入的增加，那么，获得性改进一般会引起消费者需求的增加，从而导致国民卫生支出上涨。不过，健康资源的进一步投入意味着健康服务质量得到了保证与提升。

最后，如果获得性改进源自健康服务专业人员素质的提升，那么将直接对健康服务的质量提升产生积极影响，而对成本控制的影响是间接且模糊的。

相反，如果获得性条件恶化的话，健康服务利用率将会下降，国民卫生支出下降的同时健康服务的质量保证措施却难以为继，健康服务业将呈现萎缩趋势。所以，相较于成本控制机制与质量保证机制，获得性改进机制不是一蹴而就的，在改善获得性条件时需要更多地考虑它的溢出效应。

显然，通过对发展机制关系的研究可以得出，任一发展机制的变化都会对其他机制产生正反两方面的影响。想要同时穷尽这三方特质就如同空中楼阁般无法实现。因此，成本最低、获得性最宽、质量最高并不是美国健康服务业追求的目标。而只有在三大发展机制中找到平衡点（见图7-5），将其控制在一个合理的范围内，才能将美国健康服务业推向良性的发展态势之中。

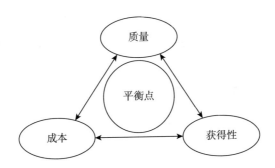

图 7 - 5　美国健康服务业三大发展机制的平衡点

二　发展机制的联动表现

（一）诊断相关组（Diagnosis-Related Groups，DRGs）的应用与发展

诊断相关组是一种根据性别、年龄、手术、临床诊断、出院状况、并发症等因素将医院病例划分为 467 个小组，以此来确定医院服务费用的偿付手段。这一支付手段最先是由耶鲁大学管理学院的罗伯特·费特（Robert B. Fetter）与公共卫生学院的约翰·汤普森（John D. Thompson）提出的。20 世纪 70 年代早期，诊断相关组创建之初，其目标是开发一个能将住院患者的服务项目进行类别划分的分类制度。随后，在美国医疗照顾与医疗补助计划服务中心的大力支持下，诊断相关组在健康服务业实现了更高层次的发展。为了迎合更多需求，诊断相关组也实现了范围的扩大与形式的扩充。诊断相关组的理论出发点在于其认为，能够被划分为同一组别的病人，其临床症状是相类似的，那么他们的资源消耗情况也应该处在同一水平，所以健康计划可以依照服务组别预先向医院支付服务费用。显然，这种支付方式能够实现健康资源的标准化利用，激励健康服务机构加强质量监管，同时迫使其为了赚取高额回报而主动降低成本，是一种兼具成本控制与质量保证的有效措施。此外，由于诊断相关组仅有几百个组别，相较于近万个病种数，健康服务机构的管理难度与管理费用也有所下降，从而将健康服务提供者从繁杂的管理工作与行政工作中解放出来，开始更多地关注服务质量与资源优化，因此，健康服务的获得性条件也在相应改善。

相较于之前研究的付费方式与付费调整，诊断相关组除了对成本控制有明显效果外，对获得性改进机制与质量保证机制更具渗透作用，从长期来看，其积极影响还在不断发酵。

（二）针对慢性疾病的管理

针对慢性疾病的管理是美国健康服务业新兴模式的重要内容，对慢性疾病的关注也达到全新高度。由于慢性疾病具有病程长、病因复杂且病情迁延不愈的特点，所以慢性疾病的治疗费用是极其高昂的。同时，由于慢性疾病主要对心、脑、肾等重要脏器造成损害，容易引起并发症，所以慢性病往往会对生活质量和劳动能力造成极其负面的影响。无论从家庭还是社会角度，慢性疾病管理都是迫在眉睫的。

慢性疾病管理强调的是一体化病程管理办法。一体化病程管理涉及慢性疾病的预防、治疗以及后续的护理等环节，通过医生、医院、护士、患者的多方配合，达到缓解病情与提升诊疗效果的目的。在一体化病程管理过程中，健康服务提供者主要在管理的前半段发挥关键作用，而在管理后半段，患者的自我管理才是慢性病得到长期控制甚至是康复的关键所在。只有患者在疾病发展过程中不断调整认知与行为习惯，才能将前半段的治疗效果发挥出来，从而达到避免病情恶化、降低复发可能性的效果。从短期来看，慢性疾病管理主要是在获得性改善与质量保证方面发挥积极作用。然而，从长期来看，健康服务需求来自不健康的民众，当民众从慢性疾病的旋涡中摆脱出来，国民卫生支出自然会相应下降，成本控制也不再是南柯一梦。毋庸置疑，慢性疾病的管控将在未来产生具有深远意义的影响。

（三）健康服务审查制度

美国现行的健康服务审查制度主要是用来评估所有健康服务的适宜性的。一般情况下，主要分为三种审查类型，即预期性（Prospective）服务审查、并行性（Concurrent）服务审查与追溯性（Retrospective）服务审查。预期性服务审查是在健康服务交付之前，通过临床实践指南或预定程序与标准对服务内容进行事前审查；并行性服务审查是在服务交付过程中对健康服务做出审查决定，进而实行审查流程；追溯性服务审查是在服务交付之后进行的服务评估，依据审查目标而进行的审查行为。健康服务的审查内容涉猎多个方面，它既可以对诊疗手段进行审查，也可以对计费标准进行审查，甚至对住院天数、转诊流程等都可以进行服务审查。所以，相较于上文提到的前两种联动措施，健康服务审查制度并不是一个蕴含多重影响的措施，而是多个措施的集合审查系统。此系统能够对成本控制、获得性改进与质量保证产生积极影响。

第四节　美国健康服务业三大发展机制的现实意义

也许有些人会问，美国健康服务业的发展机制真的如此重要吗？实际上，回答这个问题很简单，那就是我们没有任何能够支撑它不重要的理由。无论是成本控制机制、获得性改进机制还是质量保证机制，其最终目的都是给美国公民提供一个完整的、完善的、合规的、高效的健康服务市场，在这一市场内，消费者能够享有及时的、可负担的、高质量的健康服务。

从经济层面看，健康成本的持续上涨会使个人、家庭、企业和国家的经济负担加重。为了将个体身体状况维持在一个相对健康的水平，国家、企业和个人都为此做出了贡献与牺牲。有些人可能会说，健康支出上涨似乎不应该成为一个问题，它不一定是一件坏事，至少能说明人们对健康的重视在不断提高。这么说起来似乎是具有一定说服力的。但是，如果不断上涨的健康支出不是一个问题，那么就必须要有一个前提，那就是健康资源是可再生的、无穷尽的。显然，我们讨论的是一个切切实实的现实社会，所以健康资源的稀缺性永远不能被忽视。当资源被架在一个稀缺的高度之上，健康成本就必须加以控制，成本控制的意义也就被凸显出来。

健康成本上涨意味着当美国公民在决定将自己的资源用来消费健康产品与服务时，他们就必须放弃拥有其他的产品与服务。也就是说，本不具有可替代性的产品或服务在不得已或有倾向性的情况下被取代或放弃。那么，对于个体与家庭而言，损失的可能是对美食的追求、对子女教育的投入以及对新技术的享用等其他个人目标。对于企业而言，放弃的可能是企业的研发投入、人力资源升级、社会责任等其他企业目标。而对于国家而言，牺牲的可能是全民教育普及、军事储备、科技发展等其他公共目标。此外，由于健康服务业是一个涉及所有公民的朝阳产业，这一产业的持续通胀将会带动其他行业的物价上涨，从而导致美元贬值、美国公民的实际收入水平下降、美国社会的马太效应越发严峻。

从民生层面看，健康是关乎民众基本生存与生活状态的决定性因素。它既是公民的基本权利，也是公民延续一生的财富。如果健康生活没有保障，那么它将对所有公民的基本生活状态与基本发展能力产生直接影响。同时，从国家角度看，公民如果没有一个良好的健康状态，就很难作为劳动力在社会生产过程中创造价值，更谈不上为国家发展与社会进步贡献自己的一分力量。所以，国家有责任为公民构建一个良好的健康服务体系，让公民在这一体系之下能够享有基本的健康权利。同时，对于弱势群体，国家更有责任伸出援助之手，将社会医疗保障政策落到实处，保证其基本的生存权利。国家只有将发展机制落到实处，才可以稳定社会秩序，缓解社会矛盾，实现公民的共同进步与社会的可持续发展。

第五节　本章小结

成本的日益上涨、获得性的缺乏以及对质量的担忧是美国健康服务业目前所面临的最大挑战。这三大问题在一定程度上是相互关联的。成本的上涨有可能引发健康服务业获得性条件的恶化，然而，如果健康服务没能惠及所有美国公民，那么在服务质量的评估方面，美国是难以达到与其他发达国家相媲美的高度的。

20世纪90年代，作为拥有全世界最高国民卫生支出的国家，美国管理式医疗系统下付费方式的转变能够在一定程度上缓解不断上涨的健康支出压力。然而，即便如此，美国各界仍旧认为未来会有更多的经济资源用于健康服务领域。这意味着，卫生支出不但会增长，而且还有可能加速增长。如果健康服务业没能为公民提供一个良好的经济保障，那么获得性条件是无法得到改善的。只有在健康服务具有可负担的属性时，获得性在地理区位和医患关系上的改进才有意义可言。虽然美国联邦政府与州及地方政府已通过颁布法案和创新互联网技术逐步解决了健康服务的获得性问题，但是获得性改进机制对成本控制与质量保证的影响仍然是错综复杂的。获得性条件在劳动力供给与专业性方面的升级，能够对健康服务的质量产生积极影响。而从直观感受出发，成本控制往往会带来服务质量的降低，所以如何在成本控制的基础上不以牺牲获得性与质量为代价，找到三者之间的平衡点，对美国健康服务业的发展意义深远。

不过，毋庸置疑的是，对于美国健康服务业而言，所有已见成效、初见成效和未见成效的发展机制都是其发展过程中的必经阶段，所有顺利的与曲折的道路也均具有经济意义与民生意义。

第八章　美国健康服务业发展的成效、问题与趋势

第一节　美国健康服务业发展的成效

美国健康服务业的发展成效主要表现在三个层面上，第一个层面强调的是直接经济效果，主要考察美国健康服务业对产业部门产出、就业及工资收入的影响；第二个层面强调的是间接经济效果，主要考察美国健康服务部门对其他产业部门的涟漪效应；第三个层面强调的是产业内部效益，主要考察国民的健康状况、服务利用情况及保险覆盖情况。

一　美国健康服务业的直接经济效果

美国健康服务业的发展所带来的直接经济效果主要体现在两个方面：①健康服务业作为美国第三产业的重要组成部分，其发展能够带动各产业部门总产出水平的提升；②健康服务业作为一个就业容量大的产业集群，其发展能够释放就业潜力，拉动美国就业，同时，工资收入的提高又能进一步扩大消费需求。

（一）健康服务业对美国各产业部门总产出的影响

健康服务业作为美国经济的重要组成部分，其开支的增长能够推动国内生产总值的增加。1970 年，美国国民卫生支出为 745.63 亿美元，人均国民卫生支出为 355 美元，国民卫生支出占 GDP 的百分比为 6.9%。到了

2016 年，人均国民卫生支出攀升到 10348 美元，国民卫生支出占 GDP 的比重也上升至 17.9%。根据北美产业分类系统的统计数据，2003 ~ 2016 年，健康部门的就业人数从 1181.6 万人上升至 1542.0 万人，年均复合增长率为 2.07%（见表 8 - 1）。国民卫生支出是衡量美国健康服务业发展程度的重要指标，国民卫生支出占 GDP 的百分比也是评判这一产业集群对总产值影响力的集中体现。不过，在之前的章节，针对国民卫生支出等数据已经做过深入分析，因此，本章在分析健康服务业发展成效时从产业部门角度出发，利用实际产出数据，对美国健康服务业的发展成效进行进一步分析。

表 8 - 1　1970 ~ 2016 年美国国民卫生支出与就业数据

年份	国民卫生支出 （百万美元）	人均国民卫生 支出（美元）	国民卫生支出占 GDP 百分比（%）	健康部门就业 人数（千人）
1970	74563	355	6.90	3052
1980	255331	1108	8.90	5278
1990	721393	2843	12.10	7814
2000	1369125	4855	13.30	10103
2001	1486158	5218	14.00	10381
2002	1628624	5666	14.80	10673
2003	1767567	6096	15.40	11816
2004	1895724	6479	15.40	12056
2005	2023744	6854	15.50	12314
2006	2156158	7232	15.60	12602
2007	2295307	7627	15.90	12946
2008	2399121	7897	16.30	13289
2009	2495414	8143	17.30	13542
2010	2598823	8412	17.40	13778
2011	2689349	8644	17.30	14027
2012	2797260	8924	17.30	14281
2013	2879008	9121	17.20	14490
2014	3026157	9515	17.40	14675

年份	国民卫生支出 （百万美元）	人均国民卫生 支出（美元）	国民卫生支出占 GDP 百分比（%）	健康部门就业 人数（千人）
2015	3200815	9994	17.70	15041
2016	3337248	10348	17.90	15420

注：1970～2002 年就业数据基于标准行业分类法（SIC），2003～2016 年就业数据基于北美产业分类系统（NAICS）。

资料来源：美国医疗照顾与医疗补助计划服务中心精算办公室国家卫生统计组、美国经济分析局、美国劳工统计局。

　　健康服务业对美国经济的影响往往是多维度的。健康服务业既可以带动整体经济产值的增长，也可以促进各产业部门产出水平的提升。按照2012 年北美产业分类系统，美国主要产业部门如表 8-2 所示。美国健康服务业不仅包括北美产业分类系统中的健康服务与社会援助部门，同时也包括制造业中的化学制药与生物制药，零售业中的健康产品售卖，保险业中的健康承保服务，文化、体育和娱乐业中的健身娱乐项目，联邦政府与州及地方政府提供的经济援助等。由于健康服务业已经散落在多个产业部门中，所以，实际的健康服务业产出要大于表 8-2 中的健康服务与社会援助。不过，由于产业划分存在差异，现有的报告无法将制造业、零售业、保险业等有关健康服务与产品的产出数据提取出来，所以，出于标准化考虑，仅以北美产业分类系统作为指引，观察健康服务与社会援助部门的总体经济效果。

　　如表 8-2 所示，2016 年，健康服务与社会援助的实际产出为 20325亿美元，相较于 2006 年，实际产出增长了 4353 亿美元。2006～2016 年，各产业部门实际总产出增长了 19101 亿美元，仅健康服务与社会援助部门的增长就为总产出的增加做出了 22.79% 的贡献。2006～2016 年，健康服务与社会援助的年均复合增长率为 2.4%，仅次于信息传输、软件和信息技术服务业，居增长率第 2 位。此外，根据美国劳工统计局的预测，2016～2026 年的这十年间，健康服务与社会援助的年均复合增长率将超越信息传输、软件和信息技术服务业，列居第 1 位。实际产出也将从

2016 年的 20325 亿美元上升到 27609 亿美元，增长 7284 亿美元。如果加上上述我们提到的其他健康服务业组成部分的话，即便没有具体数据，仍可以做出健康服务业将实现更高发展的判断，因此，美国健康服务业对美国国民经济的影响只会更加剧烈与显著。

表 8 - 2　2006 年、2016 年与 2026 年主要产业部门实际产出、增长额与年均复合增长率

主要产业部门	2012 年北美产业分类系统（NAICS）	实际产出（十亿美元）			增长额（十亿美元）		年均复合增长率（%）	
		2006 年	2016 年	2026 年	2006～2016 年	2016～2026 年	2006～2016 年	2016～2026 年
农林渔猎	11	331.4	316.3	364.3	-15.1	48.0	-0.5	1.4
采矿业	21	386.5	473.5	630.7	87.0	157.2	2.0	2.9
电力、热力、燃气及水生产与供应业	22	426.8	393.1	453.1	-33.7	60.0	-0.8	1.4
建筑业	23	1405.2	1234.8	1614.4	-170.4	379.6	-1.3	2.7
制造业	31～33	5298.3	5449.9	6509.8	151.6	1059.9	0.3	1.8
批发业	42	1322.3	1417.1	1825.7	94.8	408.6	0.7	2.6
零售业	44,45	1361.6	1523.4	1946.6	161.8	423.2	1.1	2.5
交通运输与仓储业	48,492,493	865.0	909.3	1124.7	44.3	215.4	0.5	2.1
信息传输、软件和信息技术服务业	51	1178.3	1522.1	2017.1	343.8	495.0	2.6	2.9
金融与保险业	52	1873.3	1724.2	2177.7	-149.1	453.5	-0.8	2.4
教育业	61	246.7	256.0	292.6	9.3	36.6	0.4	1.3
健康服务与社会援助	62	1597.2	2032.5	2760.9	435.3	728.4	2.4	3.1
文化、体育和娱乐业	71	23.0	286.9	357.4	51.9	70.5	2.0	2.2
住宿与餐饮业	72	754.3	837.1	985.7	82.8	148.6	1.0	1.6
联邦政府	不适用	1003.7	1063.2	1053.2	59.5	-10.0	0.6	-0.1
州及地方政府	不适用	2053.9	2101.3	2396.6	47.4	295.3	0.2	1.3
实际总产出		26267.9	28178.0	34604.7	1910.1	6426.7	0.7	2.1

注：主要产业部门实际产出采用链式加权法求得（2009 年 = 100）。

资料来源：美国劳工统计局就业预测计划。

进一步分析健康服务与社会援助部门，可以发现，除儿童日托服务外，社会援助中的个人与家庭服务、社区服务与职业康复服务同样包含与健康相关的服务，因此，为了维持2012年北美产业分类系统的完整性，在讨论主要产业部门产出、就业等问题时不对儿童日托服务做剔除处理。有关健康服务与社会援助部门主要服务类别的实际产出可详见表8-3。简而言之，助推健康服务与社会援助部门持续发展的前三类分别为医院服务、医生服务与长期护理服务，这三类在2016年占总健康服务与社会援助实际产出的比重分别为34.95%、23.70%与10.10%。仅医院服务在2006~2016年的产出增长就为健康服务与社会援助实际产出的增长做出了36.30%的贡献，且这一贡献度在可预测的时间范围内没有下降趋势。

表8-3　2006年、2016年与2026年健康服务与社会援助部门实际产出、

增长额与年均复合增长率

健康服务与社会援助部门	2012年北美产业分类系统（NAICS）	实际产出（十亿美元）			增长额（十亿美元）		年均复合增长率（%）	
		2006年	2016年	2026年	2006~2016年	2016~2026年	2006~2016年	2016~2026年
流动型健康服务	621	729.6	964.4	1325.1	234.8	360.7	2.8	3.2
医生服务	6211	364.7	481.7	689.4	117.0	207.7	2.8	3.7
牙医服务	6212	105.8	115.1	142.3	9.3	27.2	0.8	2.1
其他健康从业人员服务	6213	66.8	93.2	130.3	26.4	37.1	3.4	3.4
门诊护理中心	6214	72.2	108.1	139.7	35.9	31.6	4.1	2.6
医疗与诊断实验室	6215	38.4	50.5	69.0	12.1	18.5	2.8	3.2
家庭健康护理服务	6216	49.5	76.1	103.0	26.6	26.9	4.4	3.1
其他流动型健康服务	6219	32.2	40.3	55.3	8.1	15.0	2.3	3.2
医院服务	622	552.4	710.4	973.6	158.0	263.2	2.5	3.2
长期护理机构	623	178.2	205.3	274.7	27.1	69.4	1.4	3.0
社会援助	624	136.9	154.2	191.5	17.3	37.3	1.2	2.2
个人与家庭服务	6241	64.6	73.4	93.6	8.8	20.2	1.3	2.5

健康服务与社会 援助部门	2012 年 北美产 业分类 系统 （NAICS）	实际产出（十亿美元）			增长额 （十亿美元）		年均复合 增长率（%）	
		2006 年	2016 年	2026 年	2006～ 2016 年	2016～ 2026 年	2006～ 2016 年	2016～ 2026 年
社区服务与职业康复服务	6242,6243	33.6	38.3	48.4	4.7	10.1	1.3	2.4
儿童日托服务	6244	38.6	42.6	50.0	4.0	7.4	1.0	1.6
健康服务与社会援助	62	1597.2	2032.5	2760.9	435.3	728.4	2.4	3.1

注：健康服务与社会援助部门实际产出采用链式加权法求得（2009 年 = 100）。

资料来源：美国劳工统计局就业预测计划。

（二）健康服务业对美国各产业部门就业的影响

经济发展的一个重要目标便是创造就业机会。就业人口的增多可以拉动消费、投资与储蓄，从而创造更优越的经济发展环境。因此，就业数据往往能够判断出美国经济的健康状况与发展方向。通常情况下，如果制造业、建筑业与专业性服务业能够不断地招募新人，调整在职人员的工资薪酬，那么就意味着这几个产业部门对自身产业经济与美国总体经济的发展预期向好，是这些产业部门信心十足的强劲信号。

如表 8 - 4 所示，2016 年，健康服务与社会援助部门的就业人数为1905.63 万人，占总就业人数的 12.21%，仅次于州及地方政府的就业人数，居第 2 位。2006～2016 年，健康服务与社会援助部门的就业人数增长了 380.3 万人，占总就业人数增长额的 53.75%。显然，仅健康服务与社会援助这一个部门就已经为美国就业人数的增长做出了杰出贡献。尽管健康服务与社会援助拉动就业的能力不会一直持续不变，但是，预计在2016～2026 年，就业人数仍有望增长 399.83 万人，达到 2305.46 万人，年均复合增长率也仍居于首位，达到 1.9%；增长额占总就业人数增长额的比重虽回落至 34.71%，不过，仅一个产业部门就可以做出如此大的贡献，仍然十分可观。

表 8 - 4　2006 年、2016 年与 2026 年主要产业部门就业人数、增长额与年均复合增长率

主要产业部门	2012 年北美产业分类系统（NAICS）	就业人数（千人）			增长额（千人）		年均复合增长率（%）	
		2006 年	2016 年	2026 年	2006 ~ 2016 年	2016 ~ 2026 年	2006 ~ 2016 年	2016 ~ 2026 年
农林渔猎	11	2,111.2	2,351.5	2,345.4	240.3	-6.1	1.1	0.0
采矿业	21	619.7	626.1	716.9	6.4	90.8	0.1	1.4
电力、热力、燃气及水生产与供应业	22	548.5	556.2	559.6	7.7	3.4	0.1	0.1
建筑业	23	7691.2	6711.0	7575.7	-980.2	864.7	-1.4	1.2
制造业	31 ~ 33	14155.8	12348.1	11611.7	-1807.7	-736.4	-1.4	-0.6
批发业	42	5904.6	5867.0	6012.8	-37.6	145.8	-0.1	0.2
零售业	44,45	15353.2	15820.4	16232.7	467.2	412.3	0.3	0.3
交通运输与仓储业	48,492,493	4469.6	4989.1	5353.4	519.5	364.3	1.1	0.7
信息传输、软件和信息技术服务业	51	3037.9	2772.3	2824.8	-265.6	52.5	-0.9	0.2
金融与保险业	52	6194.2	6142.1	6496.5	-52.1	354.4	-0.1	0.6
教育业	61	2900.9	3559.7	4066.2	658.8	506.5	2.1	1.3
健康服务与社会援助	62	15253.3	19056.3	23054.6	3803.0	3998.3	2.1	1.9
文化、体育和娱乐业	71	1928.5	2234.8	2433.7	306.3	198.9	1.5	0.9
住宿与餐饮业	72	11181.2	13385.6	14505.7	2204.4	1120.1	1.8	0.8
联邦政府	不适用	2732.0	2795.0	2739.2	63.0	-55.8	0.2	-0.2
州及地方政府	不适用	19241.2	19427.9	20216.6	186.7	788.7	0.1	0.4
就业总人数		148988.2	156063.8	167582.3	7075.7	11518.5	0.5	0.7

资料来源：美国劳工统计局就业预测计划。

　　从健康服务产业内部看，2006 ~ 2016 年，就业人数增长较快的类别分别是门诊护理中心、家庭健康护理服务与其他健康从业人员服务（见表 8 - 5）。显然，这三类所要求的专业度普遍低于对医生服务与牙医服务的专业要求。加之人口老龄化的社会现象，这三类健康服务与社会援助部门未来在就业拉动方面的作用仍十分显著，年均复合增长率将高于其他类别。

表 8 - 5　2006 年、2016 年与 2026 年健康服务与社会援助部门就业人数、

增长额与年均复合增长率

健康服务与社会援助部门	2012 年北美产业分类系统（NAICS）	就业人数（千人）			增长额（千人）		年均复合增长率（%）	
		2006 年	2016 年	2026 年	2006 ~ 2016 年	2016 ~ 2026 年	2006 ~ 2016 年	2016 ~ 2026 年
流动型健康服务	621	5286.0	7081.7	9279.4	1795.7	2197.7	3.0	2.7
医生服务	6211	2102.5	2527.7	3076.5	425.2	548.8	1.9	2.0
牙医服务	6212	785.9	925.8	1101.2	139.9	175.4	1.7	1.8
其他健康从业人员服务	6213	573.3	858.5	1122.5	285.2	264.0	4.1	2.7
门诊护理中心	6214	538.0	856.3	1178.9	318.3	322.6	4.8	3.2
医疗与诊断实验室	6215	204.2	262.8	334.9	58.6	72.1	2.6	2.5
家庭健康护理服务	6216	865.6	1362.0	2100.2	496.4	738.2	4.6	4.4
其他流动型健康服务	6219	216.5	288.6	365.0	72.1	76.4	2.9	2.4
医院服务	622	4423.5	5025.0	5444.0	601.5	419.0	1.3	0.8
长期护理机构	623	2892.5	3313.6	3742.7	421.1	429.1	1.4	1.2
社会援助	624	2651.3	3636.0	4588.5	984.7	952.5	3.2	2.4
个人与家庭服务	6241	1308.1	2229.4	3100.8	921.3	871.4	5.5	3.4
社区服务与职业康复服务	6242,6243	524.9	500.5	487.1	- 24.4	- 13.4	- 0.5	- 0.3
儿童日托服务	6244	818.3	906.1	1000.0	87.8	94.5	1.0	1.0
健康服务与社会援助	62	15253.3	19056.3	23054.6	3803.0	3998.3	2.3	1.9

资料来源：美国劳工统计局就业预测计划。

当然，从经济角度看，就业人数的增长并不总是有利的。根据索洛经济增长模型可知，由于存在规模收益递减效应，就业人数的增长往往带来生产效率的下降。因此，在考察就业的同时，需要对产出比率进行说明，本节采用每名就业人员实际产出比率作为评价产业部门生产效率的有效指

标，即

$$每名就业人员实际产出比率 = \frac{实际产出}{就业人数}$$

由此可以计算出各产业部门的实际产出比率，从而比较各产业部门的生产效率。如表 8 - 6 所示，总体来看，2016 年，每名就业人员实际产出比率为 18.0554 万美元，第二产业各产业部门产出比率全部高于整体产出比率，并且除建筑业外，差距十分明显。第三产业各产业部门产出比率高低不一，以信息传输、软件和信息技术服务业最为突出，每名就业人员的实际产出比率高达 54.9039 万美元；健康服务与社会援助排名靠后，实际产出比率仅为 10.6658 万美元。健康服务与社会援助实际产出比率较低，意味着健康服务业是一个集专业性与密集型劳动于一体的产业集群，它需要高于整体产业平均水平的劳动强度，且难以通过机械制造与信息技术的发展完成大规模的劳动力替代。就好比第四章提到的"成本病"模型：制造业生产率的快速提升会引起服务业成本的持续上升。随着技术与设备的革新，制造业工人的生产效率通常能够实现大幅提高，但是服务业却相反，它需要依赖大量的、非常规的人际交互活动，目标消费者个体差异较大，不存在一致性，因此，生产效率难以实现更大提升。

不过，尽管健康服务业本身难以实现劳动生产率的大幅提升，但是，健康服务业的发展却能够为其他产业部门劳动生产率的提高提供保障。国家健康服务业的发展能够确保本国国民有一个良好的健康状态，寿命的延长、体力精力的维持等均有利于各产业部门劳动生产率的提高。

美国健康服务业对各产业部门就业的影响不仅需要考察就业人数，同时也需要对工资收入水平进行分析。如表 8 - 7 所示，2016 年，各产业部门工资总收入为 80806.75 亿美元，相较于 2006 年，增长了 20237.18 亿美元，年均复合增长率为 2.92%。年均复合增长率超过 4% 的有三个产业部门，分别是教育业、健康服务与社会援助以及住宿与餐饮业，健康服务与社会援助部门位居第二，年均复合增长率高达 4.54%，高于整体收入增

表8-6　2006年、2016年与2026年主要产业部门实际产出、就业人数与实际产出比率

主要产业部门	2012年北美产业分类系统（NAICS）	实际产出（十亿美元）			就业人数（千人）			每名就业人员实际产出比率（美元）		
		2006年	2016年	2026年	2006年	2016年	2026年	2006年	2016年	2026年
农林渔猎	11	331.4	316.3	364.3	2111.2	2351.5	2345.4	156972.34	134509.89	155325.32
采矿业	21	386.5	473.5	630.7	619.7	626.1	716.9	623688.88	756268.97	879760.08
电力、热力、燃气及水生产与供应业	22	426.8	393.1	453.1	548.5	556.2	559.6	778122.15	706760.16	809685.49
建筑业	23	1405.2	1234.8	1614.4	7691.2	6711.0	7575.7	182702.31	183996.42	213102.42
制造业	31~33	5298.3	5449.9	6509.8	14155.8	12348.1	11611.7	374284.75	441355.35	560624.20
批发业	42	1322.3	1417.1	1825.7	5904.6	5867.0	6012.8	223944.04	241537.41	303635.58
零售业	44 45	1361.6	1523.4	1946.6	15353.2	15820.4	16232.7	88685.09	96293.39	119918.44
交通运输与仓储业	48,492,493	865.0	909.3	1124.7	4469.6	4989.1	5353.4	193529.62	182257.32	210090.78
信息传输、软件和信息技术服务业	51	1178.3	1522.1	2017.1	2037.9	2772.3	2824.8	387866.62	549038.709	714068.25
金融与保险业	52	1873.3	1724.2	2177.7	6194.2	6142.1	6496.5	302428.08	280718.32	335211.27
教育业	61	246.7	256.0	292.6	2900.0	3559.7	4066.2	85042.57	71916.17	71959.08
健康服务与社会援助	62	1597.2	2032.5	2760.9	15253.3	19056.3	23054.6	104711.77	106657.64	119754.84
文化、体育和娱乐业	71	235.0	286.9	357.4	1928.5	2234.8	2433.7	121856.37	128378.38	146854.58
住宿与餐饮业	72	754.3	837.1	985.7	11181.2	13385.6	14505.7	67461.45	62537.35	67952.60
联邦政府	不适用	1003.7	1063.2	1053.2	2732.0	2795.0	2739.2	367386.53	380393.56	384491.82
州及地方政府	不适用	2053.9	2101.3	2396.6	19241.2	19427.9	20216.6	106744.90	108158.88	118546.15
实际总产出		26267.9	28178.0	34604.7	148.988.2	156.063.8	167.582.3	176308.59	180554.36	206493.76

注：主要产业部门实际产出采用链式加权法求得（2009年=100）。

资料来源：美国劳工统计局就业预测计划。

长率 1.62 个百分点。2006～2016 年，健康服务与社会援助部门的工资收入增长了 3348.21 亿美元，为整体工资收入的增长做出了 16.54% 的贡献，位居所有产业部门贡献率第一，高于州及地方政府（10.30%）6.24个百分点。

表 8 - 7　2006 年与 2016 年主要产业部门工资收入、增长额与年均复合增长率

单位：百万美元，%

主要产业部门	2012 年北美产业分类系统（NAICS）	工资收入		增长额	年均复合增长率
		2006 年	2016 年		
农林渔猎	11	30911	43626	12715	3.51
采矿业	21	47921	63239	15318	2.81
电力、热力、燃气及水生产与供应业	22	43599	58234	14635	2.94
建筑业	23	354612	407492	52880	1.40
制造业	31～33	737077	813955	76878	1.00
批发业	42	349162	441569	92407	2.38
零售业	44，45	407212	495049	87837	1.97
交通运输与仓储业	48，492，493	193950	267118	73168	3.25
信息传输、软件和信息技术服务业	51	206774	280829	74055	3.11
金融与保险业	52	490232	625399	135167	2.47
教育业	61	94296	151387	57091	4.85
健康服务与社会援助	62	598865	933686	334821	4.54
文化、体育和娱乐业	71	62865	91675	28810	3.84
住宿与餐饮业	72	200901	306720	105819	4.32
联邦政府	不适用	271690	336309	64619	2.16
州及地方政府	不适用	762834	971370	208536	2.45
工资总收入		6056957	8080675	2023718	2.92

资料来源：美国经济分析局。

从人均工资水平看，2006～2016 年，整体人均工资收入从 4.07 万美元上升到 5.18 万美元，增长了 1.11 万美元，年均复合增长率为 2.45%。相对于整体人均工资收入水平，健康服务与社会援助部门的人均工资的年

均复合增长率较低，仅为 2.24%（见表 8-8）。显然，较快的工资收入水平增长与较平稳的人均收入增长又一次印证了健康服务与社会援助部门在就业拉动方面为整体国民经济所做出的贡献。

表 8-8　2006 年与 2016 年主要产业部门人均工资收入、增长额与年均复合增长率

单位：美元，%

主要产业部门	2012 年北美产业分类系统（NAICS）	人均工资收入		增长额	年均复合增长率
		2006 年	2016 年		
农林渔猎	11	14641.4	18552.4	3911	2.40
采矿业	21	77329.4	101004.6	23675	2.71
电力、热力、燃气及水生产与供应业	22	79487.7	104699.7	25212	2.79
建筑业	23	46106.2	60720.0	14614	2.79
制造业	31~33	52068.9	65917.4	13849	2.39
批发业	42	59133.9	75263.2	16129	2.44
零售业	44，45	26522.9	31291.8	4769	1.67
交通运输与仓储业	48，492，493	43393.1	53540.3	10147	2.12
信息传播、软件和信息技术服务业	51	68064.8	101298.2	33233	4.06
金融与保险业	52	79143.7	101821.7	22678	2.55
教育业	61	32505.8	42528.0	10022	2.72
健康服务与社会援助	62	39261.3	48996.2	9735	2.24
文化、体育和娱乐业	71	32597.9	41021.6	8424	2.33
住宿与餐饮业	72	17967.7	22914.2	4946	2.46
联邦政府	不适用	99447.3	120325.2	20878	1.92
州及地方政府	不适用	39645.9	49998.7	10353	2.35
整体人均工资收入		40653.9	51778.0	11124	2.45

资料来源：美国经济分析局、美国劳工统计局就业预测计划。

二　美国健康服务业的间接经济效果

美国健康服务业的间接经济效果可以从涟漪效应进行说明。健康服务业的涟漪效应主要反映了健康服务业所创造的产出、就业人数与工资收入

等对其他产业部门造成的影响，这意味着一种经济活动并不只是产生了直接经济效果，也会在更大范围内将经济效果逐步扩散。

健康服务业对美国整体产业的涟漪效应可用乘数进行说明。一般来说，产业部门所带来的涟漪效应是初始数据的乘数，因此，涟漪效应也可被称为乘数效应，并且乘数结果一定大于初始数据。假设健康服务部门的产出乘数为 1.35，这意味着每一美元的产出会额外产生 0.35 美元的产出。再假定就业乘数为 1.5，这意味着产业发展所提供的任一就业岗位会因收入的消耗而额外创造出 0.5 个岗位。

乘数效应一般由三部分构成：直接效应、间接效应与诱导效应。直接效应可以从两个角度看，从消费角度看，消费者消耗的健康服务与产品所带来的直接经济效果就是直接效应；从收入角度看，健康服务从业人员通过服务供给行为取得的劳动所得同样是产业发展带来的直接效应。产业与行业之间存在纷繁复杂的交互关系，随着一系列支出与收入行为的再创造与再循环，健康服务业的发展引发了间接效应与诱导效应。间接效应从产业部门出发，指的是产业部门间的直接效应所引发的产出、就业与工资收入的变化。诱导效应则从家庭出发，指的是直接效应与间接效应所造成的家庭收入与支出模式的变化。

显然，使用乘数效应可以描绘出一国或一个地区范围内各产业部门就本国或当地生产的产品与服务所形成的美元流动能力，从而有效评估一国或一个地区内消费支出对其他经济部门造成的涟漪效应。乘数效应一般以"一年"为研究时间间距，并且效应分析会随着时间的变动而存在差异，因此，产业部门经济活动的乘数仅供当年使用，不能与其他年份交叉使用。

表 8-9 描述了 2016 年健康服务部门就业人数的涟漪效应。此表中选用的就业乘数源于 2018 年 1 月约翰·莱瑟曼发表的《健康服务部门对堪萨斯州经济的重要性》研究报告。这篇报告中发布了堪萨斯州健康服务部门的就业乘数与工资收入乘数。截至目前，难以找到全国范围内健康服务部门各服务类别的具体乘数数据，并且由于数据缺失，无法对具体

的乘数进行计算。幸运的是，根据联合国健康产业基金会 2016 年发布的全美健康服务业整体排名，堪萨斯州排名第 27 位，排在中间位置。因此，本小节在考察健康服务部门的涟漪效应时选用了堪萨斯州健康服务部门的乘数数据。当然，此数据只是为了更直观地表达就业人数与工资收入所带来的间接影响，并不能直接表示美国健康服务部门涟漪效应的精确结果。

表 8 - 9　2016 年健康服务部门就业人数的涟漪效应

健康服务部门	2012 年北美产业分类系统（NAICS）	直接就业人数（千人）	就业乘数	间接就业人数（千人）
医生服务	6211	2527.7	1.92	4853.2
牙医服务	6212	925.8	1.59	1472.0
其他健康从业人员服务	6213	858.5	1.53	1313.5
门诊护理中心	6214	856.3	1.80	1541.3
医疗与诊断实验室	6215	262.8	1.68	441.5
家庭健康护理服务	6216	1362.0	1.39	1893.2
其他流动型健康服务	6219	288.6	1.62	467.5
医院服务	622	5025.0	1.88	9447.0
长期护理机构	623	3313.6	1.37	4539.6
健康服务部门	62	15420.3	—	25968.9

资料来源：美国劳工统计局就业预测计划，2018 年 1 月约翰·莱瑟曼发表的《健康服务部门对堪萨斯州经济的重要性》研究报告。

总体来看，2016 年，美国健康服务部门直接提供了 1542 万个就业岗位。不过，由于就业存在涟漪效应，健康服务部门所创造的就业岗位又带动了其他产业部门就业人数的增长。因此，健康服务部门 1542 万的就业岗位又对 1055 万的就业人口产生了间接影响，从而使得健康服务部门实际上拉动了 2597 万就业人口。

同理，工资收入也能够带来涟漪效应。健康服务部门员工所获得的工资收入能够在其他产业部门形成额外的间接收入。例如，根据美国经济分析局发布的数据，2016 年，健康服务部门提供医院服务的从业人员获得的工资收入为 3095.78 亿美元，健康服务部门工资收入的乘数为 1.56，因此，医院服务提供者所获得的直接工资收入将会在其他产业部门产生额外 56% 的间接收入，从而为美国整体国民经济创造了 4829.42 亿美元的工资总收入。由于健康服务部门各服务类别详细的工资收入数据暂未完全公布，所以无法对此部分的涟漪效应进行详细分析。

涟漪效应除了体现在具体的经济数据上，也能体现在健康服务业发展内容的外延上。美国健康服务业的发展不仅能够带动产业自身的不断升级，同时也能够带动其他行业的发展。例如，运动行业、休闲文化行业、旅游行业、餐饮行业等，都在逐步实现与健康服务业的交叉融合。未来的美国健康服务业对整体产业经济的影响仍然是十分显著的。

三　美国健康服务业的产业内部效益

健康服务业作为满足民生需求的重要环节，其发展能够提升国民的整体健康水平与经济福利水平。根据美国国家卫生统计中心发布的美国年度健康状况报告，健康服务业的产业内部效益可归纳为三个领域的内容，即国民健康现状、服务利用情况与保险覆盖情况。《美国健康》对美国健康服务业的各个方面进行了全面考察，并对美国居民的健康状况进行了评估。2016 年的健康报告是美国国家卫生统计中心汇报美国健康状况的第 40 个年头。考虑到数据的可比性及有效性，这份报告只重点考察了 1975 年之后的健康服务发展状况。通过对《美国健康》报告中的重点部分进行梳理与归纳，本小节从国民福利角度出发，分析了美国健康服务业的产业内部效益。

（一）美国公民健康状况得到有效改善

1. 关于平均预期寿命

1975～2015 年，美国总人口的平均预期寿命已经从 72.6 岁上涨到 78.8 岁（见图 8-1）。其中，男性人口的预期寿命从 1975 年的 68.8 岁上升到 2015 年的 76.3 岁；女性人口的预期寿命从 1975 年的 76.6 岁上升到 2015 年的 81.2 岁。1975 年，白人的平均预期寿命比黑人高出了 6.6 岁，而到了 2015 年，这一差距缩小到 3.5 岁。显然，白人与黑人的平均预期寿命仍存在缺口，不过，由于黑人平均预期寿命的增速明显快于白人平均预期寿命的增速，所以，两个种族群体之间的预期寿命差距已经在逐渐缩小。

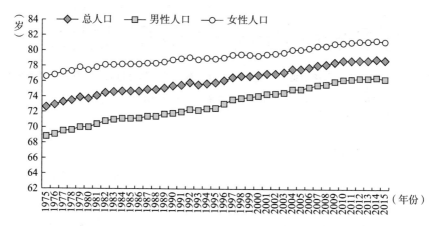

图 8-1 1975~2015 年美国总人口、女性人口与男性人口的平均预期寿命

资料来源：美国卫生与公共服务部、疾病控制与预防中心、国家卫生统计中心、《美国健康 2016》。

2. 关于婴儿死亡率

1975~2015 年，美国婴儿死亡数下降了 63%，每千名胎生婴儿的死亡人数从 16.07 人下降到 5.90 人。其中，28 天以下的新生婴儿死亡数下降了 66%，从 11.58 人降至 3.93 人；28 天至 11 个月的新生婴儿后期死亡数下降了 56%，从 4.49 人降至 1.96 人（见图 8-2）。尽管所有种族和族裔群体的婴儿死亡数均有所下降，但是相对于其他种族和族裔群体而言，非西班牙裔黑人的婴儿死亡率最高，2014 年，每千名胎生婴儿中有 10.93 人死亡。总体来看，20 世纪 90 年代中期之前，婴儿死亡数呈显著下降趋势，90 年代中期之后，下降步伐逐步放缓。

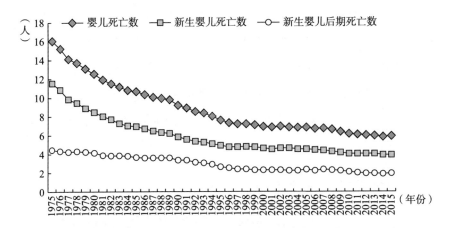

图 8 - 2　1975 ~ 2015 年美国每千名婴儿死亡数、新生婴儿死亡数与新生婴儿后期死亡数

　　资料来源：美国卫生与公共服务部、疾病控制与预防中心、国家卫生统计中心、《美国健康 2016》。

　　3. 关于疾病死亡率①

　　造成美国人口死亡的十大原因分别是心脏病，癌症，慢性下呼吸道疾病，意外伤害，脑血管疾病，阿尔茨海默病，糖尿病，流感和肺炎，肾炎、肾病综合征和肾病，自杀（见图 8 - 3）。除意外伤害与自杀之外，其余八个死亡原因均与疾病相关。2015 年，这 10 个死亡原因引发的死亡人数占总死亡人数的 74.2%。其中，在 2014 ~ 2015 年，十大死因中有八个死亡率上涨，流感和肺炎所引起的死亡率没有发生显著变化，而唯一一个没有引起更多死亡的疾病是癌症，其死亡率不升反降。

　　纵观这 40 年，心脏病和癌症一直是导致人类死亡的两大元凶，分别位居第一和第二。2015 年，仅这两类疾病所造成的死亡人数已占总死亡人数的 45.4%。不过，由心脏病引发的死亡人数在 1975 ~ 2015 年下降了 61%，每 10 万名常住人口中死于心脏病的人数从 431.2 人下降到 168.5 人；由癌症引发的死亡人数在此期间下降了 21%，每 10 万名常住人口中

---

　　① 注：由于人口死亡率受到人口年龄构成的影响，所以，在计算疾病死亡率时，以美国 2000 年的人口普查数据作为标准人口，计算标准化死亡率。本书中所有疾病死亡率数据均已进行标准化处理。

死于癌症的人数从 200.1 人下降到 158.5 人。显然，医疗技术的发展已经大大降低了美国人口的疾病死亡率。

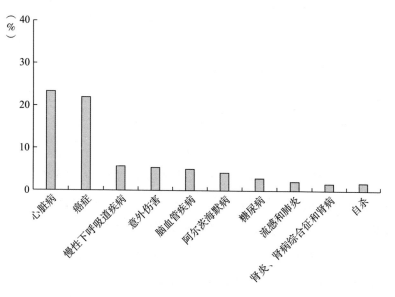

图 8 - 3　2015 年十大死亡原因引发的死亡人数占总死亡人数的百分比分布

资料来源：美国卫生与公共服务部、疾病控制与预防中心、国家卫生统计中心、《美国健康 2016》。

显然，随着美国医学科学的不断进步，美国民众的平均预期寿命在不断增长，婴儿死亡率与疾病死亡率也在不断下降。当前的健康服务业已经在对抗重疾方面取得重大突破。

（二）　美国健康服务的利用变得更加合理①

1. 增加了对健康服务提供者与处方药的利用和使用

对健康服务提供者的使用数量主要受到患者特性、提供者供给与分布情况以及健康服务可负担性的影响。自 20 世纪 90 年代，美国疾病流行趋势已发生转变，目前有关慢性疾病管理的需求正在不断增长。提供者供给量上的增加会在一定程度上刺激健康服务的潜在利用率。与此同时，保险

---

① 　注：数据统计人口为美国 50 个州与华盛顿哥伦比亚特区内的 16 岁及以上的非制度化人口。非制度化人口是指非机构管理或收容人口，现役军人、精神病患者、囚犯等均不在非制度化人口范围之内。

覆盖面的扩大为未保险人口提供了可负担的健康服务。

以全科医生、专科医生与牙医为例，1997 年、2006 年与 2015 年，2～17 岁、18～64 岁与 65 岁及以上人口在过去一年内看过全科医生的比例要明显高于看专科医生的比例。随着年龄的增长，看专科医生的比例也在逐步增加，2015 年，65 岁及以上人口中看专科医生的比例已高达 46.8%。有关牙科医生的就诊情况，2～17 岁与 18～64 岁的人口中，牙科医生与全科医生的就诊情况基本相当，而 65 岁及以上的人口中，牙科医生就诊情况优于专科医生，但低于全科医生。[①]

在过去 40 年中，美国处方药的使用情况受到多个因素影响，包括医疗需要、处方药发展、直面消费者的营销模式、健康保险的扩展及处方药保险覆盖面的扩大。虽然美国公民的平均预期寿命在不断增长，但患有多种慢性病的老年人人数也在不断增多。这类老年人往往需要多重药物治疗，而随着处方药使用数量的增加，药物交叉作用、药物不良反应、身体机能减退等风险发生的概率会大幅提高。

总体来看，相较于 1988～1994 年，2013～2014 年 18～44 岁、45～64 岁以及 65 岁及以上人口在过去 30 天内至少服用过一种处方药的比例均有所增加，分别增长 5.2 个百分点、14.8 个百分点和 17.2 个百分点。由图 8－4 可知，三个年龄段人口起初均保持增长态势，2004 年之后存在小范围波动。

由图 8－5 可知，相较于 1988～1994 年，2013～2014 年 18～44 岁、45～64 岁以及 65 岁及以上的人口在过去 30 天内服用过 5 种及以上处方药的比例分别增长了 2.7 个百分点、12.8 个百分点和 28.4 个百分点；相反，使用 1～4 种处方药的比例在此期间未呈现大幅增长，其中，18～44 岁、45～64 岁人口的处方药使用数量保持稳定，65 岁及以上人口的处方药使用数量有所减少。

---

① 资料来源：国家卫生统计中心国民健康访问调查。

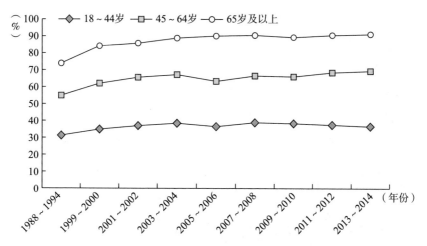

图 8 - 4　1988 ~ 1994 年、1999 ~ 2014 年各年龄段人口在过去 30 天内

至少服用过一种处方药的比例

资料来源：国家卫生统计中心国民健康与营养调查研究。

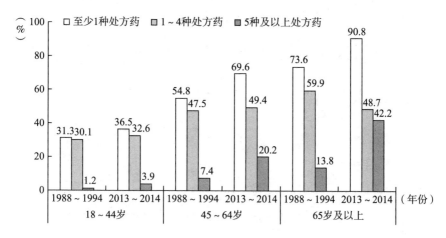

图 8 - 5　1988 ~ 1994 年、2013 ~ 2014 年各年龄段人口在过去 30 天内服用

处方药的比例

资料来源：国家卫生统计中心国民健康与营养调查研究。

2. 对住院服务与急诊服务的利用基本处于下降趋势

事实上，美国人口老龄化与慢性病流行趋势的复合作用会导致住院服务需求增加。不过，医疗照顾计划下的预付制与管理式医疗系统下的经济刺激措施却使得住院服务的利用率情况发生转变。加之技术的进步与患者偏好的改变，现今患者的住院时长与住院使用率均有所下降。

如图 8 - 6 所示，1975～2015 年，75 岁以下所有年龄段的男性和女性在过去 12 个月内至少有一次住院行为的比例均有所下降，而 75 岁及以上的老年人这一比例未表现出统计显著性。通常情况下，这一数值会随着年龄的增长而有所上升。不过，18～44 岁的女性群体在此期间的住院情况却明显优于 45～64 岁的女性群体，这主要与其所处的生育年龄有关。

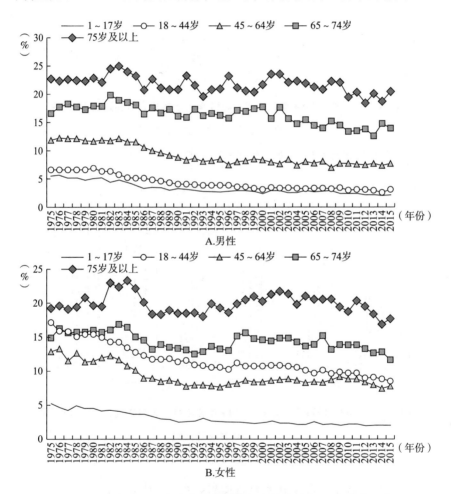

图 8 - 6　1975～2015 年各年龄段男性与女性在过去 12 个月内至少

有过一次住院行为的比例

资料来源：国家卫生统计中心国民健康访问调查。

在过去 40 年中，有关住院服务的配置情况已发生实质性变化。这种转变主要缘于四个方面：首先，医疗照顾计划在 1983 年开始采用预付制度，自此，医院的住院费用开始按照疾病诊断项目收取固定费率；其次，管理式医疗系统对商业健康保险的渗透进一步加重了医院成本管理的压力，为了缓解这种压力，医院通过合并的方式提升总体服务效率；再次，技术进步缩短了患者的康复时间，一些之前需要在医院进行的手术现在转向在门诊部直接处理；最后，医生实践方式与消费者偏好的变化也推动了住院服务向其他护理型服务的转变。所有这些因素构成合力，共同促进医院资源的有效配置，对有关住院服务的各项衡量指标产生影响。

1975 ~ 2014 年，社区医院的床位数、平均住院天数、住院率均有所下降。由于医院合并和停业等原因，社区医院已经从 1975 年的 5875 家下降到 2014 年的 4926 家，下降了 16%。同期，每千名常住人口中社区医院的床位数从 4.6 张下降到 2.5 张，减少了近一半；平均住院天数从 7.7 天缩短到 5.5 天，缩短了约 1/3；住院率从 1975 年的 75.0% 下降到 1985 年的 64.8%，2014 年又下降到 62.8%（见图 8 – 7）。

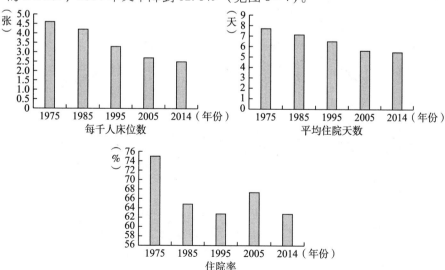

图 8 – 7　1975 ~ 2014 年社区医院的床位数、平均住院天数与住院率变化情况

资料来源：美国医院协会 1976 年、1986 年、1998 年、2007 年与 2016 年的年度医院调查。

对于那些有服务获得性障碍的患者而言，急诊服务能够为其提供基本的健康安全保障。在过去 40 年中，政府颁布的法案对急诊服务的使用情况产生了影响。1986 年的《紧急医疗护理和劳动法》规定，无论急诊患者有无支付能力，急诊医生都必须为其提供必要的检查与诊疗服务。而 1997 年的《平衡预算法案》也规定，只要急诊患者符合"谨慎外行"的标准，管理式医疗组织就必须为其享有的急诊服务支付医疗开支。

如图 8 - 8 所示，不同种类的健康保险对急诊服务的使用会产生不同

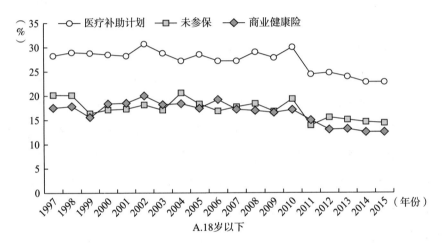

A.18岁以下

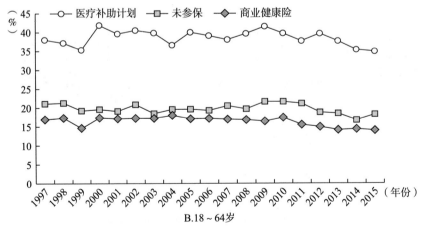

B.18~64岁

图 8 - 8 1997~2015 年 65 岁以下人口在过去 12 个月内使用过商业健康保险的比例

资料来源：国家卫生统计中心国民健康访问调查。

程度的影响。1997～2015 年，65 岁以下的儿童与成年人参与医疗补助计划的人口在过年 12 个月内使用过急诊服务的比例要明显高于未参保人口和参加商业健康保险的人口。2015 年，拥有医疗补助计划的儿童中有 22.8% 在一年内使用了急诊服务，而没有健康保险或是参加商业健康保险的儿童这一比例分别为 14.3% 和 12.5%。同年，对于 18～64 岁的成人而言，两者差额更加显著。

3. 对预防性健康服务的利用呈现明显增长

自 20 世纪 90 年代，美国预防性健康服务的使用均呈现明显增长。以下以 HPV 疫苗接种、流感疫苗接种与结肠直肠癌检测为例，观察数据的显著性变化。

2008～2015 年，13～17 岁女孩接受全系列 HPV 疫苗接种的比例从 17.9% 上升到 41.9%。2011 年 10 月，HPV 疫苗首次被推荐给男性青少年使用。2011～2015 年，在 13～17 岁男孩群体中全系列 HPV 疫苗接种率从 1.3% 上升到 28.1%。[①]

1989～2015 年，18 岁及以上的成年人在过去 12 个月内接受过流感疫苗接种的比例从 9.1% 上升到 43.2%。流感疫苗接种率随着年龄的增长呈现上升趋势。2015 年，18～44 岁、45～64 岁和 65 岁及以上的人口在过去 12 个月内接受过流感疫苗接种的比例分别为 30.9%、45.1% 和 69.1%（见表 8 – 10）。

表 8 – 10　1989～2015 年 18 岁及以上的成年人在过去 12 个月内接受过
流感疫苗接种的比例

单位:%

年份	18 岁及以上	18～44 岁	45～64 岁	65 岁及以上	65～74 岁	75 岁及以上
1989	9.1	3.3	8.8	30.4	28.0	34.2
1991	13.6	5.9	12.8	41.7	38.7	46.3

①　资料来源：国家卫生统计中心、国家免疫与呼吸系统疾病中心。

续表

年份	18 岁及以上	18 ~ 44 岁	45 ~ 64 岁	65 岁及以上	65 ~ 74 岁	75 岁及以上
1993	19.5	9.8	19.8	52.0	50.4	54.3
1994	21.6	11.3	23.0	55.3	53.5	57.9
1995	23.0	12.0	24.5	58.2	54.9	63.0
1997	25.6	13.1	28.3	63.2	60.9	66.3
1998	26.7	14.2	29.7	63.3	60.1	67.3
1999	27.9	15.0	30.8	65.7	61.9	70.4
2000	28.4	15.6	31.6	64.4	61.1	68.4
2001	26.4	14.1	28.2	63.1	60.7	65.8
2002	28.0	14.8	30.7	65.7	60.9	71.3
2003	29.0	15.4	32.9	65.5	60.5	71.0
2004	29.4	16.8	32.1	64.6	60.1	69.7
2005	21.4	10.1	20.2	59.7	53.7	66.3
2006	27.6	14.6	29.2	64.3	60.1	69.2
2007	30.1	16.5	32.5	66.7	61.6	72.6
2008	32.6	18.8	35.9	67.2	60.9	74.3
2009	34.7	22.2	36.8	66.8	61.5	73.2
2010	35.8	24.6	37.8	63.9	60.5	68.2
2011	37.9	26.0	40.0	66.9	63.0	71.9
2012	37.7	25.6	39.4	66.5	62.6	71.7
2013	41.0	28.5	43.7	67.9	64.4	72.8
2014	42.2	30.2	43.3	70.1	67.1	74.3
2015	43.2	30.9	45.1	69.1	67.0	72.1

注：缺失年份数据是因为数据来源中没有这些年份的数据，下同。

资料来源：国家卫生统计中心国民健康访问调查、非制度化人口家庭采访样本调查。

2000 ~ 2015 年，四类种族群体中 50 ~ 75 岁的成年人进行结肠直肠癌检测或治疗的百分比几乎均翻了一倍。2015 年，50 ~ 75 岁的成年人中，非西班牙裔亚裔、非西班牙裔黑人、非西班牙裔白人与西班牙裔接受结肠直肠癌检测或治疗的百分比分别为 52.1%、60.3%、65.6% 和 47.4%（见表 8 - 11）。尽管所有群体该百分比接近翻倍增长，但是在预防性服务的利用率上，种族之间仍存在差距。

表 8 – 11　2000～2015 年 50～75 岁的成年人接受结肠直肠癌检测或治疗的百分比

单位:%

年份	西班牙裔	非西班牙裔白人	非西班牙裔黑人	非西班牙裔亚裔
2000	21.7	35.7	29.7	20.6
2003	27.2	41.0	35.3	26.3
2005	28.5	47.4	38.0	30.0
2008	34.0	54.8	47.4	47.3
2010	46.5	61.3	55.3	46.6
2013	41.5	60.4	58.2	51.2
2015	47.4	65.6	60.3	52.1

资料来源: 国家卫生统计中心国民健康访问调查。

(三) 美国健康保险中社会医疗保险的覆盖率大幅提升

1. 医疗照顾与管理式医疗结合计划覆盖情况

美国医疗照顾计划主要为 65 岁及以上的老年人提供健康保险服务, 同时, 长期处于残疾与严重疾病状态的人也符合医疗照顾计划的参保资格。截至 2015 年, 医疗照顾计划已为 5530 万美国公民提供了基本医疗保障。医疗照顾计划分为 A 部分、B 部分与 C 部分, C 部分计划在创立之初, 被称为 "医疗照顾 + 选择" 计划, 后改名为 "医疗照顾优良计划"。医疗照顾计划下的 A 部分与 B 部分是传统的医疗保障计划, 采用传统的偿付方式支付参保人的健康开支。而医疗照顾优良计划是加入管理式医疗系统的新型计划, 覆盖范围与 A 部分、B 部分相当, 同时可包含牙科、视力与处方药等额外承保项目。

医疗照顾优良计划在创立之初并没有受到广大民众的关注, 多数参保人仍然选择传统医疗照顾计划下的 A 部分与 B 部分。直到 20 世纪 90 年代中后期, 医疗照顾优良计划的参保人数才开始呈上升趋势。不过, 在 90 年代末期, 由于管理式医疗对消费者自由选择的限制, 优良计划的参保数量开始受到强烈冲击。1994～1999 年, 优良计划的注册比例从 7.9% 上升到 18.2%, 之后不断下降, 直到 2004 年才开始回升, 2004～2015 年注册优良计划的比例从 13.0% 上升到 31.3%, 翻了 1 倍有余 (见

图 8 - 9）。

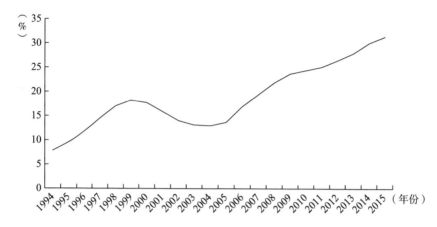

图 8 - 9　1994~2015 年医疗照顾优良计划的注册比例

资料来源：美国医疗照顾与医疗补助计划服务中心研究、发展与信息办公室。

2. 青少年健康保险覆盖情况

对于美国 18 岁以下的青少年而言，他们有机会加入两种社会医疗保障计划，一种是医疗补助计划，另一种是儿童健康保险计划。儿童健康保险计划是对医疗补助计划的补充，主要为那些没有资格加入医疗补助计划的低收入未参保的儿童提供保险服务。

如图 8 - 10 所示，1978~2016 年 9 月，18 岁以下的青少年享有社会

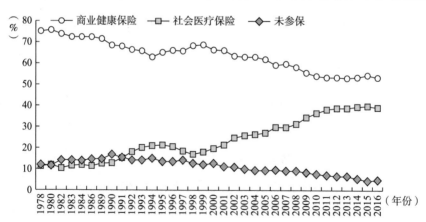

图 8 - 10　1978~2016 年 9 月 18 岁以下的青少年健康保险覆盖率

资料来源：国家卫生统计中心国民健康访问调查。

医疗保险的比例从 11.3% 上升到 39.2%，上升了 27.9 个百分点，商业健康保险的覆盖比例从 75.1% 下降到 53.5%，无健康保险的儿童比例也从 12.0% 下降到 5.0%。自 1990 年，无健康保险的青少年比例开始下降，同期，加入社会医疗保障计划的青少年人数开始增多。显然，社会医疗保障计划为青少年健康保险覆盖面的扩大付诸了很大努力。

3. 成人健康保险覆盖情况

由于成人一般不符合美国社会医疗保障计划的投保资格，所以相较于青少年，美国的成年人没有健康保险的概率要更高一些。2010 年颁布的《平价医疗法案》将低收入未保险的成年人纳入考虑范围之内，使得所有在联邦贫困线 400% 以下的低收入成人有机会享有与健康服务相关的保险计划、政府补贴与税收减免。

如图 8-11 所示，18~64 岁的成年人无健康保险的比例在 2010 年之前一直在上升，1978 年这一比例为 11.9%，到了 90 年代中期已上升至 18% 以上，2010 年又攀爬到 22.3%。自 2010 年起，未参保的成年人比例才出现回落。同期，加入商业健康保险的成年人比例开始上涨，社会医疗保障计划的参保人数也在缓慢上升。然而，即便此期间的比例有所波动，但相较于 1978 年，2016 年未参保的成年人比例并没有得到多大改善。

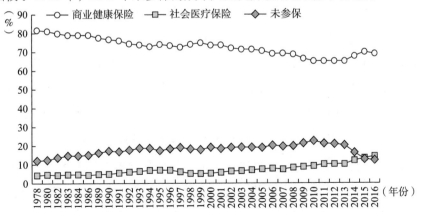

图 8-11　1978~2016 年 9 月 18~64 岁的成年人健康保险覆盖率

资料来源：国家卫生统计中心国民健康访问调查。

美国健康服务业的发展能够提升国民的整体经济福利水平，尤其是老年人与儿童的经济福利水平。显然，经过多年的打磨与发展，美国健康服务业已经从起步阶段发展至成熟阶段。健康服务业在国民的健康状况、服务利用与保险覆盖方面都有了较大改善。此外，产业发展也带动了美国公民健康意识的提升。无论是初级保健医生的利用情况还是预防性服务的接受程度，均表明美国公民在健康管理方面的认知有所增强。

第二节 美国健康服务业发展的问题

之前已多次提到，美国作为世界第一发达经济体，其在国民健康方面的巨额开支并没有给国民带来更高的健康水平与更宽的服务获得性条件。因此，即便美国健康服务业已经取得一定的发展成效，但是美国的健康服务业仍面临诸多问题。

一 从业人员数量短缺，空间与专业分布不均

（一）从业人员短缺问题

2013 年，美国约有 76.71 万名 75 岁以下的在职医生。其中，65～75 岁的医生占总在职员工的 10%，55～64 岁的医生占总在职员工的 26%，而这两个年龄段的大部分医生将会在未来五年内退休。[①] 目前，对医生的需求正呈现持续上涨趋势，其增长速度已快于供给速度。预计到 2025 年，医生的短缺人数将在 4.61 万名和 9.04 万名之间波动。其中，初级保健医生的短缺范围为 1.25 万～3.11 万名，各专科医生的短缺范围为 2.82 万～6.37 万名。《平价医疗法案》虽然实现了健康保险覆盖面的扩大，但这一举措很有可能将医生的需求量再次扩大，预计需要再增加 1.6 万～1.7 万名，而这样的需求增长水平甚至超过了人口结构变化所要求的需求增长水平。现阶段，门诊医生经常面临病人过度饱和的局面，有些医生在经

---

① 资料来源：市场调研机构 IHS2015 年年报。

过 7 ~ 8 年的行医之后不再也不能再继续接受新的病人。虽然高级临床医生可以作为某些医生职能要素的替代有效填补职能空缺，但医生的短缺问题仍亟待解决。①

长期以来，美国在护士供给方面一直存在短缺问题。随着婴儿潮时期的人口逐步迈入 65 岁，人口老龄化与慢性疾病问题将使得护士短缺问题更加严峻。由于护士这一职位本身具有薪酬待遇差、工作满意度低、职业流动性不足等问题，所以，要想从源头上扩充护士供给量通常是很难的。② 当病人的增长速度快于护士的供给速度时，病人的护士配比率将会不断下降，而护士的工作密度却在不断上升。现今，护士在病例管理、效用评估、质量保证和预防咨询等方面的辅助作用正在不断增强，职能的扩充进一步增加了对护理服务的需求。许多医院现在已转向向中国和菲律宾等发展中国家寻求帮助，希望能在这些国家引入护理专业人才，以弥补国内护理方面的劳动力缺口。

2010 年奥巴马签署的《平价医疗法案》规定了有关解决劳动力短缺问题的条款。例如，为住院医生培训计划提供额外的联邦资金支持；增加有关临床医生的高级培训计划以扩大非医师职业数量；建立全国卫生人力分析中心，分析人力资源数据、制定绩效考核办法、监督劳动力发展补助计划，并创办有关奖金奖励的国家互联网注册机构。尽管到目前为止，这些条款能否取得成功或者能取得多大程度的成功，还尚不可知。但是，从这些条款中最起码可以看出美国政府在这一问题上的严肃态度，它已经认识到健康服务人才短缺问题的严峻性，并试图寻求可行性方案。

（二）劳动资源配置问题

1. 职业地理分布不均现象

美国东北部地区是美国经济最发达且受教育程度最高的地区，因此，该地区的健康服务提供者密集程度也居于国内前列。2012 年，美国每十

---

① 资料来源：市场调研机构 IHS2015 年年报。

② J. Sochalski, "Nursing Shortage Redux: Turning the Corner on an Enduring Problem," *Health Affairs* 21 （2002）：157 – 164.

万人口中有 260.5 名在职医生，不过，各州之间的在职医生数量却有很大差距。马萨诸塞州的在职医生人数最多，高达每十万人口 421.5 名医生，而密西西比州在职医生人数最少，仅为每十万人口 180.8 名医生，仅为平均数量的 70%。[①]

美国医生的就业区域主要集中在大都市与城市郊区，农村与老城区的执业人数较少。大都市和城市郊区往往具备高端的医疗技术与现代化的设施建设，同时为专业人员提供了充足的跨学科交流机会，所以，这样的地理区域对于健康服务从业人员而言往往更具吸引力。他们可以在这些地方寻求更优质的生活质量以及更广阔的职业发展空间。

对健康服务提供者的需求来源于国民对健康服务的需求数量。然而，即便需求是充分的，服务的交付却需要基于消费者的实际支付能力。有关健康服务的支付能力往往包含两部分内容：一部分是指人们手中实际握有的财富数量，另一部分是指人们拥有的健康保险覆盖面的大小。以需求为基础的模型在预测劳动力供给数量时，均以职业地理分布均匀为假定条件，这就导致了对劳动力需求量的误判。一方面，在大都市和城市郊区居住的消费者，往往都有较高的财富水平和充足的健康保险覆盖。所以，在这些地区，健康服务的利用率水平是很高的，以需求为前提的劳动力供给必然也是相对充足的。而另一方面，由于财富水平较低且保险保障缺失，在农村和老城区的消费者往往没有能力表现出对健康服务的需求，更谈不上具有实际意义上的行动，因此就造成了有效需求不足的假象。当服务利用率没有达到一定高度时，健康服务业的发展步伐就会放慢，区域发展的滞缓会对区域人才引进产生负面影响，从而引起了农村与老城区的医生短缺问题，而短缺问题的日益严峻又进一步影响区域健康服务业的发展，最终导致了局部地理区位的恶性循环。

2. 执业医生专业分布不均现象

除了地理分布不均之外，美国的初级保健医生与专科医生之间存在严

---

① 资料来源：2013 年美国医学院协会（AAMC）年报。

重的不均衡现象。1965～1992年，初级保健医生人数仅增长了13%，而专科医生的人数却增长了121%。[1] 初级保健医生的供给量在1949～1970年出现急剧下降，之后下降步伐才逐步放缓。全科医疗的医生实习期培训项目在20世纪90年代的头几年有所增长，但1998年以来却经历了缓慢下降过程。[2] 其他的初级保健培训计划也呈现类似趋势，这说明医学院毕业生对初级保健学科的兴趣在下降。

根据美国2015年国家卫生统计中心的报告，美国大约有38%的医生是全科医生，其余的62%为专科医生，而其他的工业化国家通常全科医生的比例在50%以上。专业分布不均已经深扎于美国健康服务交付系统之中，而导致这一现象的原因主要有三个：医疗技术进步、职业发展和以专科医学为导向的教育定位。美国的医疗技术无论是在药品研发还是设备升级方面一直处于世界顶尖位置，所以，美国民众对健康服务质量的要求在不断提高、对专科医生的需求也在不断扩大。显然，对专科医生的需求是在医疗技术发展到一定水平时才会逐渐显现的。医疗技术在发展到一定程度时，会促进医学专业的不断细化，从而使得对专科医生的需求呈现上涨趋势。相对而言，对初级保健医生的需求则主要是由总体人口的统计数据决定的。由于总体人口的增长速度明显低于技术进步的速度，所以，初级保健医生与专科医生的差距将会不断扩大。此外，从职业特性上看，美国专业医生的收入和声望都明显优于初级保健医生，加之美国医学院对专科医学的重视，医学生在职业规划时往往受到这些因素的影响，从而导致这两类劳动力供给的差距在不断拉大。

初级保健医生和专科医生的不平衡现象带来了很多不良后果。当专科医生比例较高时，技术水平与服务质量会不断提升，而这些状况的不断强化会进一步扩大对特定疾病的诊疗需求，从而引起了高密度、高价格与侵

---

① Council on Graduate Medical Education, "Patient Care Physician Supply and Requirements: Testing COGME Recommendations," Council on Graduate Medical Education, Eighth Report, 1996, p. 34.

② Dale J. Block, *Healthcare Stewardship* (iUniverse, Inc., 2008), pp. 95 – 99.

入性健康服务的不断增加。然而，当人们更倾向于直接从专科医生那里获取健康服务时，健康服务业的总体效率将低于首先从初级保健医生那里取得早期干预治疗的效率。与专科医生不同，初级保健医生的供给量往往与总体死亡率和重大疾病死亡率成反比。也就是说，初级保健医生人数越多，死亡率越低。[1] 同时，初级保健医生也是少数群体和穷困人口的主要健康服务提供者，因此，缺乏健康服务获得性条件的人口往往遭受的并不是专科医生短缺的困扰，而是初级保健医生短缺的困扰。[2]

二 发展模式存在漏洞，市场作用发挥受限

20 世纪 70 年代以来，管理式医疗系统一直是美国大力推崇并逐步完善的模式集合，但这一模式也不是完美的，存在一定的漏洞。健康服务业发展模式的漏洞主要体现在三个方面。

（一）缄默型优先提供者组织是管理式医疗下的主要漏洞

缄默型优先提供者组织（Silent Preferred Prorider Organizations，Silent PPOs），主要对健康服务提供者的经济利益造成了损害。缄默型优先提供者组织实际上是一个第三方机构。这个机构在没有直接获得健康服务提供者授权的情况下，获取了医生、医院和其他健康服务提供者的折扣价服务。一般情况下，投保实体会与健康服务提供者就合同进行协商，对提供者的工作设定一组偿付值。这些费率可能会导致提供者向未投保的患者提供一个大额折扣。原本对于给定的提供者而言，折扣价格会因不同的投保实体而存在差异，并且会与每个实体单独签订合约。但是，缄默型优先提供者组织与投保实体签订协议时，允许买家进入这一模式，以获得条款上最低的折扣费率。即使他们没有直接与健康服务提供者签订合约，但加入缄默型优先提供者组织的会员还是可以和其他投保

---

[1] T. C. Ricketts, G. M. Holmes, *Mortality and Physician Supply: Does Region Hold the Key to the Paradox?* (Health Services Research, 2007), pp. 2233 – 2251.

[2] L. Shi, D. A. Singh, "Delivering Health Care in America," *Nephrology Nursing Journal* 1 (1998): 97 – 98.

实体一样获取健康服务提供者提供的最低折扣价。缄默型优先提供者组织既可以是保险公司、自保雇主健康计划，也可以是其他缄默型优先提供者组织。此外，它还可以是一个中间商，转售其他组织创建的提供者网络。

很多健康服务机构与健康服务提供者对缄默型优先提供者组织十分反感。他们认为，当医生给予折扣价格时，他们其实是以保险公司的推荐作为交换条件的。在这种情况下，会员会得到一些诱因进而优先选择网络内的健康服务提供者。然而，缄默型优先提供者组织打破了这一诱因。在这一模式下，组织不会为会员进行推荐，但却在服务交付之后以折扣价格进行付费。因此，这一计划实际上导致了提供者从本应得到的收益中损失了财富。

（二）第三方偿付方式导致了过度医疗与浪费欺诈现象

美国的第三方偿付方式往往会引起过度医疗问题，同时也使得浪费与欺诈现象屡有发生。美国健康服务业是众多产业中少有的几个由第三方而非消费者直接支付大部分服务成本的产业之一。只要账单包含着第三方支付人，无论这个"人"是政府还是商业保险公司，个体消费者的开支要远低于其所消耗的实际服务成本。因此，相较于完全由个人支付的服务，第三方偿付使得人们倾向于使用更多的健康服务，这便导致了健康服务的过度利用问题。

由于第三方偿付方式涉及多个相关利益体，所以其复杂性引起了各部门管理成本的上升。管理成本包括各级政府、保险公司、健康服务机构与服务提供者所进行的与订约、登记、营销、索赔、上诉、利用率检测等相关的成本。通常认为，相较于多人偿付方式，拥有单一付款人的健康服务交付系统会有更低的管理成本。第三方偿付不仅导致了管理成本的上升，也为医疗保障计划的欺诈行为提供了活动空间。健康保险欺诈行为是美国医疗照顾计划与医疗补助计划的主要问题之一。保险欺诈一般发生在两种情况之下：第一种是过度医疗，即消费者享有的健康服务数量多于其本身需要的健康服务；第二种是信息错配，即消费者享有的健康服务与第三方支付的健康服务不匹配。在第二种情况下，消费者可能根本没有获得此服务或者获得的是低价服务，但第三方却为此支付了高价费用。事实上，当账单是由第三方支付时，健康服务消费者与提供者的成本节约动机都是十分微弱的。

（三）分散的服务交付关系阻碍了市场有效性的实现

从第六章可知，美国管理式医疗的形成缘于各相关利益体之间的不断协调与发展。因此，管理式医疗系统本质上体现的也是一种复杂的服务交付关系。这样一种复杂的交付关系虽然能够体现美国推崇的民主精神，但却缺乏集中所带来的制度优势。通过政府监管与市场竞争结合的方式，美国在成本控制方面已经做了多次尝试，而大部分尝试都只取得了有限的成功。成功之所以是有限的主要是因为在这样一个分散的体系中，实施全系统范围内的成本控制举措时常是不可行的。美国的成本控制措施只能以零散的方式得以实施，并且每一次的控制举措只能影响健康服务交付系统中的某些目标部门。成本控制难以在美国成功的原因与项目和部门之间的成本转移息息相关。成本转移指的是健康服务提供者通过提高服务利用率或者在没有经济约束的领域收取更高的服务价格来弥补某一被控制领域收入损失的能力。由于美国没能在全系统范围内实行成本控制，所以，健康服务提供者的成本转移能力是很强的。相比之下，其他发达国家推行的全民健康保障计划采用的是单一付款人制度。在这种制度下，集中控制手段是可行且有效的。国家可以统一对健康资源进行调整和配置，并通过供给侧配给的方式控制国民卫生支出，从而制定一个符合绝大多数民众利益的健康计划实施框架。然而，美国则不然。在美国的健康服务交付系统中，服务的类型、价格、获得性条件、地理分布等重要内容均不受联邦政府的强制管束。当一国的中央行政机构缺乏系统约束力时，健康计划的中心职能将被一个含有过多商业成分的分散系统所控制，那么也就难以实现健康服务市场的有效性。

三　发展机制效率未充分发挥，获得性条件与质量水平有待改善

（一）成本问题

一般来说，美国的公立医院规模较大，主要服务于社区居民，同时也为急诊病人与贫困人口提供健康服务。公立医院由联邦政府与州及地方政府资助，所以，即便病人完全没有支付能力，它们也必须提供诊疗服务。相对而言，私立医院归个人投资者所有，所以，它们有权拒绝治疗。不过，根据美国法律规定，私立医院在应对急诊情况时，需要首先采取稳定病情的方案，之后交由公立医院进行治疗。

2013年，美国有超过1.36亿人口将急诊服务作为他们获取健康服务的途径。美国各地的社区医院几乎均设有急诊部门，急诊部门接收的患者主要分为两种，一种是需要马上接受急诊治疗的患者，比如中风、车祸、枪伤、自杀等；另一种则是保额不足或未参保的穷人，这类患者往往会在病情发展严重时去急诊部门寻求治疗。美国法律规定，急诊不能拒收病人。如此一来，即使急诊部门的诊疗费用出奇得高，穷人还是可以得到及时的急诊服务。急诊部门对这些无法偿还的账单一般做两类处理：一类是直接做坏账处理；另一类则是将这部分费用转移到有健康保险或财富的人身上。显然，如果仅增加一条充满人道主义关怀的规定，就等同于破坏了健康服务市场的供求均衡，致使美国急诊部门的服务价格居高不下，也榨取了一部分美国人民的经济利益。

除了健康服务的价格问题，高昂的处方药开支也一直遭到广大民众的诟病。美国药品研究与制造商协会对此做出了回应，其认为，美国药品价格之所以居高不下与多年的研究时间和数亿美元的研究经费密不可分，过高的研究成本决定了品牌药品的高定价。然而，制药行业赚取的利润已经不是"适当收益"可以解释得通的。如果处于一个竞争激烈的市场，即便一个制药公司开出天价药单，它也会面临多个竞争对手以较低价格提供药效相同的产品，如此，价格便会朝着最低生产成本加正常利润的方向发展。然而，现在的制药公司之所以能在当前的定价决策中仍有销路，与政

府部门给予的专利特权密不可分。

事实上，国民卫生支出居高不下的局面给美国中产阶级造成了最坏影响。高昂的健康开支对美国贵族阶级造成不了多大的实质性伤害，他们可能会抱怨，但却不需要改变他们一贯的消费方式。对于穷苦民众而言，他们的信用记录往往已经很差了，由于存在急诊先治后付的规定，他们可以带着破罐子破摔的心态对待价格不菲的健康成本，直接对账单视而不见。而美国中产阶级不同于以上两个阶级，他们努力工作，定期纳税，维护着良好的信用记录，但一旦生病，尤其是重大疾病，却要背负沉重的经济负担，甚至濒临破产。因此，中产阶级是对现有美国医疗保障制度抱怨最多的阶层。美国是所有发达国家中中产阶级比例最高的国家，达到总人口的82%左右。所以，解决美国健康服务业的价格问题首先要将目标放在广大的中产阶级身上。

（二）获得性问题

对于美国而言，相较于成本控制与质量改善，针对所有美国公民的健康服务获得性问题在短时间内仍然是一个遥不可及的梦想。

美国健康服务的获得性差异主要体现在三个方面：种族差异、收入差异与地区差异。这三种差异具有一定的内在相关性。美国是一个拥有多种族与民族的国家。一般情况下，少数人种的受教育程度较低、收入水平也较低，所以其社会经济地位也要稍低一些。社会经济地位往往与获得性水平呈正相关关系。也就是说，社会经济地位高，健康服务的获得性水平也会处于高位。因此，相较于白种美国人，其他的种族和族裔群体往往具有较差的健康服务获得性条件。这一点在收入引起的获得性差异中也有类似关系。

健康服务的获得性问题也存在地区差异。相较于城市人口，农村人口会面临更高的获得性壁垒，且有更高的死亡率、患病率与更短的预期寿命。[①] 尽

---

① L. Shi, D. A. Singh, *Essentials of the U. S. Health Care System* (Essentials of the U. S. Health Care System, Jones & Bartlett Learning, 2013), pp. 377 – 386.

管农村人口有更高的健康服务需求，但是在服务获得性方面却存在严重的局限性。农村地区的健康服务交付问题与上文提到的劳动力供给及配置有关，在此不再过多赘述。

（三）质量问题

美国健康服务业的质量问题往往与健康服务提供者有关。提供者提供的服务质量往往存在差异，这种差异主要与两种行为有关：防御性医疗与无端实践变化。

有关防御性医疗，要从提供者面临的法律风险说起。美国健康服务交付系统存在法律风险，这种法律风险使得健康服务提供者在进行医学实践时采取防御性行为。从医学层面看，防御性医疗行为往往不具有合理性。但从法律层面看，由于医疗事故理赔额度巨大，防御性医疗能够保护提供者本人免受违规诉讼的风险。虽然这一行为能够维护健康服务提供者的经济利益与社会名望，但却给健康服务业带来了不小的伤害。从长远来看，当健康服务提供者预期其执业风险会不断增加时，他们会提高自己的收费标准。同时，当他们想规避这类风险时，他们又会造成大量的资源浪费。而当大部分医生都采取防御性行为时，医生的整体执业水平会受到限制，医学实践与医疗技术的发展也会出现停滞。

健康服务交付中的无端实践变化（Unwarranted Variation）指的是无法用疾病特点、医疗需求或循证医学知识来解释医疗实践方式的变化。这一术语由约翰·温伯格（John Wennberg）提出，他指出了医生行为中存在一个干扰现象，这一现象显示出医生在对待相似病人时会采取不同的诊疗方式，而实践方式上的显著差异仅仅与某些地理区域有关。在认识到这一点之后，实践变化可以被看作一种小面积的变化。根据马丁·西科夫（Martin Sipkoff）在《九种减少无端变化的方法》中的分析，通过对美国医疗照顾计划数据的分析，在调整年龄、性别和种族数据的基础上，迈阿密的人均花费几乎是明尼阿波利斯的 2.5 倍。[①] 而根据 2003 年全国质量保

---

① Martin Sipkoff, "9 Ways to Reduce Unwarranted Variation," *Managed Care* 12 (2003): 20-24.

证委员会的报告，每年美国有 5.7 万人的死亡是由医生在行医时没有遵循循证医学造成的。也就是说，无端实践这种小面积的变化不仅是昂贵的且是致命的。

第三节　美国健康服务业发展的趋势

美国健康服务业的未来将是一个兼具发展与挑战的产业集群。健康服务交付系统内各个相关利益体既会享受产业发展所带来的经济效益，又会面临产业变化所带来的巨大挑战。

一　医疗改革的进程不断推进

美国《平价医疗法案》最终是否会演变成一个全民健康保险计划，现在多方均有所猜测。全民健康保险计划是一个将融资职能和保险职能全权交由政府接管的普惠计划。如果美国实现单一付款人制度，那最终的结果无外乎两种，一种类似于医疗照顾计划，将所有的融资职能与保险职能全权交由联邦政府接管，实行健康服务交付系统内的联邦政府集中原则；另一种则类似于医疗补助计划，所有的融资与保险职能由联邦政府与州及地方政府共同管理，联邦政府负责政策制定与监督，州及地方政府负责具体执行，实行系统内的各级政府民主原则。从现阶段来看，单一付款人制度能否实现，或者向哪种计划倾斜，并没有实质性的迹象可以加以佐证。但是，有一点可以明确的是，如果美国最终实现单一付款人制度，那么成本共担是必需的。也就是说，即便单一付款人制度实现了健康保险的全民覆盖以及一定程度的服务获得性，消费者仍然要对一部分的健康支出承担责任。奥巴马医改实施的这几年一直在往这一目标上推进，但是却只字不提单一付款人机制。截至目前，这一目标的实施也面临着诸多阻力，包括新一届政府的频频阻挠。所以，全民覆盖和广泛获得性仍然是努力的方向。

单一付款人制度能否实现主要取决于三个因素，而处于中心位置的是政治力量的博弈。《平价医疗法案》的首席设计师之一哈里·里德（Harry Reid）参议员曾经承认，在与其他民主党人士就《平价医疗法案》进行讨论期间，单一付款人制度也曾被摆在谈判桌上，而且有些民主党派也准备支持这一制度。但是，最终这一制度却没能成为政治焦点，遭遇提前搁浅。实际上，如果单一付款人制度想顺利实现，除了充分的提案之外，政治力量的一致性是关键因素，同时也是不可抗力的因素。纵观美国医改历史，政治力量一直处在医疗法案辩论的中心舞台。就好比奥巴马医改，它是在 2010 年 3 月获得国会通过的，但是截至目前，医改愿景却一直没能完全实现，甚至很有可能在特朗普执政期间遭遇废除命运。而特朗普要想废除奥巴马医改，同样需要政治力量的一致性。在 2014 年选举之后，民主党派参议员舒默（Chuck Schumer）曾表示，无论美国医改的优劣如何，这都是糟糕的政治。的确，政治争论一直是制约美国实现公共目标的一个突出障碍。即便政权重新掌握在民主党派领导人的手中，单一付款人制度能否通过也在于政治家对其估测的政治成本的高低。

此外，单一付款人制度也取决于社会因素和经济因素。假设健康保险的保费成本以及自付比例已经超出大部分人的承受范围，那么这种社会压力就会推动单一付款人制度的形成。而在经济方面，奥巴马医改期间不仅对保险公司、制药公司、医疗器械公司增税，而且对年收入超过 20 万美元的个人或者年收入超过 25 万美元的家庭征税。这种做法就等同于让富人为穷人的疾病买单。一旦美国实施单一付款人制度，那么赋税增加仍然在可预测的发展轨迹上，这是美国政府实施计划的一贯本性。如同医疗补助计划和医疗照顾计划一样，所需支付健康计划的资金似乎永远都是不够的。所以，单一付款人制度要想最终实现，还需要突破重重困难。而在之后的 10～15 年内，单一付款人制度的发展仍不明朗，推出的可能性是极小的。

二　成本控制的力度不断加大

获得性公平是奥巴马医改的主要愿景，但是任何形式的获得性公平都需要伴随成本控制措施，否则，获得性将无法实现。美国的成本控制已经到了刻不容缓的地步。为了实质性地将成本控制在一个合理的范围内，利用率管理、商品价格限制以及资源定量配给都是必要的控制举措。美国政府是在宏观和微观两个层面上应对这场成本战争的中心力量。《平价医疗法案》实施期间，成本的控制力度无法达到其应有的水平。政府职能没能奏效的同时，大多数美国人也在强烈反对政府的介入。根据美国国会预算办公室的报告，有关《社会保障法》、医疗照顾计划、医疗补助计划、儿童健康保险计划以及《平价医疗法案》的保险补贴，联邦支出已经在大幅上涨，预计到 2040 年会占到 GDP 的 14.2%。

医疗照顾计划的融资本质是一个代代相传的体制。现行纳税人为现有的受益人支付权益，而融资不足之处由后代支付。根据联邦医院保险和联邦补充医疗保险信托基金董事会有关医疗照顾计划年度赤字的报告，即便医疗照顾计划有关破产日期的估计每年都在波动，但是不可否认，在未来的 12~15 年内，这一制度将无力偿还。报告也显示，医疗照顾计划的支出上涨速度将快于劳动人口收入与国家经济产出的增速。显然，美国医改之路不会就此结束，而之后的改革都不可能忽视成本上涨的严峻态势。《平价医疗法案》包含一些针对医疗照顾计划的成本节约措施，但其长期效果尚不明确。如果成本控制没能产生实际效用，那么不仅医疗改革是毫无意义的，美国人的日常生活也将受到波及。

在这里，有些学者认为，美国的健康服务业应该交由市场这只"无形的手"来把控，而不应该过多干预，这是共和党反对医改的主张之一。而实际上，美国的健康服务交付系统一直是以市场为主、以政府为辅。这样的交付系统究竟给美国带来了什么？是更好的运行机制、更合理的资源配置，还是更优质的健康服务？而这些，从前几章可知，美国都没有做到。所以说，在健康服务业，市场不是万能的，达成共识也几乎是不可能的。在这种时候，如果想要实现成本控制，就需要打破原有的规则体系，引入一个或多个市场扭曲，强化联邦政府的强制力。

三　从业人员的多元化程度不断提升

充足的劳动力投入是健康服务交付系统的重要组成部分。目前，美国健康服务专业人员存在严重的短缺问题与配置问题。一方面需要对现有的劳动力资源进行有效利用；另一方面则需要引导和支持医学院扩大对健康人才的招收名额，尤其是在初级保健、老年医学等短缺最严重的专业上。显然，所有健康服务专业人员都要接受全面的教育、培训和实习，在获得执业资格之后方可执业。医学是一门严谨的科学，它的错误所造成的伤害可能是致残甚至致命的，所以，培养一名优秀的医务工作者是一个漫长的过程，需要花费大量的人力、物力和财力。

初级保健医生发挥的是综合医生的作用。他们的工作范畴更多的是对专科医生工作的补充和协调。美国患有慢性疾病的人口在显著增加。对于一种或多种慢性疾病，一般的治疗过程是先到初级保健医生那里问诊，再转诊到专科医生手中，由专科医生为其治疗。但慢性疾病的特点是治疗周期长且容易反复，彻底治愈的可能性低。所以，当专科医生确诊后，其主要工作就结束了，之后是长时间的维护、改善以及预防其他慢性病的过程。而这些工作都应该由初级保健医生来承担。所以，初级保健医生以后的培训方向将会更多地强调有关慢性病的预防和护理，掌握生命末期的医学伦理问题，并培养其组建与带领健康护理团队的能力。

婴儿潮时期出生的人口已逐步迈入老龄阶段，这意味着，对老年病学专业人员的需求将逐步上升。与此同时，培养老年病学专业人才的大学和学院处于短缺阶段，这就使得老年病学专业人员的短缺问题更为严峻。显然，老年病学专业人员的短缺问题已成为美国劳动力方面的一个严重挑战。美国的老年人使用了大部分的家庭保健服务与养老院护理服务，占用了一半的住院天数，门诊就诊人数也达到了总就诊数的1/4。许多老年人都患有慢性病，并且由于并发症的存在、痴呆症患病率的升高以及多种处方药的使用，老年人的护理工作往往是十分复杂的。有证据表明，在老年病学专业人员的照料下，老年患者可以在不增加成本的情况下拥有更好的身体与心理状态。[①] 美国健康服务业的劳动力在未来的发展方向将着重强调新兴专业与短缺专业，重塑这些专业人员的产业地位，提高这些人员的行业收入标准，并有计划地对农村地区进行人才输送，提高他们的收入补贴。

劳动力的种族融合与文化多元化也将是未来的发展趋势。根据美国人口普查局的估计，在 21 世纪中叶，美国公民将有一半以上是有色人种。培养健康服务专业人员的文化能力将对服务交付产生积极影响。文化能力是指从业者在知识、技能、态度和行为上为多文化和多种族背景下的个体提供最佳健康服务的能力。对文化能力的培养将会消耗掉一些原本用于医学研究或其他方面的有限资源。但是，从长期来看，这种培养对一个多种族和民族的国家而言是有意义的。未来的健康服务专业人员，应了解不同的宗教信仰、种族血统、风俗习惯、家庭结构以及其他基于文化的因素，同时了解这些因素对患者的疾病发生以及遵医过程所产生的变化与影响。

四　价值导向的影响不断强化

以价值为导向的发展模式是美国健康服务业发展的新方向。以价值为导向意味着健康服务的评价标准与收费标准发生了根本性的变化，服务的评价标准主要体现在三个方面：①为个体提供更好的健康服务；②为群体提供更优的健康水平；③更低的成本花费。以价值为导向的发展模式实际上是管理式医疗系统下的一次文化变革。这次变革的重点在于健康服务的质量而非数量。也就是说，健康服务提供者要想收到合理的报酬不应以服务交付的数量作为标准，而要看消费者的康复情况与满意度调查。

想要提供更好的健康服务，实现健康水平的提升，就需要对服务的内容加以调整。美国健康服务业的前身是医疗服务业，医疗服务业强调的是疾病对抗治疗，而健康服务业强调的是预防、诊断、治疗、后续护理等有

---

① H. J. Cohen, J. R. Feussner, et al., "A Controlled Trial of Inpatient and Outpatient Geriatric Evaluation and Management," *New England Journal of Medicine* 346 (2002): 905 – 912.

关个体健康的全过程服务。健康服务业将健康管理与促进的内容纳入产业发展规划之中。在这一新兴交付系统中，健康服务消费者不再是被动的服务接受者，而成为自身健康的主动管理者。健康服务提供者除了对重大疾病进行诊疗之外，还需要针对消费者的亚健康状态进行健康教育与培训，增强消费者的健康认知能力与自我管理能力。目前，肥胖、吸烟、龋齿等亚健康状态已引起医学界的关注。健康服务业不仅仅要重视重大疾病带来的严重后果，更要了解亚健康状态带来的深远影响。即便在短时间内亚健康状态并没有出现严重病灶，但从长远看，亚健康所引发的健康风险将会在未来对国民健康造成负面影响，对健康服务业的可持续发展造成沉重负担。

现阶段，美国健康服务业的发展模式已发生了改变，后续发展将着重于身心健康、疾病预防以及服务协调。责任医疗组织模式、医疗之家模式、社区化初级保健模式均是以价值为导向的新兴发展模式，这些模式会在未来全力发展。多模式结合与并行是健康服务业发展的必然趋势。而无论采用哪种模式，价值导向的影响都不能被忽视。

五　服务与技术的融合程度不断加深

美国健康服务业的技术发展趋势主要体现在两个方面，一个是通过医学技术手段改善人们的生活质量和健康状况；另一个是通过信息技术手段提升健康服务交付系统的整体利用效率。

遗传作图是分离基因的第一步。人类遗传信息为分子医学领域开辟了道路。分子医学是医学的一个分支，其通过基因治疗理解基因在疾病发展和疾病治疗中的作用。基因治疗是一种将功能性基因插入靶细胞以改良先天性缺陷或为细胞提供新功能的治疗手段。目前，这种治疗手段大多处在研究阶段，在临床试验中比较有希望的基因治疗项目多是针对病因单一、病理相对清晰的单基因遗传病，而且即使是已经批准上市的治疗项目，其作用也有可能非常有限。不过，未来的健康服务业将迈入一个精准健康的时代，个体化治疗是健康预防、诊疗、恢复和促进过程中的关键环节。同一种疾病，不同的患者会在程度、动态、组织损伤、治疗敏感性、对不良反应耐受力等上存在千差万别。基因治疗未来的发展方向将取代现阶段的药物治疗与手术治疗，并将个体差异纳入整个治疗过程中。除了遗传学的发展，成像技术、微创手术、疫苗、血液替代、异种器官移植、再生医学等都是医学技术发展的新方向。

数据的精确处理是提升服务利用效率的有效方法之一。临床医生和管理人员都希望通过精确的数据支持来指导他们制订合适的计划并做出正确的决策。但是，健康服务交付系统却总是面临着数据缺失或数据错误等问题。健康服务提供者可能会根据不可靠的数据做出假设，或者通过烦琐的过程来获取数据。这些都在无形当中增加了健康服务的成本。企业数据仓库（Enterprise Data Warehouse，EDW）是克服当前数据问题的关键。企业数据仓库可以通过应用程序轻松分析不同背景用户的实时数据。随着对高质、准确数据需求的不断提高，工作人员对分析工具的要求将会更高。类似于企业数据仓库这类的信息技术产品将在未来广泛应用到健康服务业当中，以便在改善健康服务的同时实现成本的节约。

当然，与健康服务业相关的技术新探还有很多实例，在这里，不再做详尽说明。从更大的格局来看，创新性健康技术正在帮助美国发展全球经济。越来越多的企业家开始对医疗技术进行投资。医疗技术公司中有95%属于中小企业，大部分都致力于研发投资。医疗技术行业平均会将8%左右的销售额用来进行再投资，把资金投入新的产品研发当中。由于技术对健康服务业的影响是一个渐进的过程，我们没办法获取准确的数据来直观地感受其影响的变化。但是，众所周知，科学技术已成为全球经济的一大焦点。当更多的投资致力于医疗领域的技术发展时，很显然这意味着对该领域的兴趣已经显著增加。所以，健康服务与科学技术的充分融合必将重塑包括美国在内的许多国家的经济格局，甚至是全球经济格局。

第四节　本章小结

美国健康服务业经历多年发展，已经取得显著成效。自 21 世纪初，美国健康服务业对各产业部门产出、就业及工资收入的增长做出了很大贡献。从中期来看，未来健康服务业对国民经济的影响同样十分可观。美国健康服务业存在涟漪效应。这种涟漪效应不仅体现在具体的经济数据上，也体现在发展内容的外延上。而从产业内部效益来看，美国健康服务业的发展提升了国民的整体经济福利水平，带动了国民健康意识的逐步增强。

不过，发展之路不会就此停息，美国健康服务业的未来仍是一个兼具挑战与机会的产业集群。相较于其他发达国家，美国的健康服务业仍面临诸多问题。这些问题有些能够在短期内得到解决，有些却需要长期规划。显然，高度市场化的健康服务业并没有给美国公民带来更优质的健康服务环境，所以，引入多个市场扭曲、强化政府职能、打破原有的规则体系仍是至关重要的。

2010 年通过的《平价医疗法案》最终是否会演变成一个全民健康保险计划，目前尚不明朗。但有一点可以确定的是，无论健康服务业如何发展，成本控制都是迫在眉睫的。以价值为导向的新兴发展模式不仅能够提升健康服务的获得性与质量，同时也为劳动力的多元化发展提出了新要求。技术创新正在以一种前所未有的形式打造美国健康服务交付系统。而从一个更大的格局来看，健康服务与科学技术的充分融合必将重塑包括美国在内的多国经济格局，甚至是全球经济格局。

第九章　对我国健康服务业发展的启示

在我国，健康服务业是现代服务业的重要组成部分，是有关健康的新兴产业集群。一方面，随着我国医疗体制改革的逐步深化、人口结构的不断调整以及国民健康服务需求的快速增长，我国健康服务业虽然起步较晚但发展迅速，健康服务市场日益扩大，服务内容也日渐丰富；另一方面，由于我国健康服务业尚处于快速成长阶段，各行业发展起点各有不同，产业内部协调能力与融合程度均不成熟，仍面临诸多发展困境。本章首先从我国健康服务业的发展概况出发，阐述我国健康服务业的发展历史与发展现状。之后，分析我国健康服务业发展中面临的问题。通过之前章节对美国健康服务业的发展研究，在对比中美健康服务业的基础上，为我国健康服务业的发展提供有益启示。

第一节　我国健康服务业发展概况

一　我国健康服务业发展历史

对我国而言，健康服务业尚是一个全新的课题。虽说是一个全新的课题，但却不能算是一个全新的领域。作为一个拥有上下五千年历史的古老国度，健康服务业的前身——医疗服务业实际上已经存在许久。据《周书·五会篇》记载，周成王执政期间，就曾在成周大会的会场旁，设过

"为诸侯有疾病者之医药所居"的场所，这便是我国最早的医院雏形。到了春秋时期，据《管子·入国》记载，齐国著名政治家管仲在首都临淄（现山东淄博市）建立了"疗养院"，专门收容聋、盲、哑、跛、躄等残疾人到此地集中休养。而据《汉书·平帝纪》记载，汉代已在各地设置隔离传染病的医治场所，配备医生和药物，免费为百姓治疗。回顾历史，不难发现，中国古代的病坊已具备医疗机构的职能，是中国最早的中医学医院、疗养院与传染病医院的雏形。而中国西医学史的开端则要追溯到1835年美国传教医生伯驾创建的广州眼科医局，也就是现今的中山大学孙逸仙纪念医院，它是我国历史上最悠久的西医医院，见证了中国西医学"从无到有、从有到兴"的历史全程。显然，有别于美国，中国的医疗服务业是基于现代医学与传统医学的多种医学体系发展而来的，加之中国是一个多民族国家，各民族有自己的聚居地区、风土人情与民俗习惯，因此也有相应的医学根基。藏医、蒙医、苗医等都属于传统医学的组成部分。

纵然我国医疗服务业的历史根基很深，但发展是十分缓慢的，有关医疗服务相应的医疗保障制度也直到新中国成立之初才算有迹可循。我国的医疗保障制度始于以企业职工为对象的劳保医疗制度和以国家机关与事业单位工作人员及在校大学生为对象的公费医疗制度，两大医疗保证制度于1951~1956年逐步确立。不过，医疗保障制度建立之后，医疗费用大幅上涨，浪费现象十分严重。为了解决医疗保障制度中的固有问题，我国曾走过一段曲折的医改之路。直到1998年12月14日，国务院颁布《关于建立城镇职工基本医疗保险制度的决定》，有关医疗保障制度在全国范围内的改革才正式确立。

1984年，我国商业保险复业。但在基本医疗保障制度建立之前，商业健康保险的发展是极为缓慢的。而真正的发展也基本与职工医保的发展并行。1994年，随着职工医保两江试点的开始，商业健康保险有了初步发展，以重大疾病险居多。1998年，伴随职工医保44号文的出台，商业健康保险迎来了第一个黄金发展期，商业健康保险开始向参保人提供高端医疗保险。但在2008年之前，商业健康保险仍处于自行发展局面，整体发展有限。由于民众保险意识差、控费手段有限，多数保险公司对健康保险业务持谨慎态度，部分综合性保险公司甚至一度试图撤销健康保险业务。2008 年后，随着新医改的启动，有关商业健康保险的发展文件密集出台，健康保险的商业化发展也成为国家战略，商业健康保险开始在大病保险、税优健康险及长期护理保险等领域实现新探索。与此同时，商业保险公司也开始跳出传统的偿付方式，从简单的费用报销与经济补偿向病前、病中、病后的综合性健康管理服务延伸，积极探索健康保险与健康管理的结合发展。可见，我国的商业健康保险已成为基本医疗保障制度的重要补充，是多层医疗保障体系的重要组成部分，为实现保障职能补充、健康服务延伸、风险控制强化做出了重要贡献。

事实上，我国早在 4000 多年前就有了健康管理的理念。中医的阴阳平衡理论很好地诠释了健康管理的重要意义。然而，由于近些年西医学在精准医疗与信息技术上的发展，中医学中的一些宝贵财富被掩盖，因此，现代的健康管理业几乎与中医学没有太多关联。我国的健康管理业始于 21 世纪初，体检型健康管理发展最好，就医型、保健型、整合型、网络型等其他形式混杂，行业混乱、缺乏规范。慈铭体检是体检型健康管理领域的开拓者，其在建立之初也不是一帆风顺的，而是面临诸多困难。2002 年暴发"非典"（重症急性呼吸综合征）疫情后，国民的健康保健开始逐步加强，健康管理业也迎来了发展契机。2005 年，国家正式将健康管理师看作一个新的从业资格纳入健康管理业之中。至此，有关健康管理的商业培训遍地开花，整个行业开始呈现高速发展。2001～2015 年，中国的健康管理业被打上了深深的体检烙印，无论是机构还是个人，一提到健康管理，首先想到的就是健康体检。然而，健康体检却不是健康管理的全部内容，甚至不是健康管理业的核心要义。因此，我国的健康管理业也不会止步于此。

二 我国健康服务业发展现状

2013 年 9 月，国务院印发了《关于促进健康服务业发展的若干意见》

（以下简称《意见》），明确提出了中国健康服务业的内涵与外延。《意见》指出："健康服务业以维护和促进人民群众身心健康为目标，主要包括医疗服务、健康管理与促进、健康保险以及相关服务，涉及药品、医疗器械、保健用品、保健食品、健身产品等支撑产业。"《意见》的发布，实际上是第一次从政治上确立了健康服务业的重要地位，为健康服务业的发展奠定了良好的政治基础。在中国，由于政权特性，这样的政治基础将会在经济上、政治上、社会上以及学术界产生广泛影响，这无异于是在为中国的健康服务业发展铺平道路。

总体来看，中国健康服务业正处在快速成长阶段，健康服务业的发展模式与发展机制尚处于研究和探索之中，发展潜能巨大。国民卫生总支出将呈现持续扩大趋势，国民的健康意识也将初步提高。在未来的30年，伴随互联网与信息技术的快速发展，中国健康服务业也将朝着专业细化与产业融合的方向大步迈进，覆盖全生命周期的健康服务交付系统指日可待。

2019年，我国GDP为99.09万亿元，卫生总支出为6.58万亿元，占GDP的6.64%。其中，政府卫生支出为1.80万亿元，社会卫生支出为2.92万亿元，个人现金卫生支出为1.87万亿元，占卫生总支出的比例分别为27.36%、44.27%和28.36%。[①] 截至2019年底，全口径基本医疗保险参保人数达13.5亿人，参保覆盖率持续稳定在95%以上。[②] 根据《"健康中国2030"规划纲要》，"2015年我国人均预期寿命已达到76.34岁，婴儿死亡率、5岁以下儿童死亡率、孕产妇死亡率分别下降到8.1‰、10.7‰和20.1/10万，总体上优于中高收入国家平均水平，为全面建成小康社会奠定了重要基础"。该纲要要求，到2030年，人民健康水平持续提升，人均预期寿命达到79.0岁；主要健康危险因素得到有效控制；优质高效的整合型医疗卫生服务体系和完善的全民健身公共服务体系全面建

---

① 资料来源：《中国统计年鉴2020》。
② 资料来源：《2019年医疗保障事业发展统计快报》。

立，健康保障体系进一步完善；健康产业规模显著扩大，健康制度体系更加完善，健康服务业总规模达到 16 万亿元。

（一）医疗服务业发展现状

同美国一样，我国的健康服务业同样源于医疗服务业。医疗服务业是我国健康服务业发展的重要基础。作为世界人口第一大国，我国庞大的人口基数以及老龄化人口的上升带动了医疗服务需求的持续增长。全民医疗与全民健康不仅关乎个人的生活与生命质量，更关乎国家的战略规划，因此，有关健康的各类问题都应得到历届政府的持续关注。

从医疗服务需求角度看，消费者是接受医疗服务的个体，消费者人口结构的变化必然会影响医疗服务需求的改变。目前，我国人口结构已出现两极分化趋势。一方面，人口老龄化速度正在逐步加快。根据国家统计局召开的新闻发布会，截至 2017 年底，我国 60 岁以上的老年人口已经突破 2.4 亿人，占总人口的比重达到 17.3%，其中 65 岁以上的老年人口突破 1.58 亿人，占总人口的比重达到 11.4%，预计 2040 年老龄人口比例将超过 30%。2050 年中国老龄人口将占全球总数的近 1/4，成为全球人口老龄化最严重的国家。根据北京大学国家发展研究院的研究，我国 65 岁及以上老龄人口的年均医疗费用远高于其他组别人群（见图 9 - 1）。同时，对于 25 岁以上的组别而言，医疗费用与年龄呈明显正相关关系。这意味着随着医学的进步，人口的平均预期寿命在不断延长，老年人口在不断增多，对医疗服务的需求在明显增加，而医疗费用也将持续增长。另一方面，由于我国生育率由高转低、人口红利逐渐消失、超低生育率临近等问题，自 2011 年 11 月，全国各地开始推行二胎政策，至 2021 年 7 月，国家为进一步优化生育政策，三孩政策也陆续放开，生育率有望实现更快回升，新生婴儿数量的增加也同样会引起医疗费用的持续走高。

从医疗服务供给角度看，医疗卫生机构、卫生人员、政府支出均对医疗服务的供给起到推动作用。近年来，政府卫生投入有所放缓，社会卫生支出持续增加，政府卫生支出从 2009 年的 4816.26 亿元上升至 2019 年的 18016.95 亿元，年均增长率达到 14.10%，占总卫生支出的比重从 2009

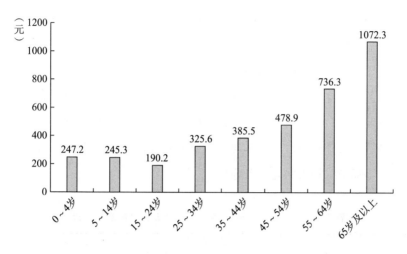

图 9-1　各年龄组人群年均医疗花费情况

资料来源：北京大学国家发展研究院。

年的 27.46% 下降至 2019 年的 27.36%；社会卫生支出从 2009 年的 6154.49 亿元上升至 2019 年的 29150.57 亿元，年均增长率达到 16.83%，占总卫生支出的比重从 2009 年的 35.08% 下降至 2019 年的 44.27%；医疗卫生机构从 2009 年的 91.66 万家增加到 2019 年的 100.76 万家，医疗卫生机构床位数从 2009 年的 441.66 万张上升至 2019 年的 880.70 万张，年均增长率分别为 0.95%、7.15%；而卫生人员则从 2009 年的 778.1 万人上升到 2019 年的 1292.8 万人，年均增长 5.21%，明显快于同期人口总数 0.48% 的年均增长率。① 显然，我国的医疗服务业正处于快速成长阶段。

我国的医疗卫生机构主要分为三大类：医院、基层医疗卫生机构和专业公共卫生机构。其中，医院可划分为公立医院和民营医院，既有公立性质，也有民营性质；基层医疗卫生机构包括社区卫生服务中心（站）、乡镇卫生院、村卫生室与诊所（医务室），以公立性质居多；专业公共卫生机构包括疾病预防控制中心、专科疾病防治机构、妇幼保健机构、卫生监

---

① 资料来源：《中国统计年鉴 2020》。

督所（中心）、计划生育技术服务机构。截至 2019 年，全国医疗卫生机构总数达 100.76 万个，其中，医院 3.44 万个，基层医疗卫生机构 95.44 万个，专业公共卫生机构 1.60 万个（见表 9 - 1）。我国医院大多以提供门诊服务、住院服务与急诊服务为主，但几乎所有服务类型均指向专科服务。也就是说，级别越高的医院，专科划分越细，初级保健服务越少。相反，尽管大部分市级以下的基层医疗卫生机构医学专业度较低，但提供的服务内容却多以初级保健服务为主。

表 9 - 1　2018 年与 2019 年全国医疗卫生机构数与人员数

机构类别	机构数（个）		人员数（万人）	
	2018 年	2019 年	2018 年	2019 年
总计	997433	1007545	1230.0	1292.8
医院	33009	34354	737.5	778.2
公立医院	12032	11930	574.8	600.2
民营医院	20977	22424	162.7	178.1
基层医疗卫生机构	943639	954390	396.5	416.1
社区卫生服务中心（站）	34997	35013	38.3	61.0
政府办	17715	17374	—	—
乡镇卫生院	36461	36112	139.1	144.5
政府办	35973	35655	—	—
村卫生室	622001	616094	—	—
诊所（医务室）	228019	240993	—	—
专业公共卫生机构	18033	15924	88.3	89.6
疾病预防控制中心	3443	3403	18.8	18.8
专科疾病防治机构	1161	1128	—	—
妇幼保健机构	3080	3071	45.5	48.7
卫生监督所（中心）	2949	2869	8.2	7.9
计划生育技术服务机构	6276	4275	—	—
其他机构	2752	2877	7.8	8.9

资料来源：《2019 年我国卫生健康事业发展统计公报》。

1. 关于初级保健服务

一般来说，一个国家健康服务业的发达程度是由初级保健医生的比重决定的。观察一国初级保健服务的发展水平，不仅可以大致判断这个国家健康服务业所处的发展阶段，还能大体了解此国国民的整体健康状况。近些年，我国的初级保健服务发展较快。针对初级保健服务建立的社区卫生服务体系已初具规模，城镇居民社区卫生服务的公平性与可及性已实现基本覆盖。目前，全国有 95% 的地级以上城市与 86% 的市辖区与一批县级市相继开展了城市社区卫生服务。截至 2019 年，社区卫生服务中心（站）有 35013 个，政府承办 17374 个，占比 49.6%；乡镇卫生院有 36112 个，政府承办 35655 个，占比 98.7%。[①] 我国国家基本公共卫生服务共有十四大项，其中，基层医疗卫生机构主要处理十大类服务内容，所有这些服务内容均由国家为城乡居民免费提供，由社区卫生服务中心（站）、乡镇卫生院和村卫生室负责具体实施。近些年，在政府的政策引导下，基层医疗卫生机构已经实现了经营范围的扩展，从简单的日常诊疗逐步转向预防保健、健康管理与传染病防治等。与此同时，有关基层卫生服务的全科团队建设也在逐步加强。全科医生是基层卫生服务的中坚力量，也是初级卫生保健的最佳提供者。2018 年 1 月，国务院印发《关于改革完善全科医师培养与使用激励机制的意见》，要求到 2020 年，实现每万名城乡居民拥有 2~3 名全科医生的规划目标。

随着基层医疗服务网络的逐步形成，基层医疗卫生机构的诊疗人次逐年增加。2019 年，社区卫生服务中心、社区卫生服务站和乡镇卫生院的诊疗人次分别为 6.9 亿人次、1.7 亿人次和 11.7 亿人次，相比 2018 年，分别增长 5000 万人次、1000 万人次和 5000 万人次（见表 9-2）。此外，基层医疗卫生机构的床位数从 2018 年的 158.36 万张增加到 2019 年的 163.11 万张，增加 4.76 万张。显然，不仅基层医疗服务的投入在逐年提升，城乡居民对基层服务的利用率与信任度也在不断提升。

---

① 资料来源：《2019 年我国卫生健康事业发展统计公报》。

表 9 - 2　2018 年与 2019 年基层医疗卫生机构服务利用情况

机构类别	诊疗人次（亿人次）		床位数（万张）		入院人数（万人）	
	2018 年	2019 年	2018 年	2019 年	2018 年	2019 年
社区卫生服务中心	6.4	6.9	20.9	21.5	339.5	339.5
社区卫生服务站	1.6	1.7	—	—	—	—
乡镇卫生院	11.2	11.7	133.4	137.0	3985	3909
村卫生室	—	—	—	—	—	—
诊所（医务室）	—	—	0.0347	0.04	—	—

资料来源：《2019 年我国卫生健康事业发展统计公报》。

2. 关于专科医疗服务

尽管近些年我国基层医疗服务的投入力度正在不断加大，但是，专科医疗服务仍占据医疗服务业的主体地位。有别于初级保健服务，专科医疗服务主要由高级综合性医院与各类专科医院提供。根据我国《医院分级管理标准》，依照医院的功能、设施、技术水平等资质对医院实施分级评定，我国医院被划分为一级、二级与三级。一级医院为基层医院，主要为单一社区居民提供预防、医疗、保健与康复服务，可进一步分为甲、乙、丙三等；二级医院为地方性医院，主要为多社区居民提供综合医疗保健服务，并承担一定程度的教学与科研任务，同样分为甲、乙、丙三等；三级医院为跨区域性医院，可为省、市甚至是全国民众提供高水平的专科医疗服务，解决各类疑难病症，并承担高等教学与科研工作，分为特、甲、乙、丙四个等次。一般来说，层级越高，专业化水平越高，专科服务越细化、越充分，监管也越严格。此外，根据医院资产的所有权性质，我国医院还可划分为公立医院与民营医院。近些年，随着医疗服务市场化趋势的逐步加强，民营医院的机构数量已超过公立医院，截至 2019 年，我国公立医院有 11930 个，民营医院有 22424 个，民营医院占比 65.3%。民营医院的快速扩张不仅意味着其地位的不断上升，也意味着我国医疗服务市场化程度的大幅提高。同时，两类医院之间的竞争也势必对未来医疗服务市场乃至健康服务市场的整体格局产生深远影响。

尽管民营医院的机构数量已经超过公立医院，但是公立医院仍占据着绝对的市场主体地位。2019 年，我国公立医院床位数为 497.6 万张，民营医院床位数为 189.1 万张，公立医院床位数占医院床位总数的 72.5%，民营医院床位数仅占 27.5%；从机构卫生人员数来看，2019 年，公立医院的卫生人员数为 600.2 万人，民营医院为 178.1 万人，公立医院卫生人员数占医院卫生人员的比重为 77.1%，民营医院仅占 22.9%；而从医疗服务工作量来看，公立医院的诊疗人次数和入院人数分别占医院总数的 85.2% 和 82.6%。[①] 可见，公立医院在医疗技术水平、医疗资源配备、医疗服务利用、服务市场规模以及服务质量的社会认同度等方面均远优于民营医院，民营医院只处于专科医疗服务市场的补充地位。

（二）健康保险业发展现状

1. 关于社会医疗保险

我国的健康保险主要分为两种，一种是社会医疗保险，另一种是商业健康保险。社会医疗保险既可以看作一种社会保险，又可以看作为保障公民基本医疗需求而建立的社会保险制度，体现的是国家的社会制度建设。与医疗保障相关的法律与制度建设由中央政府全权负责，地方政府根据中央指示安排进行具体实施。2018 年 3 月，根据国务院机构改革方案，将国家卫生和计划生育委员会的职责进行整合，组建国家卫生健康委员会，同时，将国家卫生和计划生育委员会的新型农村合作医疗职责整合，组建国家医疗保障局。至此，有关医疗保险、生育保险、医疗救助等医疗保障制度的拟订、规划与组织实施交由国家医疗保障局负责。

社会医疗保险作为我国绝大多数公民的主要保险来源，主要包括城镇职工基本医疗保险、城镇居民基本医疗保险、新型农村合作医疗与城乡医疗救助。城镇职工基本医疗保险是为补偿劳动者因疾病风险遭受经济损失而建立的一项社会保险制度。由用人单位和个人双方各缴纳一定比例的费用，以建立医疗保险统筹基金和个人账户。医疗保险统筹基金是统筹某一

---

① 资料来源：《2019 年我国卫生健康事业发展统计公报》。

地区所有用人单位为员工缴纳的医疗保险费用中，在扣除计入个人账户后的其余部分。统筹基金由社会保险经办机构集中管理，统一调配使用，用于支付员工因疾病产生的医药费、手术费、护理费和检查费等。当参保人员发生就医行为时，医疗费用将通过医疗保险经办机构进行核算，之后给予参保人员一定的经济补偿，以缓解或避免劳动人口因疾病而承受的经济损失。基金支付设定了起付标准和最高支付限额。一般而言，全国各地按照国务院规定以当地职工平均工资的 10% 来确定起付标准，并按每次住院计算。同时，根据医院级别，起付标准有所差别。因此，综合来看，起付标准平均为上年度员工平均工资的 7.8%，比国家规定的 10% 稍低。设置起付标准的目的是避免发生过度医疗行为，从而挤占统筹基金的大病支付能力。统筹基金的最高支付限额按年度累计，为上年度当地员工平均工资的 4 倍。最高支付限额的设定也是为了避免极少数人对基金的过度使用，从而影响绝大多数人医疗费用的给付。

城镇居民基本医疗保险是以居民个人或家庭缴费为主、政府适度补助为辅的筹资方式进行筹建，缴费标准与待遇水平相一致，为城镇居民提供医疗保障。城镇居民基本医疗保险基金主要用于支付参保居民的门诊大病费用、门诊抢救费用以及住院费用。报销比例因参保人员类别和医院级别而有所不同。原则上，城镇居民基本医疗保险基金的支付比例低于城镇职工基本医疗保险基金，但高于新型农村合作医疗，一般支付比例在 50% 和 60% 之间。当参保居民身患重病时，可以在一定程度上减轻其经济负担。同时，当参保居民身体健康时，缴纳的保费还可以用于资助其他患病的居民，从而在一定程度上实现了医疗公平。

新型农村合作医疗简称"新农合"，是指由政府组织、引导、支持，农民自愿参加，个人、集体和政府多方筹资，以大额医疗费用和住院医疗费用统筹为主的农民医疗互助共济制度。通过个人、集体和政府三方缴费的方式筹集资金。"新农合"从 2003 年起在全国部分地区进行试点，根据筹资总额，结合当地实际，合理确定农村合作医疗基金的支付范围、支付额度和支付标准，到 2010 年逐步实现基本覆盖全国农村居民。2017

年，各级财政对新农合的人均补助标准在 2016 年的基础上提高了 30 元，达到 450 元。中央财政新增部分的补助标准按照地区划分存在差异。西部地区补助 80%，中部地区补助 60%，东部地区各省份分别按照一定比例给予补助。2017 年，农民的个人缴费同样在 2016 年的基础上提高 30 元，全国平均缴费额度在 180 元左右。新农合仍然是以大病统筹为主要目的，小病费用从农民个人账户中支取。截至 2014 年，新农合覆盖了 7.36 亿人口，农村居民覆盖率达到 98.9%。

城乡医疗救助是指通过政府拨款和社会捐助，对患有大病的农村五保户和贫困农民家庭、城市居民最低生活保障对象中未参加城镇职工基本医疗保险人员、已参加城镇职工基本医疗保险但个人负担仍然较重的人员以及其他特殊困难群众提供医疗费用救助。此项救助制度主要是为了满足困难群众的基本医疗服务需求，同时，衔接上述三种社会医疗保险，共同构成我国覆盖超过 13 亿人口的基本医疗保障体系。

不过，根据国务院印发的《关于整合城乡居民基本医疗保险制度的意见》，城镇居民基本医疗保险和新型农村合作医疗将实现全面并轨。截至 2016 年，全国已有 31 个省（区、市）出台了整合规划，23 个省份、80% 以上地市、11 亿人口、80% 参保人群，纳入社保部门统一管理。2018 年，中国将全面启动实施统一的城乡居民基本医疗保险制度，此项举措可以扩大风险池、降低行政成本、减少重复参保和投入，建立完善的全民参保制度。此次并轨是自新中国成立以来，农村居民首次享受到与城镇居民同等的医疗保障待遇，也是继农村取消农业税后的又一大实质性福利。

根据《2016 年度人力资源和社会保障事业发展统计公报》，2016 年末全国参加城镇基本医疗保险人数为 7.44 亿人，比上年末增加 7810 万人。其中，参加城镇职工基本医疗保险人数为 2.95 亿人，比上年末增加 638 万人；参加城镇居民基本医疗保险人数为 4.49 亿人，比上年末增加 7171 万人。在参加城镇职工基本医疗保险的人中，参保职工达 2.17 亿人，参保退休人员达 7812 万人，分别比上年末增加 358 万人和 280 万人。

全年城镇基本医疗保险基金总收入 13084 亿元，支出 10767 亿元，分别比上年增长 16.9% 和 15.6%。

2. 关于商业健康保险

在我国，商业健康保险主要作为社会医疗保险的补充，用以填补社会医疗保险中的承保缺口部分，主要由营利性的商业保险公司承保。近几年，我国商业健康保险公司的发展步伐明显加快，年保费收入从 2010 年的 677.47 亿元增长至 2016 年的 4042.50 亿元，年均增长率高达 34.7%。[①] 与其他险种相比，健康保险的增速更高，且增速差距正在不断扩大。截至 2016 年 7 月 20 日，我国保险公司在售健康保险产品共计 3995 款，医疗保险产品数量最多，占比 53%。[②] 现有的健康保险产品主要涵盖四大类，即医疗保险、疾病保险、护理保险和失能收入保险。根据保监会 2014 年的统计数据，长期重大疾病保险与短期医疗保险分别占总健康保险保费收入的 52.6% 与 40.9%，而护理保险与失能收入保险的份额分别仅为 6.5% 与 0.1%。

为了发挥商业健康保险的补充作用，保险公司主要侧重于满足不同人群的差异化保险需求。目前，主要有三类公司提供健康保险产品，分别是寿险公司、财险公司与专业健康险公司。寿险公司主要出售搭配寿险产品的长期健康保险，由于民众的接受度较高，寿险公司的健康险保费收入可达到 80% 的市场份额；财险公司主要出售短期健康保险，由于受到产品经营品种及客户对象的限制，所以发展较缓；专业健康险公司虽然出售的是全部健康保险产品，但由于起步较晚，市场份额也不高。

除了传统的健康保险产品，财政部、国家税务总局、保监会于 2015 年 5 月联合下发了《关于开展商业健康保险个人所得税政策试点工作的通知》，也就是近两年流行起来的个人税优健康险。2016 年 3 月，首单个人税优健康险由中国人民健康保险公司成功签发。个人税优健康险采取的

---

① 资料来源：中国产业信息网。
② 资料来源：《2016 年中国健康保险发展年报》。

是"健康保险＋个人账户"的形式，投保费用税前抵扣，投保人可以带病投保，同时，保障范围广泛，相比传统健康险产品，报销比例更高。个人健康险税收优惠体现了商业健康保险在国家战略布局中的重要作用。随着卫生支出的日益增长，我国政府已经意识到商业保险分担机制的重要意义。尽管目前对税优健康险支持较少，但是，政府与市场的合力托举是完善国家医疗保障体系的必经之路。通过税优政策的出台，公众的健康保险意识与需求将会被极大地激发出来。显然，商业健康保险已迎来战略机遇期，在未来十年，将实现更快扩张。

现今的商业健康保险已明显具备产品形态多样、市场参与度高、风控能力强等特点。截至 2016 年末，已有 16 家保险公司在全国 31 个省（区、市）为 10.1 亿城乡居民提供了大病保障。[①] 商业健康保险切实解决了特病、重病人群的高额医疗费用问题，放大了医保基金的保障作用。同时，通过建立"病前预防、病中诊疗、病后复查"三位一体的全程管理机制，逐步实现了健康管理与健康保险的行业融合。

（三）健康管理业发展现状

我国的健康管理业尚处于发展初期，有关健康管理的内涵、外延、准入条件、人员配置、经营模式、法律法规等尚处在开发培育阶段。大众对健康管理还没有清晰的认识，甚至健康管理机构的工作人员对此也是一知半解。总的来说，尽管健康管理业发展前景广阔，但发展现状还不尽如人意。

目前，国内的健康管理公司大致可分为五种，即体检型、综合型、技术支持型、高端服务型与养生型。体检型健康管理公司是健康管理行业中唯一一个处于快速成长阶段的公司，其占总健康管理公司数量的份额达到 65%，其他类别的健康管理公司均处于发展初期，具有完全竞争特点。体检型健康管理公司主要负责健康体检业务，与传统的公立医院体检机构相比，其技术水平与服务质量更高一些，服务对象一般是企业健康客户。综

---

① 资料来源：《2016 年中国健康保险发展年报》。

合型健康管理公司主要负责为客户提供全方位的健康管理服务，通过对健康服务专业人员与专业机构的资源整合，形成完整的健康管理产业链，为客户提供有关健康服务的相关事宜，业务范围包括健康体检、健康咨询与教育、健康干预与促进、健康风险评估、远程健康监护、门诊与住院预约等。此外，综合型健康管理公司也可作为第三方与健康保险公司紧密合作，为参保人提供健康管理服务。这种类型的健康管理是具有健康管理行业真正意义的公司。只不过，目前其在中国的发展尚不具规模，需要在多个方面持续完善。技术支持型健康管理公司主要为其他健康服务公司提供技术支持，例如，为健康管理公司或健康保险公司提供有关慢性疾病的风险评估等信息。高端服务型健康管理公司的服务对象主要为中高收入的会员，为其提供与健康相关的咨询管理服务，主要体现的是高端健康服务的人文关怀与前端技术。养生型健康管理公司主要提供按摩、刮痧、艾灸等结合传统中医学的养生保健服务，这类服务一般以个体经营为主，分布广泛，但经营管理不够规范，信誉参差不齐。

随着处于亚健康状态的人数与患慢性病人数的增多，健康管理服务的潜在需求将会被充分释放。不过，现今的健康管理行业仍处在概念先行与理论先行的状态之中。一方面，大部分普通民众根本不了解什么是健康管理，而即便部分一线城市的居民在街头巷尾看到了健康管理公司的字样，也并不了解健康管理的服务对象以及服务内容；另一方面，从事健康管理行业的先行者对健康管理抱有很高期待，他们拍手称赞，也试图在发展的大潮流中分一杯羹。然而，大部分的先行者只知其然而不知其所以然。只了解什么是健康管理，却不知如何经营，不知如何将理论与实践相结合。这说明，即便是大型的健康管理公司，也没能充当这个行业的"领头羊"，起到带领与主导作用。而由于缺乏行业标准与政府监管，这个行业的准入门槛相对较低、规模较小、经营杂乱，服务质量令消费者唏嘘不已。

第二节　我国健康服务业发展面临的问题

一　人力资源配置缺项

无论是一个产业还是一个行业，劳动力资源都是其发展的关键所在。充足的劳动力资源不仅能够提高产业竞争力，也能为消费者带来丰富的健康服务享受。然而，截至目前，我国居民仍然认为自身面临着"看病难、看病贵"的问题。其中的"看病难"就与健康服务市场的供求不平衡息息相关。

我国人口基数大，在同一个患病率水平下，我国的病人人数要明显高于其他国家。病人人数越多，对健康服务的需求就越大，因此，相应的健康服务从业人员的配比数量也应该跟上。健康服务从业人员包括专科医生、全科医生、药剂师、护士、非医师从业人员、联合健康专业人员等。然而，截至目前，除专科医生与护士有比较完整的培训体系外，其他与健康服务相关的人才培养与学科建设仍不完善，有一些职业还没有被大众熟知，甚至在国内还未出现。显然，健康服务从业人员的短缺问题不只是数量上的问题，更是职业多样化的问题。职业多样化与健康服务业的发展是相辅相成的。健康服务业的发展能够带动健康职业朝着多样化道路迈进，职业多样化也能进一步促进健康服务业的良性发展。

以前的居民在健康方面最大的需求是解决如何治疗疾病的问题。一个人生病了，他既不会在乎就医的环境，也不会在乎医生的态度。只要这个医生能够解决他的疾病问题，那么他就认为他所消耗的财富是有意义和有回报的；相反，如果没能解决他的问题，他的满意度会随之骤降，并且有可能对医生的职业能力产生怀疑。因此，医学在很长一段时间内的发展在于研究疾病病因、攻克医学难题。目前的医学已经明显处于专业细化的发展潮流之中，各类专科门诊屡见不鲜。然而，现今的居民最大的需求并没有止步于医学的专业细化，他们关注的焦点开始在潜移默化中从疾病问题转向健康问题。有人会提出疾病问题与健康问题有什么差别？这一问题从对健康服务从业人员的需求差异上就可以区分出来。疾病问题强调的是"求病因、解病症"，因此对专科医生提出了更高的要求。而健康问题强调的是"干预、促进与维护"，如此消费者的需求是，希望通过每一次的消费行为带来健康水平长期有效的提升，甚至某些消费者对服务的环境与从业人员的态度也有所要求。因此，仅专科医生是无法满足消费者的健康需求的。这时，就需要引入多类别的健康服务从业人员，强调服务交付的合作与协调，在需求助推下实现供给端的升级与发展。

我国居民的"看病难"问题不只体现在健康服务从业人员数量与职业的短缺上，也体现在城乡之间医疗服务的分布不均上。现今的城市居民往往有较高的获得性条件。具体地说，城市居民既可以选择到社区诊所就医，也可以选择去大医院就医。如果是其他类别的健康问题，在一线和二线城市还可以选择去健康管理中心。相反，农村居民的获得性条件较为有限，他们看病以乡村医生为主，也可以选择去村卫生室与乡镇卫生院就医。农村居民"看病难"的问题主要体现在服务条件与服务水平上。乡村医生治疗疑难杂症的能力较低，服务交付的环境较差，设备还不够完善。我国居民目前面临着这样一种局面：就诊的服务机构级别越高，消费者的结构就越多样。如果消费者选择去附近的社区诊所就医，那么他们会发现就诊的几乎都是社区范围内的居民，能看到很多熟面孔。再进一步，如果选择去三甲医院就医，那么他们会发现就诊的不仅有当地的居民，还有一些城市周边的居民和很多农村居民。再进一步，如果选择去北京或上海的大型综合医院就医，他们会发现消费者有着不同的口音，来自天南地北。显然，消费者之所以愿意放弃财富与就近就医的便利性，主要的原因就在于我国存在医疗服务分布不均的现象。大型综合医院与社区诊所、村卫生院的服务差距根本不可同日而语。悬殊的服务水平不仅给当地居民在就医时造成了困扰，也给那些获得性条件差的消费者带来了沉重的经济负担。

二　发展模式尚不成熟

截至目前，我国健康服务业尚未形成完整成熟的发展模式。由于我国健康服务业各组成部分发展起点前后不一，行业之间的协调性与融合度尚不显著。我国医疗服务业的发展先于健康保险行业与健康管理行业。医疗服务业由于发展起点靠前，在引进国外先进医学知识与医疗技术的同时，行业自身已经具备一定的消化吸收能力，发展步伐较快。而健康保险行业与健康管理行业却有所不同。这两个行业的发展在我国更多地只体现出一种"引进"的特点，而且这种引进往往是局部引进，因此，从本质上无法实现充分地吸收与利用引进的知识和技术。当行业本身还处在摸索与自我认识的发展道路上时，行业与行业之间的联系与融合就更是可望而不可即了。正如之前所说，商业保险公司虽然已经开始跳出传统的偿付方式，从简单的费用报销与经济补偿向综合性健康管理延伸。但是，这种理念仍处在探索阶段，尚未推广。而对于健康管理行业而言，局部引进就体现得更加淋漓尽致。现今中国的健康管理已经明显等同于健康体检。健康体检只是健康管理行业中的健康评估环节，而其他有关健康咨询、健康教育、健康干预、健康监护等一系列内容，在健康管理行业至今仍未崭露头角。可见，当行业自身发展还面临诸多挑战时，行业融合显得更加举步维艰。

的确，一个产业想要形成成熟的发展模式是需要建立在产业关联的基础之上的。就好比美国健康服务业的发展模式，从管理式医疗到管理式健康，健康服务交付系统内的各个相关利益体已经通过在服务交付间的不断调和，实现了单一发展向集群管理的转变。然而，目前我国健康服务机构往往存在规模不一、分布疏散等特点，以传统的医疗服务为主，其他的前端预防服务与后端维护服务明显匮乏。社会医疗保险的政策保障力度不够，门诊服务与进口药品均不在保障范围之内，而即便是住院服务，也有免赔额的要求。商业健康保险作为社会医疗保险的补充，却没有展现其应有的广度与深度，无论是服务对象还是承保项目都有着很大的局限性。我国大部分的居民目前仍然依赖于国家的社会医疗保障制度，由于商业保险缺乏风险共担机制，其补充作用还未得到充分发挥。显然，我国健康服务业尚未形成合理的发展结构，发展目标与发展理念十分盲从。各行业之间缺乏广泛密切的信息共享与经济联系，各相关利益体也都表现出明显的各自为政特点。因此，在这样的发展背景与发展条件下，符合我国健康服务业自身的创新型发展模式尚未出现。

三 发展机制有待完善

在本节的第一部分中，本书探讨了健康服务从业人员的短缺问题与配置问题。由于存在这一问题，我国居民普遍面临着"看病难、看病贵"的问题。不过，"看病难、看病贵"的问题不只是这一个原因导致的，它还体现出健康服务业的发展机制问题。目前，我国健康服务业的发展机制与发展模式一样，尚处于探索之中。解决成本、获得性与质量问题的具体措施仍然寥寥可数。

从成本角度看，"看病贵"的问题一直是困扰广大人民群众的民生难题。而解决这一问题的有效办法是在供给方施加经济刺激，通过运用不同的付费方式与付费调整手段，健康服务提供者能够在成本与治疗的有效性上进行权衡与让步，从而将保险公司与从业人员纳入同一利益共同体中。然而，我国目前大部分服务机构还采用传统的后付制。这意味着医生只有治疗患者的动机，却没有替患者节约成本的动机。因此，想要解决"看病贵"的问题，需要从成本机制入手，加入多种偿付方式与调整手段，以经济刺激为主，配合政策引导，从而在源头上遏制医疗成本居高不下的问题。

从获得性角度看，健康服务的获得性条件主要体现在经济保障、地理环境与医患关系上。具体地说，如果获得性条件能够得到提升的话，那么我国居民的健康服务应该是可负担的、便捷的、合适且充分的。想要享有合适的、充分的健康服务就需要扩大健康服务从业人员的业务范围，提高相互之间的协调能力。想要享有可负担的健康服务就需要扩大国家的医疗保障覆盖范围，加大政府扶持力度。想要享有便捷的健康服务就需要强化移动互联网的技术利用。而以上这些对于我国健康服务业而言都是巨大的挑战。所有需要改进的获得性条件均是目前的症结所在。

从质量角度看，我国健康服务的质量已经引起广大民众极大的关注。然而，"以患者为中心"的服务理念并没有在所有地方得到很好的落实。无论是服务意识、服务态度还是服务流程均有待改善和提高。一些从业人员的"三基、三严"意识不强，服务不够规范，存在医疗事故发生风险。某些消费者在与从业人员接触时反馈自己的利益没有得到充分的保护与尊重。显然，健康服务质量受到诟病的背后是规范化实践指南的缺失，是质量控制中心的失责，更是制度监管的不力。

当发展机制尚处在探索之中时，三大发展机制之间的联动能力也是不复存在的。如第七章所述，评价健康服务业的价值及其有效性要从成本、获得性与质量入手，三者之间相互联系，可能同升同降，也可能此消彼长，但不会相互独立。因此，如果健康服务业的发展机制是相互独立的，那么健康服务业的有效性就值得怀疑。

第三节　我国健康服务业未来发展的对策建议

在所有发达国家中，研究美国健康服务业的发展之路对中国是最有借鉴意义的。无论从人口结构、地理区位还是经济总量看，中美两国之间均具有可比性。

从人口结构看，一方面，中美两国都面临着人口老龄化的发展趋势，未来老年人的卫生开支将会消耗掉大部分的健康资源；另一方面，两国人口结构均具有民族多样性。不同的民族与族裔有着各自的历史传承、民族文化、生活习惯与地区分布，而这种差异性对健康服务提供者的素质与配置提出了更高的要求。此外，尽管美国整体的医疗技术水平高于中国，但是美国的平均预期寿命却列于发达国家的末位。根据《世界卫生统计2018》，截至2016年，美国婴儿出生时的人均预期寿命为78.5岁，比中国高2.1岁；而中国婴儿出生时的健康预期寿命为68.7岁，已超越美国的 68.5 岁。显然,两个国家在国民健康状况上开始趋于相近。

从地理区位看,中美两国的国土面积都位居前列,南北纬度大致相当,这样的地理区位意味着中美两国在规划产业发展格局时,会有资源分布不均的现象。国土面积越大,人口结构就会越复杂,社会矛盾也会随之越发突出。如此,政府的行政能力就容易失衡,发展一个产业的社会成本也会升高。

从经济总量看,尽管美国与中国分别列居世界第一、第二位,但是两国的差距仍十分显著。无论从 GDP、人均 GDP、全要素生产率还是产业结构高级化水平来看,中国的进步虽然很快,但是与美国的差距依旧明显。目前中国健康服务业处于快速成长阶段,而美国健康服务业处于成熟发展阶段,这也意味着两国在健康服务业上存在发展差距。事实上,前文提到的有关美国健康服务业在诸多问题在我国健康服务业的发展进程中也有所体现。因此,对于中国而言,借鉴美国等国的经验,汲取它们的教训,在未来的产业发展道路上,才会少走弯路,缩短发展时间,缩小与高水平国家的发展差距,为国民的健康福祉做出更多贡献。

一 优化人力资源配置,改善服务交付方式

健康服务提供者的供给与配置受到人口结构、疾病走向与科技水平的影响。与美国一样,中国的劳动力资源也面临着供给不足、地理与专业分布不均的现象。梅奥国际曾指出,我国的全科医生配置离国家政策的要求还有很大缺口。截至 2016 年,我国在职全科医生有 20.88 万名,每万人中仅有 1.5 名全科医生。这意味着,基层医疗卫生体系的建设过程中还有很多短板。如果我国健康服务业在发展过程中不摆脱全科医生地位低下、收入偏低、培训不足等问题,那么将直接表现为基层医疗卫生机构的服务能力缺陷。未来,随着健康服务获得性条件的改善,劳动力的短缺问题也会更加显著。因此,除了培养专科医生之外,针对全科医生、其他健康服务专业人员、非医师从业者、联合健康专业人员的培养也是十分必要的。尤其是在追求社区服务、全科服务与健康管理服务的大背景下,提供者的

多样性与广泛性不仅能极大地丰富健康服务劳动市场，同时也能缓解专科医生的问诊压力，起到很好的补充作用。当然，职业创造不是一件易事，相关的报考条件、课程安排、培养规范要跟上，否则很难起到补充作用。另外，提高健康服务专业人员的道德修养不应是空谈，而应是实干。道德修养不是专业能力之外的锦上添花，而是基本职业能力的组成部分。现在某些地方出现医患关系紧张局面，双方都有着不可推卸的责任。而缓解这一局面的筹码不只是专业技能的提高，更包含基本职业素养的提升。在医疗技术高度发展的今天，相匹配的道德修养的提高将更为关键。尽管道德修养难以用硬性指标进行衡量，但是有关文化素养、职业道德的培训却不能被忽视。我国是一个多民族国家，不同的民族有不同的文化背景与生活习惯，以价值为导向的健康服务强调的就是人的重要性。健康服务提供者的道德修养将直接影响消费者接受的服务的质量。因此，规范劳动者执业行为、提高劳动者职业修养，是自始至终都不可忽视的重要方面。

在调整劳动力本身的同时，也不能忽视健康服务交付内容与交付方式上的转变。随着我国人民生活方式的转变以及人口老龄化进程的加快，有不少国民身体呈亚健康状态，慢性疾病日益多发，因此，医学教育与医疗实践需要从专科诊疗与短程治疗向全科管理与长期护理发展。

事实上，依照中国传统，病人的长期护理需求往往由各自的家庭成员满足，因此，长期护理专业人员在国内十分少见，长期护理机构的发展也十分缓慢。目前，我国的长期护理机构发展环境较差，高端护理机构的入会资格往往数量有限，等待时间较长。而正规护理机构往往只提供家政、膳食以及其他基本服务，很少涉及健康保健服务。一小部分护理机构会与当地的社区医院或乡镇卫生院建立合作关系，用以补充医疗服务上的不足。而对长期护理的保险覆盖几乎是不存在的，绝大部分护理费用由个人与家庭承担，在此方面的个税优惠也不存在，政府的政策支持力度明显不足。未来的长期护理机构需要为行动不便、生活无法自理的民众提供全天候的护理与康复服务。同时，由于消费者偏好以及家庭保健服务的成本效益，家庭保健服务也将在未来有所发展。成人日托、生活援助、社区护理等多元化服务机构同样是我国健康服务业的发展方向。

目前，我国的健康服务业正在向产业化与信息化迈进，健康服务提供者的交付内容也会实现逐步延伸，甚至与其他行业建立交叉关系，比如，养老服务、医学美容、运动健身、旅游休闲等。从管理式健康开始的内容延伸，将使得我国健康服务市场不断丰富，最终形成一个庞大的大健康产业群落。

二　创新产业发展模式，完善政府作用发挥

目前，我国正在推广管理式医疗系统。管理式医疗系统有多个发展模式，每个发展模式在消费者的自由度与提供者的经济刺激水平上各有不同。总的来说，我国在发展模式上的创新，要体现在两个方面：一个是面对健康服务成本的日益高涨，构建由健康服务提供者、健康服务消费者与保险公司或政府组成的网络平台；另一个是健康保险与健康管理的高度融合。

从第一个方面看，首先，需要建立"守门人"制度。由基层医疗卫生机构的初级保健医生或家庭医生负责为一定地区范围内的居民提供健康服务，并设立独立的健康档案，进行跟踪随访。同时，在遇到急性疾病或严重疾病的时候，安排转诊治疗，设置绿色通道，加快急重危病人的诊疗速度。其次，在一定区域范围内，建立有关全科服务与各类专科服务的网络框架，覆盖与预防、护理、后续康复等相关的多类型服务。基于此，可以减少消费者收集信息的成本，提高网络内运行效率。消费者在与网络内的医生对接时，支付的健康服务成本较低；而如果是网络交叉对接，则需要支付较高的服务成本。这种安排既保留了消费者的自由选择权，又能在一定程度上提高提供者的收入水平。不过，在采取网络内外差别定价时，有一个前提，即网络与网络之间的各类别服务不能存在明显的质量差异。对于有明显质量差异的专科服务，要实行"网络可交叉原则"。具体地说，就是当重病患者在网络内无法得到必需的健康服务时，可以通过网络可交叉原则选择到另一个网络就医，而就医费用按照网络内报销比例支付。

从第二个方面看，就是将健康管理的理念充分融入健康保险之中，依托发展模式实现产业融合。如美国一样，我国的管理式医疗也不应只是"医疗"本身，而应加入与预防、干预、康复和护理等相关的环节，从而形成符合当下实际需求的"管理式健康"。截至目前，我国健康保险与健康管理的融合尚处在发展初期，很多服务项目还不够完善，规模经济与产业集群效应还没有显现。健康管理的重要性既没有得到公众的认可，也没有在我国健康服务业中被赋予应有的地位。健康管理虽然解决不了患者身上发生的疾病问题，却能大大"控制"人身上的健康问题。简言之，健康管理能够使很多在治疗环节消耗大量健康资源的疾病在预防环节得到改善和解决。健康保险与健康管理的充分融合本质上实现了双赢局面。从长远看，它既可以缓解政府与保险公司的赔付压力，又可以提升消费者的健康状态，是有限资源高效配置的明智之举。此外，在推进产业融合的同时，也不能忽视商业健康保险的补充地位。随着医疗技术水平的逐步提高，我国健康服务业会迎来更大发展，那么健康服务与产品的价格也会水涨船高。此时，依靠个人自付来实现健康提升本质上与我国民生发展相悖。因此，有效落实社会基本医疗保险与商业健康保险的支付责任是我国健康服务业发展的基石。

想要实现发展模式上的革新、实现医药卫生体制的改革，政府的作用是必不可少的。加强我国政府的监管职能，借助法律手段、行政手段与经济手段引导相关政策。中央政府与地方政府既需要相互协调，也需要划分责权。中央政府集中负责与健康服务业相关的立法制度建设，并进行后续监督。地方政府要根据当地实际情况做出具体判断，领会中央精神，做到有的放矢，保证区域内居民的健康服务环境。

三　平衡产业发展机制，提高产业运行效率

我国医疗服务业目前面临的最显著问题便是"看病难、看病贵"。对于国民而言，一旦遭罪重大疾病，往往会给家庭带来沉重的经济负担，严重者甚至会造成整个家庭的支离破碎。因此，解决这一问题是目前面临的

首要任务。

"看病难、看病贵"主要体现在两个方面：一个是健康服务的获得性问题，另一个是健康服务的成本问题。如前文所述，获得性改进、成本控制与质量保证是健康服务业追求的三大发展目标，也是健康服务业的三大发展机制，三者之间相互联结、相互制约，共同对健康服务交付系统的有效性产生影响。同样，对于中国而言，不能过分强调单一发展目标，而要促进三者协调发展，找出三者发展的平衡点，构成合力，以此实现健康服务交付系统的可持续运转。为了实现交付系统的有效性，需要对系统内各相关体之间的利益关系进行调整，尽可能通过经济刺激、道德提升等手段将利益矛盾体转化为利益共同体。从本质上说，各相关利益体的职能与作用是有所不同的，但正是这种多样性为相关利益体提供了相互借力、共同合作的机会，从而在重视多样性的基础上逐步推进健康服务业的整体平衡发展。

从获得性角度讲，我国消费者的获得性条件应该从经济保障、地理区位与医患关系三个方面加以改善。具体地说，就是当国民有服务需求时，能够有良好的经济基础与可负担能力，及时便捷地享受到高质量的健康服务。为了全方位扩大消费者的健康服务路径、改善整体获得性条件，需要在以下三方面付诸努力：① 扩大现有的社会医疗保险覆盖面，扩大门诊服务与处方药品的覆盖范围，提高慢性病与重大疾病的报销比例，同时增强商业健康保险在牙科护理、心理健康、临终关怀等方面的补充保障作用；② 加强基层医疗卫生机构建设，缩小城乡差距，改善城镇居民与农村居民的就医环境；③ 改善医患关系，建立良好的沟通方式与信任关系。

从成本角度讲，需要首先在偿付方式上做出调整。目前，按人头付费、按诊断相关组付费等方式还没有实现全国推广，有关此方面的制度安排与政策监管还处于部署阶段。下一步，应该从发展模式入手，配合多种付费方式与调整手段，控制服务价格，减少资源浪费。

从质量角度讲，需要从服务质量与药品质量两方面入手。制定健康服务与药品评估方法，加入有关后续康复与消费者满意度的参数；编撰规范的临床实践指南；规避医疗过错与医疗事故，管理综合性、协调性风险；依托质量保证组织实现质量标准的制定与质量管理体系的完善。

此外，值得注意的是，在注重效率的同时，不能以获得性与质量的损耗为代价，尤其是要保证健康服务的质量。尽管质量往往具有一定的主观性，但是由于健康服务与产品的质量关乎国民的生命安全，所以质量保证是首位的。没有安全性，何谈有效性。简言之，强化健康服务业的价值导向，通过在成本、获得性与质量之间的不断调节与提升，实现产业的自身优化与可持续发展。

四 强化消费者自我管理，优化服务供需关系

之前已经提及，部分地方存在的医患关系紧张，医患双方都有着不可推卸的责任。既然是双方，那么必然不能只在提供者一方进行调整，也要对消费者这方进行修正。医患关系紧张多缘于消费者对提供者的不信任。那么，改变这种不信任不仅需要强调提供者的职业素养，也需要对消费者进行健康教育。

首先，要提高消费者对健康的认识。健康教育从小抓起，随着年龄的增加，健康教育逐步加深，让消费者对自身的健康状态有一个良好的认知。养成有益的生活方式与健康行为，降低疾病发生的概率，提高与维护身体健康与心理健康。我们现在了解了健康管理的重要性，而健康管理首先应源于自我管理。消费者自身主动管理健康的行为会使得健康服务机构的管理事半功倍。如果消费者掌握大量的基本健康知识，就可以及时了解自身健康状况的变动，主动搜索信息，调整自身行为。如此，既可以将大部分常见病遏制在预防阶段，减少消费者的健康需求，又可以与提供者建立良好的沟通关系，在面对重危疾病时能够保持理性，充分理解提供者的专业诊疗安排。只有消费者自身掌握着大量的基础信息，才可以判断提供者的服务水平，理解提供者的诊疗安排，充分配合其治疗。

其次，健康教育也应该包含合理的健康消费观念。合理的消费观念可以避免健康资源的浪费，做到理性消费。尽管健康服务市场的供给侧会对

消费者的消费行为产生较大影响，但是扩大消费者获取有效信息的路径、减少获取信息的成本，可以促使其在进行消费选择时做出明智决定。这意味着，当消费者有超过一个备选方案时，选择将最终归结于服务质量上。可选择的机会越多，提供者的市场竞争就越激烈，健康服务质量便会在竞争性市场的助推下得到保证与提升。

最后，要提升婴幼童的身体素质，及时处理有关儿童龋齿与视力问题，硬性规定课外活动时间。借鉴国际 IB 课程设置，将社会实践活动纳入课业评分系统，提升我国青少年的综合素养，助推青少年健康成长。

五 利用生物与信息技术，促进产业转型升级

健康服务业的发展离不开高新技术产业的支撑作用，由信息技术与生物技术驱动的新型健康服务业态将会在我国实现更高水平的发展。无论是服务交付方式、人力资源配置还是发展模式与发展机制的构建，健康服务业所容纳的多个业态最终都会趋向于以大数据为基础支撑，利用先进的技术手段，配合丰富的医学知识与医疗实践经验，为消费者带来最优决定与最佳健康结果。目前，技术已经在多个方面影响着服务的交付，健康服务业在其驱动下不断革新。

我国健康服务业将会通过数据分析、远程监测、分子影像、再生医学、互联网应用等技术手段来改变传统的健康服务交付方式。例如，通过信息技术处理，结合消费者的民族文化、生活习惯、家族病史以及遗传因素为消费者进行健康风险检测。针对具有高风险因子的老年人，可以通过定期疾病筛查与日常设备监控密切关注其身体的发展动态，在紧急情况时，系统可自动调配急救人员。利用分子影像技术对患者的发病程度与位置进行评估。如果需要手术治疗，优先采用副作用小的微创手术方法。如果需要药物治疗，则根据患者制定个性化治疗方案。治疗方案依据体内目标部位的药物浓度与治疗效果决定后续药物剂量以及药品的补充与替代。对于受损部位，可运用干细胞与再生医学实现多种类器官重建。充分利用互联网检测与联络功能，改善城乡健康服务消费者的获得性差异问题。

在我国"互联网＋"的大背景下,"互联网＋健康"是健康服务业发展的前沿方向。不过,我国医学技术的大步迈进必将会引起健康服务成本的持续攀升。但即便成本持续攀升,技术的发展潮流仍然势不可当。因此,可借助美国健康服务业的前车之鉴,汲取其经验教训,在大力发展"互联网＋健康"的同时,有关健康服务的成本控制机制也要尽早出台,将技术利用与成本效益相联结,加大健康服务的评估力度,如此便可以在一定程度上避免技术发展的负面影响,缩短我国健康服务业的发展时间,为后续发展铺平道路。

六　结合国内实际情况,构建中国特色发展道路

除了借鉴美国先进的发展模式与发展机制之外,中国还需要结合国内实际情况,走出有中国特色的发展道路,提高自身创新能力。

明末清初,传教士在把基督教带入中国的同时,也将西方近代科学与医药学引入进来。尽管当时的西医在临床治疗技术上并不优于中医,却为西医在中国的发展打开了窗口。现今,西医学已成为我国的主流医学,中医学的地位被逐渐弱化。然而,现行西医学并不具备"完美医学"的特质,其在药物治疗与设备检测上的副作用已经逐渐显现。相对而言,中医强调的是"治未病"与"以人为本",这与新时期我国健康服务业的发展目标相契合。因此,对于中国而言,未来的"完美医学"是中西医学的相互融合。将中医"治未病"思想纳入疾病治疗、初级保健与长期护理等领域,以中西医学为基础、以人为核心、以健康管理为手段、以健康保险为保障,实现"被动医疗"向"主动健康"的根本性转变。同时,我们也要认识到我国中医学对当代健康服务业的现实意义。中医学提倡的是绿色疗法,讲究的是重养与重调,先食疗,后针灸,最后才是药物治疗。如此,不仅可以降低消费者的健康服务成本,而且极大地提升了人体的自身调节能力,固本培元,符合生命规律。

除了中西医结合,医养结合也符合我国时代发展要求。2016年6月和9月,国家卫生计生委联合民政部相继发布了关于确定第一批与第二批

国家级医养结合试点单位的通知，敦促试点单位尽快建立医养结合相关运行机制，落实医养结合工作任务，确保试点单位能够取得积极进展，实现良好的产业初期效果与社会效果。根据 2000 年 11 月底的第五次人口普查结果，我国 65 岁以上的老年人口已达到 8811 万人，占总人口的 6.96%，60 岁以上的人口达到 1.3 亿人，占总人口的 10.2%。至此，按照国际标准衡量，中国在 2000 年已步入老年化社会，老龄化将成为 21 世纪一个不可逆转的严峻趋势。现阶段，老年人的治疗与看护问题已经困扰着大多数家庭。绝大部分的医疗机构与养老院是相互独立的，老年人既不能在医院养老，也不能在养老院就医。一旦患病，就需要在家庭、养老院与医疗机构之间多次往返。如此反复，既增加了家庭负担，也增加了社会负担。老年人常年入院的情况也会加重本就紧张的医疗资源的负担。因此，解决老年人的治疗与长期护理问题就显得十分重要。目前，已有部分省市按照国家相关指示率先实行了"医养结合"的新型养老模式，青岛、重庆等地相继实施的老年长期护理制度本质上就是"医养结合"的有效实例。未来我国的健康服务业将对老年人给予更多关注。集医疗、康复、养生、养老等于一体的"医养结合"服务模式充分实现了我国医疗资源与养老资源的再利用与再分配，是我国健康服务业发展中独具特色的重要组成部分。

第四节　本章小结

总体来看，我国健康服务业正处在快速成长阶段，发展潜能巨大。卫生总支出将呈现持续扩大趋势，国民的健康意识也在逐步提高。未来 30 年，伴随互联网与信息技术的快速发展，我国健康服务业也将朝着专业细化与产业融合的方向大步迈进，覆盖全生命周期的健康服务交付系统指日可待。

从产业整体看，我国健康服务业还没形成完整的健康服务交付系统，相关利益体各自为政，没有形成利益共同体，发展模式与发展机制尚处于研究与探索阶段，中央政府与地方政府的引导、监管作用与执行力度还没有完全发挥出来。从产业内部看，医疗服务业、健康保险业与健康管理业的发展历史与发展起点不尽相同，各行业内部同样面临诸多困境。

中美两国的健康服务业存在共同之处，但发展差距仍十分巨大。因此，美国健康服务业出现的问题往往在中国健康服务业的发展过程中也有所体现。而对于中国而言，借鉴其经验，汲取其教训，能够缩短健康服务业在快速成长阶段的时间，早日从平稳过渡阶段走向成熟发展阶段，从而为我国国民的健康福祉做出贡献。大体上，针对美国健康服务业的发展研究，可以为我国健康服务业在服务系统的有效性、发展模式创新、劳动力供给与配置、消费者自我管理、高新技术应用五方面带来启示。在借鉴美国健康服务业发展的基础上，结合我国自身情况，加入中医学"以人为本"与"治未病"的思想，可望走出有中国特色的健康服务业发展道路。

图书在版编目（CIP）数据

美国健康服务业发展研究 / 周博闻著. -- 北京：
社会科学文献出版社，2021.12
ISBN 978 - 7 - 5201 - 8742 - 8

Ⅰ.①美… Ⅱ.①周… Ⅲ.①医疗卫生服务 - 服务业
- 产业发展 - 研究 - 美国 Ⅳ.①F737.126.9
②R199.712

中国版本图书馆 CIP 数据核字（2021）第 153161 号

美国健康服务业发展研究

著　　者 / 周博闻

出 版 人 / 王利民
责任编辑 / 王晓卿
文稿编辑 / 陈丽丽
责任印制 / 王京美

出　　版 / 社会科学文献出版社·当代世界出版分社（010）59367004
　　　　　　地址：北京市北三环中路甲 29 号院华龙大厦　邮编：100029
　　　　　　网址：www. ssap. com. cn
发　　行 / 市场营销中心（010）59367081　59367083
印　　装 / 三河市龙林印务有限公司

规　　格 / 开　本：787mm × 1092mm　1/16
　　　　　　印　张：16.5　字　数：244 千字
版　　次 / 2021 年 12 月第 1 版　2021 年 12 月第 1 次印刷
书　　号 / ISBN 978 - 7 - 5201 - 8742 - 8
定　　价 / 86.00 元

本书如有印装质量问题，请与读者服务中心（010 - 59367028）联系

▲ 版权所有 翻印必究